# 진리에 대한 현상학적 성찰

### - 상호주관적 명증의 현상학 -

# 진리에 대한 현상학적 성찰

상호주관적 명증의 현상학

박지영 지음

DIE WAHRHEIT

EDMUND HUSSERL &

P 필로소픽

## 머리말

"진리란 무엇인가."

나를 철학의 길로 이끌었던 물음은 바로 이것이었다. 고교 시절부터, 이 거창하고 아름다운 질문에 매료되어 일찌감치 철학을 전공하겠다는 뜻을 품었다. 예술의 문제에도 관심을 두고 있던 나는 예술과 철학의 문제를 함께 연구하는 미학과로 진학했지만, 언제나 나를 사로잡고 있던 질문은 도대체 진리가 무엇인가 하는 물음이었다.

대학 2학년 때, 칸트 철학을 배우면서 나는 학문으로서의 철학에 처음 눈을 뜨게 되었다. 그리고 진리가 무엇인가 하는 형이상학적 문제를 해결하기에 앞서 선결되어야 할 것은, 우리가 어떻게 참된 인식에 이를 수 있는가, 우리에게 인식이 어떻게 가능한가 하는 인식론적 문제들임을 깨닫게 되었다. 대학 3학년 때, 현상학을 접하면서 나는 바로 현상학이 나의 물음에 답을 줄 수 있을 것 같다는 어렴풋한 느낌을 갖게 되었다. 그리고 현상학을 공부하기 위해 철학과 대학원에 진학했다.

'엄밀학으로서의 철학'을 그 이념으로 하는 현상학은 철저히 경험에 토대한 학문이고자 한다. 우리는 우리가 무엇을 경험하는 한에서만 그것을 알 수 있다. 진리 역시 우리에게 경험됨으로써 비로소 의미를 갖게 된다. 후설은 진리에 대한 경험을 '명증'이라고 불렀다. 우리는 진리가 무엇인지 묻기 전에, 진리 경험이 무엇인지, 그리고 그것이 우리에게 어떻게 가능한지를 먼저 물어야 한다. 그래서 대학원에 진학한 후, 나는 후설에서 '진리 경험', 즉 '명증'이 의미하는 바가 무엇인지를 연구하기 시작했다.

후설의 명증이론에 관한 연구로 석사학위 논문을 쓰면서 후설에게 명증이란 의심 불가능성과 같은 데카르트적인 협소한 개념이 아니라 우리의 일상적이고 보편적인 경험의 지평 전체를 포괄하는 폭넓은 개념임을 알게 되었다. 후설에게 진리 경험은 지각, 기억, 예상 등과 같은 직관적 경험을 뜻하는 것으로서, 참/거짓의 이분법적 구분 속에 포섭될 수 있는 것이 아니다. 명증에는 다양한 등급이 있고, 당장 참이라고 생각된 인식조차 언제나 오류로 드러날 수 있다. 사실 유한한 인간에게 주어지는 거의 모든 인식은 오류 가능성을 내포한다.

우리들의 직관적 경험이, 그 오류 가능성에도 불구하고 진리 경험이라고 불릴 수 있는 이유는 우리에게 이중적 진리 개념이 있기 때문이다. 현실적 진리들은 모두 틀릴 수 있는 상대적 진리들이다. 그렇다고 하더라도 우리는 이념으로서의 절대적 진리 개념을 포기하지 않는다. 가령 우리는 처음에 입체적 실재의 한 단편만을 보다가 경험을 점차 더하면서 실재의 본모습에 다가가게 된다. 진리 경험을 성취할 때도 우리는 처음부터 절대 불변하는 진리를 얻거나 절대적 거짓을 얻게 되는 것이 아니라 참일 가능성이 있다고 여겨지는 인식에서 출발하여 그러한 인식을 교정하거나 점점 더 확증해 주는 경험들을 부단히 겪음으로써 절대적 진리의 이념에 다가가게 되는 것이다. 이념으로서의 절대적 진리는 현실적으로는 성취할 수 없는 목표점일지라도 우리는 그것을 향해 부단히 접근해갈 수 있다.

석사 논문을 쓰면서 나는 우리에게 가능한 진리 개념이라는 것이 무엇인지 그 실체에 조금 더 다가가게 되었다. 그러나 석사 논문을 통해 후설의 명증이론을 연구하여 정리하는 것만으로는 풀리지 않는 문제가 있었다. 후설은 명증 이론을 전개할 때 주로 개별 의식 주체에게 주어지는 진리 경험을 중심으로 분석했기 때문에, 서로 다른 주관이 서로 다른 진리 경험을 갖게 될 때 이러한 불일치의 문제가 어떻게 해결될 수 있는지, 그리고 나의 주관적 경험을 넘어 우리 모두가 공유할 수 있는 상호주관적 진리 경험이 어떻게 가능한지가 미완의 문제로 남겨져 있었던 것이다.

그래서 나는 주로 개별 의식 주체와 관계하는 후설의 명증 이론을 상호주관적 명증 이론으로 확장하는 것을 박사학위 논문의 주제로 삼게 되었다. 이는 후설의 명증 이론의 상호주관적 변형을 뜻하는 것이었다. 이미 후설 현상학의 이념 자체가 상호주관적 명증의 현상학을 요청하고 있었다. 그러나 이는 후설이 일평생 매우 방대한 철학적 작업을 했음에도 미처 채워 넣지 못한 부분이었다.

상호주관적 명증의 현상학을 통해서 나는 우리들의 경험과 인식이 어떻게 형성되는지, 그리고 그러한 주관적 경험으로부터 우리가 어떻게 상호주관적 진리 경험에 이르게 되며, 상호주관적 진리 경험에 토대한 상호주관적인 학문적 진리에 이르게 되는지를 설득력 있게 보이고자 했다. 우리들의 모든 인식 정당성의 근거는 경험에 토대하며 이러한 주관적 진리 경험들은 상호주관적 일치를 통해 상호주관적 진리 경험으로 상승할 때, 학문적 인식으로 기능할 수 있는 자격을 얻게 된다.

진리의 성취가 부단한 수정을 거치며 상호주관적 일치의 과정을 통해 절대적 진리의 이념으로 전진해가는 동적 구조로 이루어진다는 이러한 진리 모델을 바탕으로 나는 토대론/정합론, 객관주의/상대주의, 진리 대응론/진리 정합론/진리 합의론 등 현대 인식론에서 대립하는 여러 입장의 난점들을 해소하고 종합하여 균형 있는 올바른 관점을 제시해 보이고자 했다. 이러한 시도가 얼마나 성공적인지 판단하는 것은 독자들의 몫이다.

이 책은 이러한 연구 성과를 담은 나의 박사학위 논문을 모태로 하고 있다. 결국 이 책은 "진리가 무엇인가"라는 오랜 물음에 대한 지난한 연구 과정의 결실인 것이다. 진리 물음은 철학의 탄생 이래 끊임없이 물어져 왔던 가장 근본적인 철학적 물음이다. 오늘날 진리에 대한 극단적 상대주의나 허무주의를 표명하는 포스트모더니즘이 유행하고 있지만, 그럼에도 나는 진리 물음이 결코 낡은 물음이 아니며, 우리가 살아있는 한 여전히 우리에게 절실한 영원한 물음이라고 생각한다.

그뿐 아니라 일상적 삶 속에서도 진리는 우리들의 삶에 방향을 제시해주는 나침반과 같은 것이다. 매 순간 우리를 둘러싼 세계를, 존재를 지각하면서도 우리가 진리를 도대체 알 수 없다거나 진리가 어디에도 존재하지 않는다고 말하는 것은 자신이 살아있으면서도 살아있음을 부정하는 것과 같이 이치에 맞지 않는 일이다.

절대적 진리의 이념이 우리가 닿을 수 없이 저 멀리 있는 하늘의

별이라고 해도, 우리는 이미 지상에 비추는 별빛을 경험하고 있고, 다양하게 반짝이는 별빛을 통해 저 멀리 별이 있음을, 그리고 그 별에 대한 앎에 접근해 갈 수 있음을 알 수 있다. 그러나 저 멀리 있는 별에 대한 절대적 앎만이 진리인 것은 아니다. 진리는 바로 여기 있다. 여기 내 앞에 있는 존재에 대한 경험이 곧 진리 경험이다. 이념적 진리와 현실적 진리의 이러한 이중적 구분을 통해서만 우리는 진리의 참모습에 보다 온전히 접근해갈 수 있다.

이러한 연구 성과에 이르기까지 참 많이 헤매었다. 진리가 무엇인가 하는 물음을 붙잡고 학문의 길에 들어섰을 때, 난 자욱한 안개 속에 서 있는 것만 같았다. 도대체 진리가 무엇인지 어디서부터 연구하고 규명해가야 할지 캄캄한 미로 속을 헤매고 있을 때, 나에게 등불이 되어 준 스승님이 나의 지도교수이신 이남인 교수님이다. 이남인 교수님의 지도가 없었다면 이 책은 결코 완성될 수 없었을 것이다. 이제 진리 문제에 관한 한 적어도 야트막한 언덕 위에서는 사태를 조망할 수 있는 시야를 갖게 된 것 같다. 부족하고 느린 제자에게 늘 격려를 아끼지 않으시고 오랜 세월 깊은 가르침으로 여기까지 이끌어주신 이남인 교수님께 머리 숙여 감사드린다.

아울러 가족들에게도 감사의 인사를 전하고 싶다. 심적으로 힘들고 어려울 때마다 삶의 지혜와 용기를 가르쳐주시고 늘 기도로 후원해주신 나의 부모님, 또 공부하는 며느리를 못마땅히 여기지 않으시고 도리어 자랑스러워하며 묵묵히 지켜봐 주신 시부모님, 그리고 늘 곁에서 내 삶의 든든한 버팀목이 되어준 남편 권영재에게 깊은 사랑과 존경, 그리고 감사의 인사를 전한다. 또한 나에게는 그

누구보다 특별히 감사를 드려야 할 분이 계신다. 어머니가 직장 일로 바쁘셨기 때문에 나는 주로 외할머니의 손에서 자랐다. 외할머니께서는 어머니를 도와 손주들을 뒷바라지하시느라 일평생 희생과 헌신의 삶을 사셨다. 내가 태어나서 이제 겨우 무언가 이루어낸 것이 이 책이라면 나는 이 책을 나의 외할머니께 바치고 싶다. 내년에 아흔이 되시는 외할머니께서, 이 지면을 빌어 당신께 드리는 이 감사 인사에 기뻐하고 흐뭇해하신다면 그것만으로도 이 책은 나에게 큰 의미가 있다.

마지막으로, 나의 학위 논문을 책으로 출간할 기회를 주신 필로소픽 출판사에 감사드리며, 이 책을 읽게 될 모든 독자분들께도 미리 머리 숙여 감사드린다. 이 책이 독자들에게 진리가 무엇인가 하는 물음에 대한 의미 있는 답변이 될 수 있기를 바라며 책머리에 쓰는 글을 마친다.

2019년,
가을의 문턱에서
저자

# 차례

# EDMUND HUSSERL & DIE WAHRHEIT

## 1부

## 서론: 후설의
## 명증 개념의 새로운 이해

# 1장. 상호주관적 명증의 현상학을 위하여

## 1. 문제의 지평[1]

후설 현상학의 이념은 시종일관 철학을 자기 책임성을 지니는 엄밀한 학문(strenge Wissenschaft)으로 정초하고자 하는 것이었다. 후설은 이러한 엄밀학을 가능하게 하는 인식론적 토대를 마련하기 위하여 심리학주의와의 대결 속에서 자신의 독특한 명증(Evidenz) 이론을 발전시켰다. 철학이 주관적 사견들, 그리고 공허한 사념들에 어지럽혀지지 않도록 철학을 굳건한 경험의 반석 위에 세우고자 했던 후설은 자신의 독특한 명증 개념을 통해 정당한 인식의 원리를 새롭게 드러내 밝히고자 하였다. 그럼에도 불구하고 후설 그 자신이 전개한 명증 이론은 주로 개별 의식 주체의 경험과 관련하여 분석된 연유로 후설의 명증 이론은 진리 개념과 관련한 상호주관성

---

[1] 이 연구는 필자가 2016년 『철학사상』 61집에 게재한 「후설 현상학의 이념과 상호주관적 명증의 문제」를 심화 발전시킨 것으로서 이 논문과 동일한 문제의식을 가지고 작성되었다. 따라서 이 절의 내용은 이 논문에서 서술한 문제의식과 중복됨을 밝힌다. 한편, 이 책에서 후설 전집((Husserliana)을 인용할 때는, 후설전집 약호인 Hua를 적고 전집 권수와 페이지수를 기입했다.

(Intersubjektivität)의 문제와 언어의 문제를 도외시한 유아론(Solipsis-mus)적 철학이자 의식 철학에 머물러 있다는 비판을 무수히 받아 왔다.[2]

아펠과 하버마스는 후설의 명증 이론에 대해 이러한 견해를 가진 대표적인 철학자들이다. 아펠과 하버마스는 후설의 현상학을 고전적 주체 철학의 한 유형으로 간주하고, 이러한 주체 철학의 전통 속에서 전개된 후설의 명증 이론은 진리와 합리성의 문제를 올바르게 해명하지 못하고 있다고 비판하였다. 이들은 20세기 철학의 언어적 전회의 배경 속에서 주관성의 철학으로부터 상호주관성의 철학으로의 패러다임의 전환을 요청하며, 진리의 문제도 이러한 패러다임의 전환을 통해서만 올바르게 해명될 수 있다고 주장했다.

아펠은 의식에 주어지는 사적인 명증과 상호주관적으로 타당하고, 언어적으로 표현되는 논변을 구별하면서 후설의 명증 개념과 같은 주체의 선-언어적이고 선-의사소통적인 사적인 명증 개념은 진리가 언제나 언어적으로 조건 지워지는 상호주관적 타당성을 통해서만 획득된다는 사실을 간과하고 있는 잘못된 개념이라고 비판했다. 아펠에 따르면, 홀로인 주체는 어떤 종류의 명증도 사적으로 소유할 수 없으며, 따라서 진리의 타당성의 문제는 더 이상 유아 (*solus ipse*)적 의식에 주어지는 명증의 문제로 간주할 수 없고, 언어적 의사소통과 이해에 기초한 상호주관적 동의 형성의 문제로 간주해야 한다.[3] 따라서 아펠에게 있어서 언어와 의사소통적 공동체

---

[2] 가령 페르디난트 펠만은 『현상학의 지평』에서 후설의 명증 이론은 단지 몇몇 사상가에 의해서만 지지되며, 이 명증 이론은 현상학을 고립시키는 결과를 초래했다고 서술하고 있다. (페르디난트 펠만, 『현상학의 지평』, 최성한 옮김, 서광사, 2014, p.72 참조.)

[3] K.-O. Apel, *Transformation der Philosophie. Band 2, Das Apriori der Kommuni-*

는 진리의 필수 조건이다.

아펠과 마찬가지로 하버마스 역시 주관적 확실성의 경험과 언어적으로 표현되는 상호주관적인 타당성 주장을 구별한다. 하버마스는 한 개인에게만 참인 진술은 없으며, 한 개인에게만 타당한 진리는 없다고 주장하면서 주관적 명증 자체를 부정한다. 그리고 진리는 의식의 사적인 명증에서 찾아져서는 안 되고, 논변적으로 비판될 수 있는 타당성 주장에서 찾아져야 하며, 타당성 주장은 직관에서 찾아질 것이 아니라 담화적으로 찾아져야 한다고 이야기한다.[4] 진리의 조건은 타인과의 잠재적인 일치에 있다는 것이다.[5]

주체철학과의 결별을 선언하면서 상호주관성의 철학으로의 패러다임의 전환을 요청하는 이들의 비판은 후설 현상학에 대한 중대한 도전으로 간주되었다. 이 책의 문제의식은 아펠과 하버마스로 대표되는 이러한 비판들이 후설 현상학에서의 명증의 문제에 타당하게 적용될 수 있는가 하는 물음에서 출발한다. 이들이 비판하듯이 후설 현상학에서 명증은 의식 체험에 주어지는 사적이고 주관적인 경험에만 국한되는 개념인가? 또한 후설 현상학에서 진리의 문제는 언어적 의사소통을 통해 획득되는 상호주관적 진리의 문제를 포섭해 내지 못하는가? 그렇지 않고 만약 후설의 현상학이 상호주관적 진리의 문제를 해명해낼 수 있다면, 후설의 현상학을 토대로 전개될 수 있는 상호주관적 명증의 현상학의 구체적 모습은 무엇인가?

---

*kationsgemeinschaft*. Frankfurt am Main: Suhrkamp, 1973. p.312

[4] 하버마스는 다음과 같이 말한다. "의견이나 명제의 진리성은 다시금 오로지 다른 의견과 명제를 통해서만 논증될 수 있기 때문에, 우리는 언어의 세력권을 벗어날 수 없다." 위르겐 하버마스, 『진리와 정당화』, 윤형식 옮김, 나남, 2008, p.307 참조.

[5] J. Habermas, *Vorstudien und Ergänzungen zur Theorie des kommunikativen Handelns*, Frankfurt am Main: Suhrkamp,1984. pp.140-142

후설의 명증 이론에 대한 이제까지 연구 중 대부분은 이러한 물음들을 아예 제기하지 않았고, 이 물음들과 관련해 후설의 편에서 후설의 명증 이론을 옹호한 소수의 연구도 이 물음들을 체계적으로 충분히 다루지는 못했다.[6] 후설의 명증 이론에 대한 이제까지의 연구가 이러한 물음들에 온당하고도 충분한 답을 내려주지 못했던 것은 후설이 그의 저작들에서 명시적으로 전개하고 있는 명증이론이 대개 단일한 의식 주체와 관련해서 분석되었다는 것에 일정 부분 연유한다. 그러나 후설의 명증 개념에 대한 정확한 이해에 토대하여 이러한 이해를 후설이 후기 유고에서 전개하고 있는 상호주관성의 현상학의 풍부한 분석들에 접목하면, 후설에서 명증 개념은 주관적 명증에만 국한되는 것이 아니라 상호주관적 명증의 개념으로 확장되게 됨을 알 수 있다. 그리고 이에 따라 후설의 명증 이론 역

---

[6] 이 주제와 관련해 후설의 명증이론을 옹호한 선행 연구로 이남인과 자하비의 논문을 주목해볼 만 하다. 이남인은 『현상학과 현대철학』(풀빛미디어, 2006)의 2부 2장 「비판적 합리성의 구조」에서 후설의 명증적 진리론에 대한 하버마스의 비판을 재반박하면서 후설의 명증적 진리론에서의 명증은 사적 명증에 불과한 것이 아니라 이미 상호주관적 타당성 주장을 함축하고 있으며, 하버마스의 의사소통 행위론과 후설의 명증적 진리론은 양립 불가능한 것이 아니라 상호 보완적인 관계에 있음을 주장하였다. 또한 자하비(D. Zahavi)는 *Husserl und die transzendentale Intersubjektivität: Eine Antwort auf die sprachpragmatische Kritik* (Dordrecht: Kluwer Academic Publishers, 1996)에서 상호주관성과 진리의 문제를 부분적으로 다루면서, 아펠과 하버마스의 언어화용론적 비판에 대한 응답으로 상호주관성은 주관성에 대한 대체물이 될 수 없다는 것과 상호주관성은 언어적 차원에만 국한되는 것이 아님을 밝혔다. 그밖에 소퍼(G. Soffer)는 그의 저서 *Husserl and the Question of Relativism* (Dortrecht:Kluwer Academic Publishers, 1991)에서 현상학의 보편성을 위한 길로서 현상학적 합의와 상호주관적 명증의 문제를 간략히 다룬 바 있다. 이 책은 이러한 선행 연구들과 의견을 같이한다. 그러나 앞선 연구들은 후설의 명증이론이 상호주관적 명증 이론으로 확장될 수 있음을 보이는 시도, 그리고 후설 현상학을 기반으로 하여 전개될 수 있는 상호주관적 명증의 현상학의 구체적인 모습이 무엇인지를 체계적으로 해명하려는 시도는 하지 않았는데, 본서는 이들의 연구 업적을 넘어서 후설의 미완의 명증이론을 상호주관성의 문제를 포섭하는 상호주관적 명증이론으로 확장하고자 한다.

시 상호주관적 명증이론으로 확장될 수 있음을 알게 된다. 후설은 후기 유고들에서 그의 자아론적 현상학을 상호주관성의 현상학으로 확장했는데, 이러한 상호주관성으로의 확장은 주관성, 초월론적 관념론, 구성, 초재 등과 같은 그의 사상의 수많은 핵심적인 주제들과 관계할 뿐 아니라, 우리의 명증의 개념과도 관계한다. 상호주관성에 대한 후설의 분석들은 후설의 명증 개념을 새롭게 조명해 줄 수 있는 것이다.

따라서 이 연구는 이제까지 후설의 명증 이론에 가해진 수많은 비판이 후설의 명증 이론과 상호주관성의 현상학에 대한 불철저한 이해 때문에 발생한 것으로 보고, 후설의 명증이론을 후설 자신의 상호주관성의 현상학에 접목해 후설 현상학에 바탕을 둔 상호주관적 명증의 현상학을 재구성해냄으로써 이러한 비판에 응수하고자 한다. 이는 주로 단일한 의식 주체와 관련하여 분석된 후설의 미완의 명증이론을 상호주관적 명증의 현상학으로 확장하여 이를 완성하고자 하는 시도를 의미한다.

이를 위해 이 연구는 다음의 목표를 갖게 된다. 첫째, 이 연구는 후설의 명증이론이 후설 자신의 현상학 이론에 토대하여 상호주관적 명증의 현상학으로 확장될 수 있음을 밝히고, 둘째, 이러한 상호주관적 명증의 현상학의 구체적인 모습이 무엇인지를 제시해 보인다. 첫 번째 목표와 관련하여 이 연구는 다음의 세부 과제들을 갖게 된다. 먼저 후설의 명증 개념에 대한 정확한 해명과 더불어 후설의 명증 개념이 상호주관적 명증이라는 개념과 양립 가능함을 보여야 한다.(1부) 다음으로 후설의 초월론적 현상학으로부터 상호주관성의 개념이 정당하게 도출됨을  보여야 한다.(2부) 두 번째 목표와 관련하여 이 연구는 상호주관적 명증의 현상학이 어떠한 방식으로 전개될 수 있는지를(3부) 보이는 한편, 이렇게 전개된 상호주관적 명증의 현상학이 진리, 그리고 인식 정당화 문제와 관련한 여러 인식론적 입장들 사이에서 어떤 위치를 갖는지를 자리매김할 수 있어야 한다.(4부) 그리고 이러한 논의를 통해 이 연구는 결론에서는 지금까지의 연구를 정리하면서 학문의 진보를 설명하는 진리 개념과 현상학의 학문성, 합리적 인식의 규범과 관련하여 우리가 어떤 귀결에 도달할 수 있는지를 보일 것이다.(5부)

이러한 작업은 객관적 타당성을 지녀야 할 학문적 인식의 근원과 발생, 그리고 정당성의 원천을 체계적으로 해명해 내고자 하는 시도이다. 그리고 이러한 시도의 궁극적 목표는 우리들의 일상적 삶을 지탱해주는 선 학문적 앎에서부터 학문적 인식에 이르기까지 타당한 인식으로서의 인식 정당화의 올바른 모형이 무엇인지, 그리고 우리들의 인식적 삶에서 진리란 무엇이고 어떠한 의미를 지닐 수 있는지를 올바르게 드러내 밝히는 것이다.

이러한 연구를 통해 진리와 인식 정당화의 문제는 의식 체험에 근거하는 주관적 진리 경험의 차원에 국한되는 것이 아니라, 주관적 진리 경험의 토대 위에서 상호주관적 의사소통을 통해 역사적, 사회적으로 형성되어, 상호 간의 일치와 불일치, 확증과 논파의 과정을 거치면서 부단히 수정, 변화하며 전진해 가는 모습으로 해명될 수 있음이 밝혀질 것이다. 그리고 이제 우리는 이러한 인식 정당화 모델을 통해서 진리 경험이 어떻게 주관적 차원을 넘어 상호주관적 합리성, 그리고 학문 공동체가 공유할 수 있는 진정한 학문성의 의미를 지닐 수 있는지 알게 될 것이다.

## 2. 연구 방법 및 논의의 순서

후설에서 명증의 문제는 『논리연구』, 『이념들 I 』, 『형식 논리학과 초월 논리학』, 『성찰』, 『위기』, 『경험과 판단』, 『상호주관성의 현상학 I , II , III 』, 『생활 세계』, 『이념들 II 』, 『논리학과 인식 이론 입문』, 『논리학과 일반 학문 이론』 등 무수히 많은 저작에서 다루어지고 있다. 그러나 이러한 저작들에서 상호주관적 명증과 관련된 분석은 체계적으로 정리되어 있지 않고 곳곳에 흩어져 있다. 그래서 후설에 토대한 상호주관적 명증의 현상학을 전개하기 위해 후설의 명증 이론을 연대기적으로 정리하거나 저작들을 중심으로 정리해서는 상호주관적 명증의 현상학의 전체 윤곽을 명확하게 드러낼 수 없다.

이에 본 연구는 후설의 명증 개념에 입각하여, 후설 저작 여기저기에 흩어져 있는 상호주관적 명증과 관련된 분석을 찾아 이를 체계적으로 재구성하는 방법을 취한다. 그리고 많은 곳에서 논의는 후설의 명증 이론과 초월론적 현상학에 가해진 비판을 염두에 두며, 이러한 비판에 응답하는 형식을 취한다. 또한 후설은 어디에서도 그 스스로가 상호주관적 명증의 개념을 체계적으로 분석하지 않았기에, 이 연구는 연구자의 현상학적 직관[7]에 직접 의지하여 상호

---

[7] 여기서 현상학적 직관이란 현상학적 분석의 방법으로서 의식 체험에 대한 내재적 지각, 그리고 본질직관(Wesensanschaung)을 의미한다. 연구자는 연구자의 의식에 주어진 상호주관적 명증의 체험을 반성하며 지각하고 그렇게 지각된 상호주관적 명증의 본질을 직관하면서 상호주관적 명증의 개념을 분석해 나갈 수 있다. 그런데 이때 연구자의 현상학적 직관에 의존한 현상학적 분석의 결과 역시 상호주관적 평가의 시험대 위에 올려질 수 있음에 유의해야 한다. 현상학적 직관을 인식적 원리로 하는 현상학 역시 상호주관적 학문으로서의 학문성을 갖는다. 이 책은 5부 2장 연구의 귀결에서

주관적 명증의 개념과 관련하여 후설이 채워놓지 않은 부분들을 분석해 나갈 것이다. 특히 이러한 상호주관적 명증의 현상학이 현대 인식론의 다양한 입장들 사이에서 어떤 위치와 의미를 지닐 수 있는지 논하는 4부에서는 영미 분석철학 진영의 연구를 적극 활용할 것이다. 이러한 작업을 통해 우리는 어떻게 후설에서 상호주관적 명증이라는 개념이 도출될 수 있는지, 그리고 그렇게 도출해 낸 상호주관적 명증의 개념이 어떠한 모습으로 이론화될 수 있으며, 그것은 어떤 현대적 의미를 지니는지 알 수 있게 될 것이다.

이 책은 총 5부로 구성되어 있다. 1부의 1장에서는 책의 문제의식과 목표, 구성, 전개 방법을 서술하면서 책의 전체적인 윤곽을 제시한다. 2장에서는 후설에서 명증의 개념과 성격을 논한다. 후설에서 명증의 개념과 성격을 명확히 이해하는 일은 상호주관적 명증의 개념을 이해하고, 이러한 개념이 후설의 명증 개념과 양립 가능함을 이해하는 데 필수적이다. 3장에서는 먼저 후설 현상학의 이념이 상호주관적 명증의 현상학을 요청하고 있음을 밝히고, 책의 전체적인 이해를 위해 상호주관적 명증이라는 개념을 간략하게 정의한 후, 이 개념이 어떠한 근거로 후설의 명증 개념과 조화롭게 양립할 수 있는지를 보일 것이다.

2부에서는 후설의 초월론적 현상학에서 상호주관성의 개념이 정당하게 도출되고 있음을 보인다. 후설이 상호주관성의 현상학을 전개했다는 것은 주지의 사실이지만, 상호주관성의 도출이 초월론적 현상학적 환원과 같은 현상학의 핵심 개념과 양립 불가능하거나 정

_____

상호주관적·학문으로서의 현상학이 갖는 학문성에 관해 다시 논의할 것이다.

합적이지 못하다면, 후설의 명증이론 역시 상호주관적 명증 이론으로 확장될 수 있는 여지를 잃게 된다. 후설에서 상호주관성의 도출이 정당하게 이루어지고 있음을 입증하는 일은 후설에서 상호주관적 명증 이론의 성립 가능성을 위한 전제 조건이다. 따라서 2부 1장에서는 초월론적 현상학적 환원의 참 의미를 해명하면서 초월론적 현상학적 환원이 결코 타자의 존재를 부정하는 유아론을 함축하는 것이 아님을 보인다. 초월론적 현상학적 환원에 대한 이러한 올바른 이해를 통해서만 우리는 후설에서 상호주관성의 도출이 정당한지를 올바르게 평가할 수 있다. 2장에는 후설이 『데카르트적 성찰』의 「5성찰」에서 제시한 원초적 환원을 살펴보면서 후설에서 타자 존재의 타당성의 의미가 어떻게 확립될 수 있는지를 개괄해 볼 것이다. 3장에서는 후설 현상학의 테두리 내에서 상호주관적 경험의 구성이 어떻게 해명될 수 있는지를 살펴본 후, 4장에서는 「5성찰」에서의 이러한 분석들에 대한 여러 비판을 검토하고, 이를 재반박하면서 후설이 「5성찰」에서 상호주관성의 현상학으로 나아가는 토대를 정당하게 확보하였음을 증명할 것이다. 그리고 마지막 5장에서는 초월론적 현상학과 상호주관성의 현상학이 서로 조화되지 않는 양립 불가능한 현상학이 아니라, 서로가 서로를 필연적으로 요청하는 긴밀한 관계에 있는 현상학임을 보이면서 2부를 마무리할 것이다.

3부에서는 본격적으로 후설 현상학에 토대하여, 그리고 후설 현상학을 넘어서 상호주관적 명증의 현상학을 전개해 나간다. 먼저 1장에서는 우리가 어떻게 상호주관적 명증의 현상학에 이를 수 있는지 그 방법적 통로를 제시하면서 상호주관적 환원의 의미에 대해 분석한다. 2장에서는 상호주관적 명증의 의미를 규정하면서 상호주관적 명증의 대표적 유형들로서 상호주관적 지각, 상호주관적 기억, 상호주관적 예상이 의미하는 바가 무엇인지를 논한 후, 3장에서는 이러한 상호주관적 명증이 어떠한 본질 구조 속에서 주어지는지를 해명한다. 상호주관적 명증은 신체를 매개로 하여 선 언어적으로 성취될 수도 있고, 언어적 의사소통을 통하여 언어적으로 성취될 수도 있다. 특히 여기서 선 언어적인 상호주관적 명증이 존재한다는 사실은 진리와 합리성을 오로지 언어적 의사소통에만 근거 지우려 하는 아펠과 하버마스의 이론의 결함을 보충해 줄 것이다. 4장에서는 이러한 상호주관적 명증이 발생과 타당성의 관점에서 각기 어떻게 구성되는지 그 초월론적 가능 조건을 다룬다. 5장에서는 특히 언어적인 상호주관적 명증에 주목하면서 언어적 의사소통에서 발생하는 일치와 불일치의 현상을 살펴보고 이러한 현상이 상호주관적 합리성과 어떠한 관계에 있는지를 해명한다. 그리고 6장에서는『위기』의 부록 텍스트Ⅲ으로 출간된「기하학의 근원」이라는 후설의 문헌에 토대하여 주관적 차원의 근원적 명증으로부터 학문적 인식의 의미가 어떻게 형성되고 침전되는지를 살펴보고, 마지막 7장에서는 이제까지의 논의를 토대로 하여 상호주관적 동적 정당화 모델이라는 인식 정당화 모델을 제시하면서 상호주관적 명증의 현상학이 제시하는 인식 정당화 모델의 전체적인 윤곽을 보여줄 것이다.

　　4부에서는 상호주관적 명증의 현상학이 제시하는 이러한 인식 정당화 모델이 인식론에서 다양하게 대립하여 온 입장들 사이에서 점하는 위치를 규명하면서, 우리의 모델이 이러한 대립들을 어떻게

26

해소할 수 있는지를 보인다. 1장에서는 토대론과 정합론의 대립, 2장에서는 객관주의와 상대주의의 대립, 3장에서는 진리 대응론과 진리 정합론, 진리 합의론의 대립에 대해 논하고 이러한 대립들이 우리의 인식 정당화 모델로 각기 어떻게 해소되고 종합될 수 있는지를 보일 것이다.

5부 결론 1장에서는 지금까지의 논의를 정리하고, 2장에서는 본 연구의 귀결로서 상호주관적 진리 개념과 더불어 역사적, 상호주관적 차원에서 학문의 진보가 어떻게 이루어지는지, 그리고 상호주관적 학문으로서의 현상학의 학문성의 성격이 무엇인지를 논한 후, 상호주관적 명증의 현상학이 제시하는 합리적 인식의 규범이 무엇인지를 보일 것이다. 그리고 3장에서 이제까지의 이러한 논의의 성과와 의의가 무엇인지를 정리한 후, 앞으로의 탐구 과제를 제시하면서 책을 마무리할 것이다.

## 2장. 후설에서 명증의 의미와 성격

### 1. 명증의 의미

후설 현상학에 토대한 상호주관적 명증의 현상학을 전개하기에 앞서 우리는 우선 후설 현상학에서 명증이 무엇을 의미하는지를 이해할 필요가 있다. 명증의 의미에 대한 올바른 이해를 통해서만 우리는 상호주관적 명증이라는 개념으로 나아갈 수 있기 때문이다. 후설 현상학 이전의 철학사에서 명증은 다양한 방식으로 정의되어 왔으나[8], 후설의 명증 개념은 기존의 전통적 명증이론에서의 명증

---

[8] 가령 합리론의 데카르트는 명석함(clarity)과 판명함(distinctness)을 진리의 기준으로 삼았고, 경험론의 흄은 명증을 믿음에 우연히 외적으로 부착된 감정으로 간주했다. 이후 19세기 독일의 수많은 심리학주의적 논리학자들도 명증을 판단에 부착된 확실성의 감정으로 정의하는 등 명증을 정의하려는 다양한 방식의 시도가 있었다. 전통적 명증 이론과 후설 시대 심리학주의적 논리학자들이 시도한 명증에 관한 다양한 정의들에 대한 설명은 G. Heffernan, "An essay in epistemic kuklophobia: Husserl's critique of Descartes' conception of evidence", *Husserl studies* 13(2) : 89-140, 1997 ; G. Heffernan, "A Study in the Sedimented Origins of Evidence: Husserl and His Contemporaries Engaged in a Collective Essay in the Phenomenology and Psychology of Epistemic Justification", *Husserl Studies* 16: 83-181, 1999 참조.

개념들에 대한 비판을 통해 성립된 독특한 개념이므로 후설에서 명증이 의미하는 바가 무엇인지를 정확히 이해하지 않고서는 상호주관적 명증의 의미뿐 아니라 후설 현상학에서 상호주관적 명증이라는 개념이 성립하는지에 대한 이해조차 불가능하다.

후설 당대 철학에서 명증이란 판단에 부착된 특수한 감정이라는 인식이 지배적이었는데[9], 후설은 이러한 심리학주의적 명증이론과의 대결 속에서 자신의 명증 이론을 발전시켰다. 『논리연구』(1900/1901)의 「서설」에서 후설은 논리학을 심리학에 기초 지우고자 하는 심리학주의를 반박하였다. 후설에 따르면 논리 심리학주의는 논리학과 심리학의 관계에 대한 근본적 혼동에 기반을 둔 것으로서 심리학의 대상인 판단함이라는 실재적 심리학적 작용과 논리학의 대상인 판단의 이념적 대상 사이의 차이를 보지 못하는 범주의 오류를 범하고 있다.

논리 심리학주의자들이 명증을 일종의 감정으로 정의하는 것은 인식의 성격에 대한 이러한 잘못된 이해에 기반을 둔 것으로서 명증에 대한 심리학주의적 관점은 필연적으로 참된 인식에 대한 회의적 상대주의로 귀결될 수밖에 없다. 만약 명증이 인간의 사실적 감정에 우연히 부착된 감정이라면 인식의 타당성이 개인들의 주관적 감정에 의존하게 되므로 객관적이고 타당한 인식에 대한 정합적 설명은 불가능해지기 때문이다. 동일한 인식 대상에 대한 판단과 관련해서 각 개인은 다른 감정을 느낄 수 있을 뿐 아니라, 이러한 이

---

[9] 가령 지그바르트는 논리학이 기반을 두고 있는 명증은 필연성이라는 내적 감정이라고 주장했고, 리케르트는 명증은 진리를 지시하는 심리학적 기능으로서 즐거움의 감정이라고 주장했다.

론은 도대체 우리가 왜 어떤 판단에 대해서는 명증이라 지칭되는 특정한 감정을 느끼고, 다른 판단에 대해서는 그러한 감정을 느끼지 못하는지를 설명하지도 못한다.

심리학주의적 명증이론과의 이러한 대결 속에서[10] 후설은 명증을 "진리의 체험"(HuaXVIII, 193)으로 정의한다.[11] 즉 후설에서 명증은 진리가 체험되는 지향적 작용이다. 여기서 우리는 명증이라는 개념과 진리라는 개념이 밀접한 관련을 지니면서도 서로 구별되는 개념임을 알 수 있다. 명증은 일종의 체험이자 지향적 작용이고 진리는 그러한 지향적 작용의 대상적 상관자다. 여기서 주목할 것은 후설은 명증이라는 개념을 철저히 의식의 본질인 지향성의 구조 속에서

---

[10] 후설 이전에 명증이 일종의 감정이라는 심리학주의적 입장을 거부한 철학자로 브렌타노가 있다. 브렌타노는 명증을 직관 작용 자체 속의 내적 독특성으로 기술했다. (F. Brentano, *Vom Ursprung sittlicher Erkenntnis*, Ed. Oskar Kraus. Hamburg: Meiner, 1969, pp. 64-66 참조.) 그러나 브렌타노는 만약 판단이 그 자체로 올바른 것으로 특징 지워진다면 그것은 더 옳거나 덜 옳을 수 없다고 말하면서 명증이 정도나 등급을 갖는다는 사실을 부정했다. (F.Brentano, *Die Lehre vom richtigen Urteil*. Ed. Franziska Mayer-Hillebrand. Hamburg:Meiner, 1978, p.111 참조.) 또한 내적 지각은 명증적이고 외적 지각은 비명증적이라고 주장했는데, 이러한 브렌타노의 입장은 후설에 의해 반박된다.

[11] 후설에서 명증(Evidenz)의 의미는 독일어 Evidenz가 유래한 라틴어 evidentia의 의미와 충실히 관련된 듯 보인다. 어원학적으로 evidentia는 '무엇으로부터(from out of)'라는 접두어 ex와 '보다'라는 의미를 지닌 videre라는 동사가 합성된 것이다. 그러므로 어원학적으로 볼 때, 독일어 Evidenz는 '무엇으로부터 보다'라는 의미를 지닌다. 따라서 독일어 Evidenz는 사물이라는 명사적 의미보다 '보는 행위'라는 활동의 동사적 의미가 강하며, 어떤 산출물(product)이 아니라 동적 과정(process)을 의미한다. 흥미로운 것은 독일어 Evidenz의 영어 번역 evidence의 현대적 용례에서는 이러한 동사적 의미가 거의 남아 있지 않다는 것이다. 현대 영어에서 evidence는 보통 무언가를 그러그러한 것으로 보여주는 사물로서의 증거 자료를 의미하지만 독일어 Evidenz는 무언가가 그러그러함을 보는 활동을 지칭하는 것이다. 이렇게 영어 evidence와 구별되는 독일어 Evidenz의 고유한 의미를 이해하는 것으로부터 시작할 때, 우리는 후설에서 명증이라는 개념이 갖는 특수한 의미를 더 잘 이해할 수 있다.

정의하고 있다는 것이다. 후설에서 명증은 언제나 지향적 상관관계 속에서 주제화된다. 따라서 명증이 하나의 지향적 체험이라고 할 때, 그러한 지향적 체험의 대상은 다양하며, 다양한 대상 유형에 따라 대상의 주어짐의 방식도 다양하므로 그러한 인식 대상의 상관적 작용으로서의 명증의 종류도 다양할 수밖에 없다. 그리고 명증의 다양한 의미는 인식 대상이 주어지는 다양한 방식과 관계한다. 가령 경험 과학적 지식은 경험적 명증에 근거하고, 수학이나 논리학적 인식은 필증적[12] 명증에 토대한다. 이렇게 후설에서 명증은 지향적 대상의 상이성에 따라 다양한 유형을 포함하는 다의적 개념이므로 명증이라는 말의 구체적이고 실질적인 의미는 언제나 그 맥락에 따라서 규정될 수밖에 없다.

『논리연구』의 6연구에서 후설은 이러한 진리의 체험으로서의 명증이 성취되는 구조를 설명하면서, 명증이라는 개념을 보다 구체적으로 정의하려고 시도한다. 후설에 따르면, 명증이라는 지향적 체험은 사념된 것이 단순히 사념되기만 하는 것을 넘어 직관에 의해 충족(Erfüllung)됨으로써 가능하다. 무언가를 공허하게 사념하는 의미 지향 작용(Bedeutungsintention)이 직관(Intuition)에 의해 충족될 때, 사념된 것과 직관적으로 주어진 것 사이의 동일화 작용이 명증이고, 사념된 것과 직관적으로 주어진 것의 동일성이 진리다. 『논리연구』의 6연구 38절에서 후설은 명증을 다음과 같이 정의한다.

"느슨한 의미에서 우리는 언제나 정립하는 지향(특히 주장)이, 상응하는, 그리고 완전히 적합한 지각을 통해 그것의 확증을 발견하는 곳에서

---

[12] 각주 26 참조.

명증에 관해 이야기한다. […] 그리고 인식적으로 엄밀한 명증의 의미는 오직 이러한 최종적인, 넘기 어려운 목표, 즉 이러한 가장 완전한 충족 종합의 작용하고 만 관계한다. 이러한 작용은 지향에, 예를 들어 판단 지향에 절대적인 내용 충실을, 대상 자체의 내용 충실을 제공한다. 대상은 그저 사념되는 것이 아니라 그것이 사념된 대로 사념과 하나로 정립되어 가장 엄밀한 의미에서 주어진다. […] 우리는 명증 자체는 그러한 가장 완전한 합치 종합의 작용이라고 말했다. 모든 동일화와 마찬가지로 명증 은 객관화하는 작용이고, 그것의 대상적 상관자는 진리라는 의미에서의 존재 혹은 진리라고 불린다."(HuaXIX/2, 651)

여기서 후설은 엄밀한 의미에서의 명증과 느슨한 의미에서의 명 증을 구별하고 있다.[13] 엄밀한 의미에서 명증은 의미지향적으로 존 재를 정립하는 지향이 상응하는 지각에 의해 완전히(충전적으로) 충 족되어 우리에게 대상 자체가 주어지는 완전한 충족 종합의 이상 (Ideal)을 지시한다. 그러나 보다 넓은 의미에서의 명증은 사념된 대상이 완전히 충전적으로 주어지지 않더라도 의미지향작용이 거 기에 상응하는 적합한 직관작용에 의해 충실화되어 대상이 단지 지 향되기만 하는 것이 아니라 지향된 대로 직관적으로 주어질 때를 말한다. 명증의 의미에 대한 후설의 이러한 규정은, 명증이 단순히

---

[13] 명증의 대상적 상관자가 진리이므로 우리는 후설에서의 진리 개념도 이에 상응하여 엄밀한 의미의 진리와 느슨한 의미의 진리라는 이중적 의미를 가지게 됨을 알 수 있 다. 앞으로 밝히겠지만, 후설의 진리 개념은 상대주의와 객관주의의 이분법적 구분을 넘어서고 있는데, 그것은 엄밀한 의미의 진리로서의 절대적 진리라는 이념을 보전하 면서도 그러한 진리가 성취되는 도중에 주어지는 현실적 진리들은 느슨한 의미의 상 대적 진리임을 인정하고 있기 때문이다.

명제의 언표나 판단의 사념만으로는 얻어질 수 없으며, 판단을 통해 지향된 대상이 직관을 통해 자체 주어짐(Selbstgegebenheit)으로써만 얻어질 수 있다는 사실을 함축한다. 따라서 명증은 주어진 판단이나 사념에 대한 확실성의 감정과 같은 것으로는 결코 이해될 수 없다. 명증은 그 자체 주어진 사태에 대한 통찰이며 파악이다. 다시 말해 명증은 확실성의 감정과 같은 주관적이고 우연적인 것이 아니라 언제나 판단되는 사태의 직접적 현존과 관계한다. 또한, 명증은 자체적으로 존재하는 진리에 부착된 어떠한 객관적 성질이 아니라 언제나 의식 주관에 의해 경험됨으로써만 획득되는 인식 주관의 목적론적 체험이다.

『논리연구』에서 후설이 제시하고 있는 명증의 개념은 이처럼 지향-충족의 모델에 기반을 두고 있다. 『논리연구』에서는 특히 기호를 통해 표현될 수 있는 공허한 판단, 즉 논리적으로 객관화된 표현이나 의미가, 상응하는 직접적인 직관을 통해 충족되는 경우를 주목하면서, 의미지향작용과 직관 작용이라는 두 개의 지향 작용을 동일화하는 제3의 작용을 명증이라는 지향적 체험으로 규정하고 있다.[14] 그러나 후설은 이러한 의미지향 작용과 직관의 동일화 작용을 넘어 대상 자체가 주어지는 모든 직관적 경험 자체로 명증 개념을 확장한다. 1929년에 출간된 『형식 논리학과 초월 논리학』에서

---

[14] 이때 주의할 것은 이러한 후설의 명증 개념이 전통적 진리 대응론과는 구별되어야 한다는 것이다. 왜냐하면 전통적 진리 대응론에서 대응되는 항들은 분리된 존재론적 영역에 존재하는 의식과 대상이라는 항들이며, 이들 사이의 대응과 일치가 문제시되는 반면, 후설의 명증 개념에서는 의식과 대상이 아니라 두 개의 지향적 체험, 즉 작용들 사이의 대응과 일치가 문제시되고 있기 때문이다. D. Zahavi, *Husserl's Phenomenology*, pp. 31-32, Stanford University Press, California, 2003 참조.

후설은 다음과 같이 말한다.

"명증은, 위의 상술을 통해 우리에게 이미 분명해졌듯이, 자체 줌
(Selbstgebung)의 지향적 작업 수행을 가리킨다. 더 정확히 말하면, 명
증은 지향성, 즉 무언가에 대한 의식의 일반적인 탁월한 형태이다. 그 속
에서 거기서 의식되는 대상적인 것이 자체 파악됨의 방식으로, 자체 주시
됨의 방식으로, 의식에 적합하게 '의식 곁에 자체로 존재함'의 방식으로
의식되는 지향성의 탁월한 형태이다." (HuaXVII, 166)

『형식 논리학과 초월 논리학』에서의 정의에 따르면 명증이란 "대
상 자체가 주어지는 지향적 작업 수행"이다. 따라서 명증이라는 개
념을 이해하면서 우리는 『논리연구』에서의 규정처럼 반드시 의미
지향작용과 직관작용이라는 두 개의 항을 가정할 필요 없이, 대상
자체를 주는 모든 직관작용을 명증이라는 지향적 체험으로 이해할
수 있다.[15] 따라서 이러한 두 번째 의미에서의 명증은 '대상이 그 자
체로 주어짐'으로 규정할 수 있다. 실제로 1906년~1907년 강의인
『논리학과 인식론 입문』에서 후설은 명증을 다음과 같이 정의했다.

"명증은 다름 아닌, 주어짐의 성격에 대한 이름이다." (HuaXXIV,
155)

---

[15] Ströker는 명증은 단순한 작용이 아니고, 모든 명증은 최소한 두 가지 종류의 작용의 일
치 종합이라고 말한다. E. Ströker, *The Husserlian Foundation of Science*, Kluwer
Academic Publishers, 1997, p. 62 참조. 그러나 단일한 직관 작용 그 자체도 명증
으로 간주할 수 있다.

대상은 지각의 방식으로 주어질 수도 있고, 기억의 방식으로 주어질 수도 있다. 그러므로 여기서 주어짐의 성격이란 지각이나 기억 등등과 같은 의식 체험을 뜻한다. 결국 보다 확장된 의미에서의 명증은 다양한 직관적 의식 체험을 지칭하는 말이다.

『형식 논리학과 초월 논리학』에서 후설은 명증이 이렇게 두 가지 의미를 지닌다는 사실을 다음과 같이 기술한다.

> "명증이라는 단어도 이러한 두 가지 진리 개념과의 연관 속에서 이중적인 의미를 지닌다. 즉 참된 또는 실제적 존재에 대한 근원적 자체 가짐(Selbsthabe)이라는 의미와 더불어 근원적인 현행성 속에서의 판단에 상응하는 실제성에 적합한 사념된 범주적 대상성("사념")으로서의 판단의 속성이라는 의미가 있다. 후자의 경우 명증은 현실적 일치 속에서 생기는 근원적인 올바름의 의식을 뜻한다. 이 의식은 자신의 측면에서 보자면 올바름과 관련해 첫 번째 의미의 명증이지만, 자체 가짐이라는 이 확장된 명증 개념의 특수 경우이다. 그렇다면 자연적으로 확장된 의미에서 판단은 그것을 일치로 가져올 수 있는 잠재성과 관련해서도 명증적이라 불린다."(HuaⅩⅦ, 133)

이렇듯 첫 번째 의미에서의 명증 개념은 판단의 올바름에 대응되는 명증 개념이지만 두 번째 의미에서의 명증 개념은 '자체 가짐'이라는 명증 개념으로서 사태 자체를 제시하는 모든 직관적 경험과 동일한 의미를 지닌다.[16] 『논리학과 인식론 입문』에서 후설은 사태

---

[16] 우리는 진리를 명증의 대상적 상관자로 이해하고 있으므로 자하비(D. Zahavi)는 명증의 이러한 두 가지 의미의 구분에 따라 그에 상응하여 진리도 두 가지 의미로 구분

에 대한 존재론적 명증(ontologische Evidenz)과 판단에 대한 명제적 명증(apophantische Evidenz)를 구별하는데(HuaXXⅣ, 322), 이러한 구별은 『형식 논리학과 초월 논리학』에서의 명증의 이중적 의미에 대응된다. 즉 의미 지향과 직관의 동일화 작용으로서의 판단의 올바름이라는 명증 개념은 명제적 명증개념에 대응되고, 사태를 제시하는 모든 직관적 경험으로서의 '자체 가짐'이라는 명증 개념은 존재론적 명증 개념에 대응된다. 다시 말해 명제적 명증은 판단의 참/거짓을 드러내 주는 의미 지향과 직관의 동일화 작용이고, 존재론적 명증은 사태의 존재/비존재를 드러내 주는 직관적 경험인 것이다.

후설에 의하면 모든 직관적 경험은 인식 타당성의 정당한 근거가 된다는 의미에서 명증의 영역에 속한다. 지각(Wahrnehmung), 기억(Erinnerung), 예상(Vorerinnerung) 등 다양한 직관적 경험들은 각기 서로 다른 명증도를 지니지만 그럼에도 불구하고 우리들의 인식의 정당한 권리 원천이라는 점에서는 공히 명증의 영역에 속하는 것이다. 이때 명증은 모든 이론적이고 학문적인 인식의 토대가 될 뿐만 아니라, 초월론적 주관으로서의 일상적인 삶 전체를 가능하게 하는 하나의 지반이라는 사실이 주목되어야 한다. 후설은 『데카르트적 성찰』에서 다음과 같이 말한다.

"가장 넓은 의미에서, 명증은 지향적 삶의 보편적인 근원 현상을 가리킨

---

할 수 있다고 이야기한다. 자하비는 첫 번째 명증의 의미와 상응하는 진리의 개념은 판단의 올바름으로서의 진리이고 두 번째 명증의 의미에 상응하는 진리의 개념은 개시로서의 진리라고 이야기한다. D. Zahavi, 앞의 책, p. 33. 참조.

다. 그것은 아프리오리하게 공허하고 미리 사념하며 간접적이고 비본래적일 수 있는 그 밖의 '의식에 가짐'에 대립해서 '그것 자체가 거기서, 직접 직관적으로 원본적으로[17] 주어진(Selbst da, unmittelbar anschaulich, orginaliter gegeben)' 궁극적 양상 속에서, 사물, 사태 보편성, 가치 등등이 '그것 자체가 나타나고', '그것 자체가 제시되고', '그것 자체가 주어지는' 아주 탁월한 의식의 방식을 가리킨다. 자아에게, 이것은 혼란되고, 공허하게 미리 생각하면서 어떤 것을 향해 생각하는 것이 아니라, 그것 자체의 곁에서 그것 자체를 직관하고, 보고, 통찰하는 것을 의미한다."(Hua Ⅰ, 92~93)

여기서 후설은 명증을 지향적 삶의 보편적인 근원적 현상으로 이해하고 있다. 명증은 학문적 인식의 가능 근거이기도 하지만, 단순히 학문적 인식의 성격을 넘어 초월론적 주관의 모든 일상적 삶을 가능하게 하는 가장 보편적이고 근원적인 활동인 것이다. 이렇게 가장 넓은 의미에서 이해된 명증은 대상 일반에 대한 경험이다.

---

[17] 대상이 원본적으로 주어진다는 말은 대상의 이미지나 그림, 복사본이 아니라 대상 그 자체가 의식에 현전함을 말한다. 우리는 지각적 경험에서 대상을 이러한 양상으로 경험한다. 우리가 사물을 지각할 때, 우리는 사물의 원모습 그 자체를 지각하기 때문이다. 그러나 기억이나 예상에서는 사물이 원본적으로 주어지지 않는다. 기억에서도 대상 자체가 주어지긴 하지만, 기억 속에서는 우리가 지각했던 사물의 복사물과 같은 상이 떠오른다. 예상에서는 실재하는 대상 자체의 원모습이 주어지지 않을 뿐 아니라 실재하는 대상 자체의 복사물조차 주어지지 않는다. 그런 점에서 예상은 대상을 그 자체로 제시하는 직관은 아니다. 그래서 이 구절에서 후설은 대상을 원본적으로 부여하는 가장 탁월한 직관의 방식인 지각 체험에만 명증 개념을 한정시키는 듯 보인다. 그러나 기억과 예상도 인식 정당성의 원천이라는 점에서 다 같이 명증의 영역에 속한다. 이 구절에서는 다만 명증을 공허한 사념과 대비시키기 위해 자체 주어짐과 원본성을 특별히 강조한 것으로 보인다.

"개체적 대상들에 대한 명증은 가장 넓은 의미에서 경험의 개념을 구성한다. 그래서 첫 번째의, 가장 엄격한 의미에서의 경험은 개체와의 직접적 관계로 정의된다."(EU, 21)

"명증은 가장 넓은 의미에서 존재하는 것과 그러하게 존재하는 것에 관한 경험이다. 다시 말하자면 명증은 바로 그것 자체를 정신적으로 시선 속으로 가져옴이다."(Hua I , 52)

이렇듯 『데카르트적 성찰』과 『경험과 판단』에서 후설은 가장 넓은 의미에서의 명증을 경험(Erfahrung)으로 정의하는데, 후설에서 경험이라는 말 역시 매우 폭넓은 개념이라는 것에 유의해야 한다. 경험의 대상 범주가 다양함에 따라 그에 상응하여 다양한 유형의 명증이 존재할 수 있으며,[18] 또한 단일한 경험 대상에 대해서도 지각을 비롯하여 기억, 예상 등 다양한 유형의 명증이 존재할 수 있다. 그뿐만 아니라 대상화하는 경험으로 정의될 수 없는 감정의 경험, 가치 평가하는 경험, 욕구, 추구, 충동 등 비객관화 작용들도 그것들이 원본적으로 경험되는 한 그것들 각각은 나름의 명증을 가지고 있다고 이야기할 수 있다.[19]

이렇듯 후설에 있어서 명증은 단순히 의심 불가능한 명증만을 의미하는 데카르트적인 협소한 개념에 국한되지 않고, 초월론적 주관의 삶 전체를 떠받치고 있는 모든 다양한 직관적 경험[20]들로 확장된

---

[18] 후설에 있어서 경험과 명증의 의미와 관계에 대해서는 Nam-In Lee, "Experience and Evidence", *Husserl Studies* 23, 2007 참조.

[19] Nam-In Lee, 위의 논문 참조.

[20] 대상이나 사태 자체를 주는 직관적 의식 체험으로서의 명증은 우리가 대상이나 사태

다. 이상에서 살펴본 것에 따라 우리는 명증을 사태 자체가 주어지는 지향적 체험이자 점증하는 충족 속에서 자신의 인식 목표를 부단히 달성해 가고자 하는 초월론적 주관의 목적론적 활동으로 정의할 수 있다.


## 2. 명증의 유형과 성격

앞서 우리는 후설이 명증을 엄밀한 의미와 느슨한 의미의 이중적 차원으로 정의하고 있음을 살펴보았다. 엄밀한 의미의 명증은 절대적 진리와 관계하는 하나의 이념이지만, 현실 속에서 우리의 인식적 삶을 떠받들고 있는 명증은 대개 상대적 진리와 관계하는 느슨한 의미의 명증이다. 이렇듯 후설에서 명증은 데카르트적 의미의 필증성(의심 불가능성)에 국한되는 개념이 아니다. 후설은 절대적 확실성으로서의 명증의 최종적 이상을 제시하면서도 기억, 예상 등의 파생적 명증이나 외적 지각과 같은 비충전적이고 비필증적인 명증도 명증의 영역에 끌어들임으로써 진리를 향한 인식 주관의 목적론적 성취 과정 중에 존재할 수 있는 다양한 상대적 명증을 인정한다.

후설은 『논리연구』, 『이념들 I』, 『수동적 종합』, 『데카르트적 성찰』, 『형식 논리학과 초월 논리학』 등등 자신의 저작 곳곳에서 다양한 유형의 명증에 대해 언급하고 있다. 명증은 대상이 인식 주관

---

를 만날 수 있게 하는 통로이다. 그래서 나는 명증을 '대상, 혹은 사태와의 만남'으로 표현하고 싶다. 우리는 기억 속에서 지나간 사태를 만날 수도 있고, 지각 속에서 현재의 사태를 만날 수도 있으며, 예상 속에서 사태를 미리 만날 수도 있다. 이러한 사태와의 다양한 만남의 형식이 바로 다양한 명증의 유형을 구성한다.

에 주어지는 방식에 따라 구분해 볼 수 있는데, 대상 자체가 인식 주관에 원본적으로 주어질 때 그 명증은 원본적인 명증(originäre Evidenz)이라 부를 수 있다. 이러한 명증의 대표적인 예로 지각을 들 수 있다. 지각은 대상 자체를 현전적(gegenwärtig) 원본성 속에서 생생하게(leibhaftig) 정립한다. 그러나 기억이나 예상은 지각의 현전화(Vergegenwärtigung)[21]로서 자신의 인식적 타당성의 근거를 지각의 원본성에 의지한다. 그러므로 우리는 기억이나 예상과 같은 직관 작용은 지각으로부터 파생된 파생적 명증으로 부를 수 있다. 여기서 주목해야 할 것은 예상이나 기억 역시 파생적이기는 하지만, 공허한 의미 사념에 직관의 충실화를 가져다줄 수 있다는 의미에서 명증으로서의 성격을 가진다는 것이다. 가령 우리는 수많은 인식적 경험을 기억에 의지한다. 만약 우리가 기억에 명증의 자격을 부여하지 않는다면 우리는 현재의 점적인 순간의 체험에만 인식 타당성을 부여할 수 있을 것이며 지식의 축적은 가능하지 않을 것이다. 또 우리가 예상에 명증의 자격을 부여하지 않는다면 닥쳐올 미래에 대한 합리적 준비나 설계라는 말이 애당초 불가능할 것이다.

한편, 대상은 인식 주관에 남김없이 완전히 주어질 수도 있고, 음영(Abschattung)[22]지어 주어질 수도 있다. 대상이 있는 그대로 남김

---

[21] 현전화는 현전에서 파생된 말이다. 무언가가 현전한다는 것은 그것이 현재 눈앞에 존재함을 말한다. 이에 대비해 현전화는 무언가가 마치 현재 눈앞에 존재하는 것처럼 나타나게 함을 뜻한다. 우리가 사물을 지각할 때, 사물은 현재 내 눈앞에 실제로 존재한다는 점에서 현전하지만, 우리가 사물을 기억할 때는 사물이 마치 내 눈앞에 존재하는 것처럼 전에 지각했던 사물의 상이 의식에 떠오른다. 그런 의미에서 지각은 현전 작용이고 기억은 현전화 작용이다.

[22] 음영은 매우 특수한 뜻을 지닌 현상학의 용어로서 사물이 직관될 때의 특유의 소여방

없이 주어지는 지향적 체험을 우리는 충전적 명증(adäquate Evidenz)으로, 대상이 음영지어 주어지는 지향적 체험을 비충전적 명증(inadäquate Evidenz)으로 부를 수 있다. 『이념들 Ⅰ』에서 후설은 초재적 지각(transzendente Wahrnehmung)에서는 대상이 언제나 음영지어 주어지지만, 내재적 지각(immanente Wahrnehmung)은 대상이 남김없이 인식 주관에게 제시되는 충전성을 지닌다고 말한다 (HuaⅢ/1, 91~92).[23] 내 앞에 놓인 책상을 보는 초재적 지각에서는 대상이 언제나 관점적으로, 부분적으로 주어질 뿐이지만, 책상을 보고 있는 나의 의식 체험 자체를 반성하는 내재적 지각에서는 의식 체험과 의식 체험의 대상이 동일한 의식 체험 흐름에 무 매개적으로 속해있기 때문에 대상이 부분적, 일면적으로 주어지는 것이 아니라 통째로 남김없이 주어지는 것이다. 이것은 물론 후설이 초재적 지각에 대해 내재적 지각이 갖는 인식적 우월성을 이야기하기 위해 내재적 지각이 갖는 시간 지평을 고려하지 않은 잠정적 규정이다. 시간 지평을 고려하면 내재적 지각에 주어지는 의식 체험의 대상 역시 현재의 의식에 명료하게 드러날 수 없는 어두운 시간 지평을 가짐으로써 비충전성을 가질 수 있다. 그러나 시간 지평을 고려했을 때의 내재적 지각의 비충전성 역시 초재적 지각의 비충전성

---

식을 나타내는 말이다. 우리는 하나의 측면을 다양한 관점에서, 그리고 다양한 상황 속에서 바라볼 수 있으며, 우리가 어떠한 관점에서, 어떤 상황에서 바라보는가에 따라 동일한 측면은 서로 다른 모습으로 나타난다. 이렇게 사물이 완전히 통째로 주어지는 것이 아니라 바라보는 주관이 처한 특수한 상황에 따라 부분적으로, 그리고 시시각각으로 변하며 주어지는 모습을 우리는 음영이라고 한다. Robert Sokolowski, *Introduction to Phenomenology*, Cambridge University Press, 2000, pp. 17-21 참조.

[23] 초재적 지각은 의식 체험에 속하지 않는 의식 초월적 대상에 대한 지각을 뜻하고, 내재적 지각은 의식 체험에 대한 반성적 지각을 뜻한다.

과는 질적으로 다른 차원의 것이므로(Hua Ⅲ/1, 93~94) 초재적 지각에 대해 내재적 지각이 갖는 인식적 우월성은 부정될 수 없다. 어쨌든 현실에서 우리가 마주하는 모든 명증은 비충전적이다. 다만 우리는 대상의 내부 지평과 외부 지평[24]에 대한 개개의 비충전적 인식들로부터 그것들이 더해지고 종합되는 양상화(Modalisierung)[25] 과정을 거침으로써 대상에 대한 충전적 인식의 이상에 접근해 갈 수 있다. 후설에서 충전적 명증이란 우리가 도달해야 할 하나의 이상이자 이념이다. 그러나 우리는 현실 속에 주어지는 비충전적 명증의 점진적 종합을 통해서만 이러한 이상에 접근해 갈 수 있기 때문에 우리는 결코 비충전적 명증의 인식적 가치를 경시해서는 안 된다.

대상이 남김없이 주어지는 의식 체험이 충전적 명증(adäquate Evidenz)이라면, 대상이 의심 불가능하게 주어지는 의식 체험은 필증적 명증(apodiktische Evidenz)[26]이라 불린다. 대상의 비존재를 생

---

[24] 사물의 내부 지평은 사물 자체가 내적으로 갖는 속성들의 총체이고, 사물의 외부 지평은 사물이 다른 사물과의 관계 속에서 갖는 속성들의 총체를 뜻한다.

[25] 양상화는 의식 체험의 변양(Modifikation)을 뜻한다.

[26] '필증적'(apodiktisch)이란 용어는 현상학의 전문 용어로서 '의심 불가능한' 의식 체험의 특성을 나타내는 말이다. 그러나 이러한 의심 불가능성으로서의 필증성은 다양한 의미를 지니면서 정도의 차이를 지닐 수 있다. 먼저 데카르트적 의미의 의심 불가능성은 가장 강한 의미의 필증성으로서 무언가를 의심하여 그것을 부정할 경우 수행적 모순에 이르게 되는 인식에 붙여지는 말이다. 이를테면 '내가 존재한다'는 것을 의심하여 이를 부정할 경우, '의심함' 자체가 '의심하는 나의 존재'를 함축하므로 수행적 모순에 이른다. 그러나 1+1=2라는 수학적 진리는 의심가능하다. 1+1=2임을 의심하고 부정한다고 해서 수행적 모순의 상황이 발생하여 1+1=2가 확증되는 것은 아니다. 우리는 얼마든지 1+1=3이되는 세계가 존재한다고 가정해볼 수 있다. 이에 반해 현상학적 의미의 필증성은 데카르트적인 의심 불가능성보다는 다소 약한 의미의 의심 불가능성으로 보인다. 즉 현상학적으로는 어떤 것을 의심할 경우 수행적 모순에 이르게 되는 인식만을 필증적이라고 하는 것이 아니라, 어떤 인식이 하나의 구체적 사례를 넘어 지금뿐만 아니라 앞으로도 그리고 어떤 상황에서도 원리적으로 계속해서 타당한 것으로서 반복될 수 있는 것으로 경험될 때 필증적이라고 말한다(Hua Ⅷ,

42

각하는 것이 모순일 때, 그 대상은 의심 불가능하게 필증적으로 존재한다고 말할 수 있다. 가령 우리는 외부 세계가 존재하는지에 대해서는 의심할 수 있지만, 생각하는 자아의 존재는 의심할 수 없다. 일찍이 데카르트(R. Descartes)가 보여주었듯이 생각하는 자아의 존재를 부정할 경우, 우리는 그러한 자아를 의심하고 부정하는 나의 명백한 사유 작용의 존재마저 부정하게 되어 모순에 빠지기 때문이다. 따라서 순수 자아의 존재는 내재적 지각 속에서 인식 주관에 필증적으로 주어진다. 그러나 초재적 지각 속에서 주어지는 개개의 사물이나 사태에 관한 파악은 의심 가능한 실연적 명증 (assertorische Evidenz)이다. 그뿐만 아니라 내재적 지각 속에서 주어지는 (자아가 존재한다는 사실이 아닌) 자아의 내용적 규정조차 그것이 시간 지평을 가짐으로 인해 의심할 수 있다. 즉 내재의 존재는 필증적으로 주어지지만 내재의 내용적 규정, 내재의 본질 구조는 비필증적으로 주어지는 것이다. 이것은 내재 역시 시간지평으로 인해 비충전적으로 주어짐을 뜻하는데, 충전적으로 소여 되지 않는

---

p.380). 즉 이러한 앎은 경험이 더하여진다고 해서 수정되지 않는다. 가령 1+1=2라는 앎(수학적 진리)이나 '색깔을 가진 물체는 연장(extension)을 가진다.'와 같은 앎은 지금뿐만 아니라 앞으로도 어떤 상황에서도 계속해서 반복될 수 있는 앎으로서 현상학적 의미에서의 필증적인 앎에 속한다. 그러나 저 멀리 보이는 물체를 사람으로 인식하는 것은 가까이 다가가서 볼 경우 사람을 닮은 인형으로 판명 나서 수정될 수 있으므로(경험이 더하여질 경우 수정될 수 있으므로) 의심가능하다. 그밖에 심리학적 의미의 의심불가능성이 있다. 이것은 가장 약한 의미의 필증성이라고 할 수 있을 텐데, 어떤 인식이 의심 불가능하다고 느껴지는 매우 주관적이고 심리적인 강박을 불러일으킬 때 의심 불가능하다고 한다. 가령 저 멀리 보이는 물체가 사람임이 틀림없을 것이라는 심리적 강박감이 있으면 그 사람에게는 그러한 인식이 주관적으로, 그리고 심리적으로 의심 불가능한 것이다. 데카르트적 의미의 필증성과 현상학적 의미의 필증성의 구분, 그리고 후설의 필증성 개념을 둘러싼 난점과 논쟁에 대해서는 Gail Soffer, *Husserl and the Question of Relativism*, Kluwer Academic Publishers, 1991, pp.123-128 참조.

내재는 시간 지평 속에서 인식 주관의 경험에 의해 내용의 충실(Fülle)이 더해짐에 따라 그 본질 규정이 얼마든지 변경될 수 있으므로 내재에 대한 당장의 내용 규정은 언제나 의심할 수 있기 때문이다. 현상학이 기반을 두고 있는 인식의 방법으로서 반성을 통한 내재적 지각 역시 그 필증성이 심문받을 수 있다는 사실은 현상학이 필증적 진리들로만 구성된 완결된 체계가 아니라 언제나 비판되고 수정될 수 있는 열린 체계의 학문이라는 사실을 암시한다.

상술한 것들로부터 우리가 주목할 것은 후설은 1913년의 『이념들 I』에서는 원본적 명증이나 충전적 명증, 필증적 명증이 갖는 인식적 우월성을 강조하지만, 그의 사상이 발달해감에 따라 점차 타당성의 관점에서 명증도가 떨어지는 다양한 상대적 명증의 중요성에 관심의 무게를 두고 있다는 것이다. 그것은 후설이 현실 속 우리의 거의 모든 인식적 경험들은 비충전적이고 비필증적이며, 또 상당 부분 파생적 명증에 의지하고 있음을 깨달았기 때문일 것이다. 그래서 후설은 1929년에 출간된 『형식 논리학과 초월 논리학』에서 모든 경험은 모순으로 붕괴할 수 있으며, 최초의 단순한 경험의 확실성은 의심, 추측, 부정으로 이끌 수 있다고 말하기에 이른다(Hua XVII, 242)[27]. 특히 다음의 구절은 필증적이라고 생각되었던 명증 또한 착각으로 드러날 수 있음을 말해주면서 사실상 모든 명증이 오류 가능함을 보여주고 있다.

---

[27] 확실성, 의심, 추측, 부정 등은 경험이 가질 수 있는 다양한 양상(Modalität)들이다. 그런데 어떠한 경험이 갖는 특정한 양상은 다른 양상으로 변할 수 있다. 경험의 양상이 이렇게 변화할 때, 우리는 그러한 경험의 변양(Modifikation)을 양상화(Modalisierung)라고 말한다.

"착각(Täuschung)의 가능성이 경험의 명증에 함께 속하며 [⋯] 스스로를 필증적이라고 주장하는 명증도 착각으로 드러날 수 있다. 그럼에도 불구하고도 그 명증은 그것을 산산조각이 나게 하는 하나의 유사한 명증을 전제한다."(Hua XⅦ, 164)

결국 현실 속의 모든 명증은 오류를 포함할 수 있는 상대적 명증이다. 그럼에도 불구하고 그것이 인식을 정당화해주는 근거라는 명증의 이름을 지닐 수 있는 이유는 불완전한 인간의 인식이 기댈 수 있는 당장의 타당성의 근거와 토대는 그 오류 가능성에도 불구하고 당장 대상을 우리에게 제시해주는 직관적 경험들일 수밖에 없기 때문이다.[28] 그리고 우리는 그러한 불완전한 인식에서 출발하더라도 경험이 점진적으로 더하여짐에 따라 불완전한 인식의 종합과 양상화를 통해 완전한 인식이라는 절대적 진리의 이념에 접근해 갈 수 있기 때문이다. 후설에서 명증이 언제나 오류 가능하고 양상화할 수 있다는 사실은 후설 현상학 내에서 상호주관적 명증이라는 말이 성립할 수 있고 정당한 의미를 지닌다는 사실을 지지해 주는 좋은 근거가 된다. 만약 모든 개별적 인식 주관의 명증이 참과 거짓의 이분법적 구분 속에서 규정된다면, 타인들과의 일치를 통해 더욱 완성된 진리를 규정하려는 시도는 애당초 불필요한 것이 될 터이니 말이다.

---

[28] 후설은 『논리학과 인식론 입문』에서 다음과 같이 말한다. "학문은 더는 자명한 것들의 영역이 아니라 오히려 자명하게 근거가 제시된 것들의 영역이다."(Hua XXⅣ, p.15)

# 3장. 후설의 현상학과 상호주관적 명증의 문제

앞서 우리는 후설에서 명증이라는 개념이 무엇을 뜻하는지, 그리고 명증이 어떠한 성격을 지니는지를 살펴보았다. 그러나 후설은 그의 대부분의 저작에서 명증에 관해 이야기할 때, 주로 단일한 의식 주체의 관점에서 주어지는 지향적 체험과 관련지어서만 이야기 하였다. 그래서 후설의 명증 개념은 상호주관성을 도외시한 의식 철학적 개념, 유아론적 개념이라는 비판을 받아온 것이다. 그러나 우리는 지금부터 후설 현상학의 이념 자체가 이미 스스로 상호주관적 명증(intersubjektive Evidenz)이라는 개념을 요청하고 있음을, 그리고 또한 상호주관적 명증이라는 개념은 후설 현상학 자체에서 도출될 수 있는 개념이며 후설의 명증 개념과 조화롭게 어울릴 수 있는 개념임을 보게 될 것이다.

## 1. 후설 현상학의 이념과 상호주관적 명증의 문제[29]

후설 현상학의 목표는 시종일관 엄밀학으로서의 참된 학문을 수립하는 것이었다. 이러한 참된 학문이란 엄격한 자기 책임성을 지닌 학문으로서 자기 자신이 아닌 어디에도 그 근거를 되물어갈 필요가 없는 학문이자, 자기 자신과 더불어 경험과학을 위시한 여타의 모든 학문의 인식적 타당성을 정초해줄 수 있는 제1철학이다. 후설은 『데카르트적 성찰』에서 참된 학문이 따라야 할 규범적 원리를 다음과 같이 천명한다.

"철학적으로 시작하는 자로서 나는, 진정한 학문이라는 추정적 목표를 추구함의 결과로, 내가 명증으로부터, 그러니까 각각의 사물과 사태들이 그 속에서 나에게 그것 자체로서 현전하는 경험으로부터 길어오지 않은 어떠한 판단도 내려서는 안 되고 타당한 것으로 간주해서도 안 된다." (Hua I , 54)

참된 철학의 방법적 원리를 명증에서 찾고자 하는 이러한 근본 요청은 이미 1900년에 출간된 『논리연구』의 「서설」의 한 구절에서도 발견된다.

"궁극적 근거에서 모든 진정한 인식, 그리고 특히 모든 학문적 인식은 명증에 의존한다." (Hua XVIII, 29)

그리고 이것은 1913년에 출간된 『이념들 I 』에서 더 구체화된 형태로 반복된다.

---

29 이 절의 내용은 필자가 2016년, 「후설 현상학의 이념과 상호주관적 명증의 문제」라는 제목으로 『철학사상』 제 61집에 게재한 내용과 일부 중복됨을 밝힌다.

"원본적으로 부여하는 모든 직관이 인식의 권리 원천이다. '직관' 속에서 원본적으로(말하자면 자신의 생생한 현실성 속에서) 우리에게 제시된 모든 것은, 그것이 자신을 제시하는 한계 내에서, 그것 자체가 제시된 대로 단순히 받아들여야 한다."(HuaⅢ/1, 51)

후설 현상학의 근본 동기이자 최종적 목표가 참된 학문을 수립하는 것이며, 후설은 이러한 참된 학문의 방법적 원리를 명증에서 찾고자 했다는 것을 고려해 볼 때, 후설의 명증이론은 후설 현상학 전반을 지탱하는 가장 핵심적인 주제라고 해도 과언이 아니다. 후설 현상학의 이념인 엄밀학으로서의 철학을 수립하는 일은 오직 명증적 인식에 근거해서만 가능한 것이다.

그렇다면 엄밀학으로서의 철학을 가능하게 하는 명증적 인식이란 어떠한 인식이어야 하는가? 이 물음에 답하기 위해서는 먼저 후설이 말하는 엄밀학이 어떠한 학문을 의미하는지를 이해할 필요가 있다. 후설이 모든 학문의 절대적 정초 근거로서 엄밀학으로서의 철학을 건립하고자 한다고 할 때, 우리는 후설이 말하는 엄밀함이 오류 불가능성을 뜻한다고 오해하기 쉽다. 그러나 엄밀함은 오류불가능성을 의미하지 않으며, 현실에서 오류 불가능한 학문을 구축하는 일은 사실상 불가능하다. 후설은 『위기』에서 수학이나 정밀과학조차도 체계적인 이론학과 방법론의 양식 전체에 걸쳐 변할 수 있는 것으로 입증되었다고 말한다(Hua Ⅵ, 2). 수학이나 정밀과학의 학문성은 오류 불가능성에 근거하는 것이 아니라 그러한 학문이 비록 계속 타파되고 개선될 수 있을지라도 이들 학문이 자신들의 탐구 대상 영역의 성격에 적합한 인식적 방법을 갖고 있기 때문이다. 그리고 이러한 학문적 방법론은 탐구 대상을 적합하게 드러내 준다는 점에서 객관적 타당성을 갖는다. 따라서 우리는 학문이 가져야 할 학문성으로서의 엄밀성을 대상 영역에 적합한 인식적 방법을 가진[30] 사태 적합성으로 정의할 수도 있고, 객관적 타당성으로 정의할 수도 있다. 사태에 적합한 인식적 방법을 통해 궁극적으로 목표하는 것은 객관적 타당성이라고 할 수 있기 때문에 결국 후설이 말하는 엄밀학이란 객관적으로 타당한 학문을 뜻한다. 그리고 엄밀학으로서의 철학을 가능하게 하는 명증적 인식이란 객관적으로 타당한 인식을 뜻한다.

그렇다면 객관적 타당성이란 무엇이고 어떻게 획득되는 것인가? 다음의 구절들을 살펴보자.

---

[30] 포퍼가 객관성의 기준을 방법론적 절차에서 찾은 것처럼 후설의 현상학도 참된 학문의 방법론을 확보하려 했다는 점에서 학문의 객관성의 기준에 대한 이들의 입장은 어떤 점에서 유사한 듯 보인다. 그러나 포퍼가 과학적 절차를 지키기만 하면 누가 탐구를 수행하든 산출된 지식의 객관성이 보장된다고 생각한 것에 반해, 후설 현상학은 방법적 절차가 곧바로 산출된 지식의 오류불가능성을 보증해주지는 못한다고 말한다. 포퍼의 철학에는 탐구 주체의 고유한 특성들이 배제되어 있다. 그러나 후설 현상학에 의하면 동일한 방법적 절차를 따르더라도(가령 똑같이 현상학적 환원을 하고 현상학적 탐구를 하더라도) 그것을 누가 수행하느냐에 따라 다양한 인식이 산출될 수 있을 뿐 아니라, 탐구 대상의 성격에 따라서도 다양한 결과가 산출될 수 있다. 그래서 이러한 인식의 객관성을 보증해주는 것은 오류불가능성이 아니라 상호주관적 의사소통에 의한 인식의 확증이다. 이런 점에서 후설은 관찰과 실험이 전적으로 객관적인 것이 아니라 관찰과 실험에 이미 이론이 적재되어 있어서 동일한 실험으로 다른 결과가 나올 수 있다는 과학철학의 이론을 선취하고 있다고 볼 수도 있을 것이다. 현상학적 방법의 오류 가능성에 관한 논의에 관해서는 G. Heffernan, "On Husserl's Remark that "[s]elbst eine sich als apodiktisch ausgebende Evidenz kann sich als Täuschung enthüllen ..." (XVII 164:32-33): Does the Phenomenological Method Yield Any Epistemic Infallibility? ", *Husserl Studies* 25/1, pp.15-43, 2009 참조.

"모든 객관성 즉 도대체 존재하는 모든 것이 그 속으로 해소되는 보편적 상호주관성은 명백하게도 그럼에도 불구하고 인간성 이외에 다른 것일 수 없다는 점은 분명하며 […]"(HuaVI, 183)

"수학은 […] 객관적 세계를 만들었다. 즉 방법적으로 그리고 완전히 일반적으로 모든 사람에 대해 일의적으로 규정될 수 있는 이념적 대상성들에 관한 무한한 총체를 만들었다."(HuaVI, 30)

위 구절들을 통해 우리는 후설이 객관성을 모든 사람에 의해 상호주관적으로 일의적으로 규정될 수 있고 전달될 수 있는 보편적 상호주관성으로 파악하고 있음을 알 수 있다. 후설에 따르면 학문적 진리는 언제나 객관적 진리여야 하는데(HuaVI, 4), 학문이 가져야 할 이러한 객관성은 다름 아닌 보편적 상호주관성을 의미하는 것이다. 그리고 이러한 상호주관성은 개별 의식 주체와 관련해서 성취된 주관적 명증만으로는 확보될 수 없다. 여기서 우리는 비로소 후설 현상학의 이념인 참된 학문의 건립을 위해 필연적으로 상호주관적 명증이 요청됨을 알 수 있다. 주관적 명증으로 성취된 진리가 학문적 진리, 즉 객관적 진리가 되기 위해서는 언어를 통한 상호주관적 합의의 과정을 통해 상호주관적 진리로 승격되어야 한다. 결국 우리는 상호주관적 명증에 의하지 않고서는 결코 객관적 진리, 학문적 진리로 향할 수 없는 것이다.

그럼에도 불구하고 후설의 명증이론에 관한 기존의 연구들은 후설이 개별 의식 주체와 관련하여 분석한 주관적 명증만을 주목했다. 그래서 후설의 명증 이론은 상호주관적 진리라는 문제를 포섭해 내지 못하는 유아론적 진리론이며, 진리를 오로지 지향적 의식 체험 속에서 찾는 의식 철학에 불과하다는 비판을 끊임없이 받아온 것이다. 이제껏 대부분의 연구가 후설의 명증 이론을 주관적 명증에만 국한해서 이해해 온 것은 후설의 명증이론이 전개되고 있는 대부분의 저작에서 실제로 명증이 주로 주관적 의식 체험과 관련하여 분석된 데 연유하기도 하지만, 후설 현상학의 이념을 실현하기 위해 상호주관적 명증이 필연적으로 요청됨을 이들 연구가 간과한 탓이 더 크다. 왜냐하면 우리가 후설의 텍스트를 좀 더 꼼꼼하게 살펴보면, 후설은 도처에서 학문적 진리의 상호주관적 차원을 강조하고 있음을 볼 수 있기 때문이다. [31]

가령 『위기』에서 후설은 학문적 진리를 객관적 진리로 간주하고 있으며(HuaVI, 4쪽), 『형식논리학과 초월논리학』의 77절에서는 "우리는 이미 이전에 이 동일성의 보편적인 **상호주관적 명증**의 문제를 제기했어야만 했다(강조는 필자)."(HuaXVII, 202)라고 이야기하면서 명시적으로 상호주관적 명증이라는 개념을 제시하고 있다.

그것은 주관적 진리 체험만으로는 학문이 성립될 수 없으며[32], 후설의 명증이론이 엄밀한 학문을 위한 인식적 타당성의 기준을 참되게 마련하려면 반드시 진리와 명증의 문제에 있어서 상호주관성의

---

[31] 이미 『이념들 I 』에서 후설은 학문이 상호주관적 공동작업의 형성물임을 분명히 하고 있다.(HuaIII/1, p.140)

[32] 학문적 인식은 한 개인의 주관적 명증만으로는 성립하지 않는다. 포퍼는 다음과 같이 말했다. "과학적 객관성에 대한 요구를 우리는 방법론적 규칙으로 파악할 수도 있다. 즉 오직 상호주관적으로 입증 가능한 명제들만이 과학 안으로 입장할 수 있다." K. Popper, *Logik der Forschung*, J.C.B Tübingen, 1982, p.28, (박승억, 『학문의 진화』, p.203에서 재인용)

문제를 고려해야 함을 후설 자신도 인식하고 있었기 때문이다. 이렇듯 후설 현상학의 이념을 철학적으로 실현하기 위해서는 상호주관적 명증의 문제에 대한 탐구가 필수적으로 요청된다. 하지만 후설은 상호주관적 명증 이론을 그 어디에서도 체계적으로 전개하지는 않았다. 그러나 우리는 『형식 논리학과 초월 논리학』, 『위기』, 『상호주관성의 현상학』, 『생활 세계』, 『이념들 Ⅱ』 등 후설의 저작 곳곳에서 상호주관적 명증의 현상학을 위한 단서들을 찾을 수 있다.

가령 후설은 학문적 획득물을 그때그때의 시대나 현재에서 학자 공동체의 공통 의견(communis opinio)으로 간주하고(HuaⅥ, 491~495), 곳곳에서 "학자 공동체"를 언급하며(HuaⅥ, 373, 489, 493~495), 학문은 개인의 차원에서 이루어지는 것이 아니라 상호주관적 공동체 속에서 성취된다고 이야기하였다. 따라서 절대적 자기 책임성(HuaⅧ, 197/ HuaⅩⅩⅨ, 115)이라는 후설의 학문적 이념도 상호주관적 차원을 갖게 된다.[33]

> "그 성찰은 명백히 철저한 책임의 성격을 가져야 하는데, 그것은 더구나 자신의 인격 속에서 일어나면서도 그럼에도 불구하고 현재의 철학적 공동체 전체의 *공동체적 책임*이라는 성격을 지닌다."(기울임체 강조는 필자) (HuaⅥ, 489)

---

[33] 데리다는 후설의 「기하학의 근원」에 관한 주해에서 다음과 같이 이야기한다. "절대적 현재에서 끊임없이 총괄되는 이러한 생성에 대해 자아론적 주관성은 책임을 질 수 없다. 공동체적 주관성만이 진리의 역사적 체계를 산출할 수 있고, 그것에 전적인 책임을 질 수 있다." 자크 데리다(배의용 옮김), 『기하학의 기원』, 지식을 만드는 지식, 2012. p. 63 참조.

즉 학문적 진리는 한 개인에게 귀속되는 것이 아니라 언제나 상호주관적인 학문 공동체에 귀속되는 인식 획득물이다. 아래의 구절들은 후설이 학문이 추구하는 인식 획득물의 성격을 어떻게 규정하는지를 잘 보여주고 있다. 아래의 구절들에 의하면 학문적 인식의 획득물은 언제나 '우리 모두'에 관계하며, 모든 사람이 도달할 수 있고 추후적으로 반복해서 산출할 수 있는 인류의 공유자산이다.

> "이제부터 지속하는 인식획득물은 언제나 다시 통찰할 수 있지만 이러한 방식으로 일반적으로 이성적으로 사유하는 자인 모든 사람에게 접근될 수 있고, 이미 '발견'하기 전에도 접근될 수 있었던 것이었다. 모든 '학문적 진술'은 미리 이러한 의미를 지닌다. 그것은 이러한 '모든 사람'에게 향하고, 관련된 기체대상성들이 진실로 무엇인지를 모든 사람이 통찰할 수 있도록 진술한다."(Hua XVII, 130~131)

> "이러한 의미 통일체의 객관적 문서화와 그것이 모든 사람에 대해 추후로 산출될 수 있음을 통해 그것(산출된 인식 형성물)은 인류의 공유자산이 된다."(Hua XVII, 30)

그리고 이러한 학문적 인식의 획득물은 한 시대의 학자 공동체의 공통 의견, 즉 상호주관적 합의에 따라 성취된다. 상호주관적 학자 공동체는 어떠한 학문적 진리가 타당한 것으로 승인될 수 있기 위해 필수적으로 존재해야만 할 학문적 인식의 전제 조건인 것이다.

> "한 시대의 학자 세대는, 학문 이전 시기에 인간이 자기 민족과 그 공통 의견에 관계하는 것과 유사하게, 자신들의 학문(이러한 세대의 공통의

견communis opinio, 즉, 승인된 방법과 근거 지움 속에서 획득된 보편

적으로 승인된 진리)에 관계한다. 이러한 모든 타당성은 확장되고, 어느

정도는 그 시대 교양인의 인간성 속에서 확장된다.”(HuaVI, 491)


따라서 후설에 따르면 학문은 판단의 진리의 상호주관적 공유를

통해서 성립된다. 그러나 판단의 진리 기초는 개별 의식 주체의 관

점에서 성취된 주관적 명증에 있으므로 후설은 자신의 명증이론에

서 일차적으로 이러한 개별 주체의 관점에서 성취되는 진리 체험의

구조를 해명해야 할 과제를 보다 우선적이고 시급한 것으로 느꼈던

것이다. 어쨌든 개별 의식 주체와 관련해서 성취된 주관적 명증에

는 이미 자신의 진리 체험의 객관성에 대한 주장이 함축되어 있지

만[34], 그럼에도 불구하고 아직은 참된 의미의 객관성을 결여하고 있

다. 이제 이러한 주관적 명증으로 성취된 진리가 학문적 진리가 되

기 위해서는, 즉 그 객관성을 보장받기 위해서는 언어를 통한 상호

주관적 합의의 과정이 요구된다. 물론 상호주관적 명증으로 성취되

는 진리도 실제적으로는 언제나 상대적이며, 엄밀한 객관성이란 하

나의 이념으로서만 존재하지만, 우리는 상호주관적 명증에 의하지

않고서는 결코 객관적 진리, 학문적 진리로 향할 수 없다. 그러므로

---

[34] 이남인은 후설의 진리론이 유아론이라는 하버마스의 비판에 대해 후설은 명증적 직
관을 나에 대해서만 타당한 '주관적 확실성'의 영역으로 간주한 것이 아니라 이미 상
호주관적인 타당성 주장을 담고 있는 영역으로 간주하고 있다고 재반박한다. 후설에
의하면 가장 수동적인 인식의 차원인 수동적 종합의 과정에서 작동하는 지각작용조
차도 이미 나름의 객관적인 타당성 주장을 담고 있으며, 그러한 한에서 그것은 이미
나에게만 접근 가능한 사적인 것이 아니라 타인에게도 접근 가능한 상호주관적인 것
이라는 것이다. (이남인, 『후설의 현상학과 현대철학』, 풀빛미디어, 2006, p.205 참
조.)

학문의 주체는 유아론적 주체가 아니라 상호주관적인 학문 공동체다.[35]

"학문의 '주체'는 인간이지만, 개별적인 한 인간이 아니라 문화 전통의 통일성 속에 있는 역사적-세대적 삶의 연관이다. 그러므로 '학문'은, 연쇄 속에서 개별적 인간이 그 일원으로, 구성원으로 결합되는, 역사적으로 전승된, 인류의 상호주관적 의지의 습득성이다."[36]

이제 우리는 엄밀학으로서의 철학을 수립하려는 후설 현상학의 이념을 실현하기 위해서는 반드시 상호주관적 명증이 요청되고, 상호주관적 명증이라는 개념에 대한 연구가 필요함을 알게 되었다.

## 2. 후설의 명증 개념과 상호주관적 명증 개념의 양립 가능성의 문제

이 책이 전개하고자 하는 상호주관적 명증의 현상학은 후설의 명증 이론에 기반을 둔 현상학이다. 다시 말해 이 연구는 후설의 명증 이론의 상호주관적 변형을 시도하는데, 이러한 작업을 수행하기에 앞서, 개별 의식 주체와 관계하는 후설의 명증 개념은 결코 타자와

---

[35] 영미 철학 진영에서는 퍼어스(C.S.Perice)가 학문의 주체를 무제한적인 연구자 공동체로 설정하고 진리를 무제한적 연구자 공동체의 합의로 규정한 바 있다.

[36] Eugen Fink, *VI. cartesianische Meditation, Teil1. Die Idee Einer Transzendentalen Methodenlehre: Texte aus dem Nachlass Eugen Finks (1932) mit Anmerkungen und Beilagen aus dem Nachlass Edmund Husserls (1933/34), Teil 1, Die Idee einer transzendentalen Methodenlehre.* (Hrsg.von Hans Ebeling, Jann Holl und Guy van Kerckhoven), Dordrecht : Kluwer Academic Publishers, 1988, P.113

절연된 유아론적 개념이 아니라 복수의 의식 주체와 관계하는 상호주관적 명증의 개념과 조화롭게 양립 가능하다는 사실을 보일 필요가 있다. 이를 위해 먼저 후설의 명증 개념에 기반을 둔 상호주관적 명증 개념이 무엇을 뜻하는지 살펴보기로 하자.

앞서 우리는 후설에서 명증이란 그 속에서 사태 자체와 만나게 되는 직관적 경험을 의미함을 살펴보았다. 이러한 직관적 경험을 간단히 진리 경험이라고 할 때, 상호주관적 명증은 다름 아닌 상호주관적 진리 경험을 뜻한다. 그렇다면 상호주관적 진리 경험은 어떻게 성취되는가?

『현상학적 심리학』에서 후설은 객관성을 상호주관적 일치를 통해서 증명할 수 있는 것으로 정의한다(HuaIX, 128). 주관적 명증이 공허한 사념과 사태 자체와의 일치를 통해 성취된다면, 상호주관적 명증은 이렇게 확립된 복수의 주관적 명증 간의 일치[37]로 확립된다.[38] 우리는 이때 주관적 명증 간의 이러한 일치가 구체적으로

---

[37] 정적 관점에서 가장 도식적으로 생각했을 때 상호주관적 명증은 주관적 명증의 일치다. 그러나 3부에서 살펴보겠지만, 만약 어떤 상호주관적 명증이 A와 B라는 두 주관적 명증의 일치라고 했을 때, A와 B는 각각 자신의 발생적 토대로서 또 다른 상호주관적 명증, 그리고 상호주관적 명증의 산물들을 품고 있다. 즉 각각의 주관적 명증은 발생적 관점에서는 그것들을 가능하게 하는 언어, 개념체계, 문화, 전통, 습성 등등을 이미 전제한다. 그래서 상호주관적 명증이 단순히 고립된 두 주관적 명증의 일치 확인으로 정적 관점으로만 이해될 수는 없다. 상호주관적 명증이 성립하기 위해서는 이미 두 주관적 명증은 그 전에 이미 공유하는 상호주관적 명증, 혹은 상호주관적 명증의 산물들을 갖고 있어야 하며 이러한 관계는 무한히 과거로 뻗어가기 때문이다. 주관적 명증이 없이는 상호주관적 명증이 존재할 수 없지만, 우리는 역으로 상호주관적 명증이 없이는 주관적 명증이 존재할 수 없다고도 말할 수 있다. 주관적 명증과 상호주관적 명증은 이렇게 서로의 가능 조건으로서 긴밀하게 얽혀있기 때문에 우리는 상호주관적 명증을 고립된 주관적 명증 간의 단순한 일치 도식으로 환원할 수 없음에 유의해야 한다.

[38] 이러한 상호주관적 진리 경험에서 나는 타인과 일치하는 경험을 가짐을 알아차릴 수

---

무엇을 의미하는지 이해할 수 있어야 한다. 다음의 구절을 살펴보자.

"이제 나는, 객관적 공간, 객관적 세계 속에 편입된 두 측면의 인간들의 결합으로서 하나의 객관적 실재성을 갖는다. 나는 이제 이 실재성으로 나의 자아와 나의 환경 세계의 유비물을 정립하고, 그래서 자신의 주관성과 자신의 감각 자료들, 변화하는 현출들, 그리고 그 속에서 나타나는 사물들을 지닌 두 번째 자아를 정립한다. 타자에 의해 정립된 사물 또한 나의 것이다. 즉 타인 경험 속에서 나는 타자의 정립에 참여하고, 나는 현출 방식 $\alpha$ 속에서 갖는 내 맞은편의 사물과 현출 방식 $\beta$ 속에서 타인에 의해 정립되는 사물을 동일화한다. 여기에는 장소변화를 통한 교환 가능성이 속하고, 각각의 인간은 ─우리가 가정할 수 있듯이, 만약 모든 사람이 동일한 감성을 가졌다면─동일한 공간 위치에서 동일한 사물에 대해 '동일한' 현출들을 갖게 되며, 그런 까닭에 어떤 사물의 '바라봄'도 객관화된다. […] 그러나 타인이 동시에 나와 동일한 현출을 가질 수는 없다. 나의 현출은 나에게 속하고, 그의 현출은 그에게 속한다. 오직 파생 현출 (Appräsentation)[39]의 방식으로만 나는, 타인과 관계하는, 그의 현출,

---

도 있고 알아차리지 못할 수도 있다. 그러나 만약 내가 타인과 일치하는 경험을 가지고 있음을 알아차리지 못한 상태에서는 그러한 상호주관적 진리 경험은 인식 주체에게 인식론적으로는 아직 주관적 명증으로서의 지위를 지닐 수밖에 없다. 타인과 내가 일치하는 경험을 가지고 있음을 알아차린 경우에만 그러한 상호주관적 진리경험은 인식 주체에게 비로소 상호주관적 명증으로서의 인식적 기능을 담당할 수 있다. 그래서 '알아차림'은 상호주관적 명증이 인식 주체에게 주어지는 방식의 본질 구조와 관계한다. 다양한 상호주관적 명증이 이러한 알아차림의 방식 속에서 인식 주체에게 어떠한 본질 구조로 주어지는지는 3부 3장 "상호주관적 명증의 본질 구조와 성격"에서 보다 상세히 논의할 것이다.

[39] 직접적으로 현재 내 눈앞에 존재하는 것, 즉 의식에 직접적으로 현전하는 것에 대비하여, 다른 것을 매개하여 간접적으로 나에게 현전하는 소여방식을 파생 현출이라고 부른다. 가령 내가 하나의 집을 지각한다고 할 때, 내 눈앞에 직접 나타나는 것은 집

그의 '여기'를, 함께 주어지는 그의 신체와 더불어, 가질 수 있다."(Hua
Ⅳ, 168)

여기서 후설은 우리가 타인 경험 속에서 다른 사람의 정립에 참
여하고 이때 우리는 나에게 나타난 사물과 타인에게 나타난 사물을
동일화할 수 있음을 이야기한다. 또한 우리는 어떤 사물의 현출을
결코 동시에 타인과 공유할 수는 없지만, 장소 변화를 통해 각자의
현출을 교환할 수 있는 가능성을 지님을 언급한다. 이제 내 책상 앞
에 놓인 '책'과 같은 외부 사물에 대한 지각을 예로 들어 이 구절의
의미와 더불어 책에 대한 나의 지각과 타인의 지각이 일치함이 무
엇을 의미하는지를 보다 구체적으로 살펴보도록 하자.

내 앞에 놓인 '책'은 나에게 언제나 특정한 음영 속에서 주어진
다. 그것은 특정한 공간 속에 신체를 가진 주관으로서의 나는 언제
나 특정한 관점 속에서 책을 바라볼 수밖에 없으며, 책은 나의 그러
한 제한된 관점 속에서 현전하지 않는 자신의 내적, 외적 지평을 동
반한 채 현출하기 때문이다. 그러한 특정한 현출 속에서 나는 내 앞
의 사물을 '책'으로 정립한다. 나는 내 앞의 사물을 '책'으로 의미
부여하고, 그 책은 나의 지향적 대상이 된다. 내 앞의 타자가 동시
에 이 사물을 바라본다고 할 때, 이 타자 역시 자신의 제한된 관점

의 앞면뿐이지만, 나는 집의 뒷면을 예상하면서 집 전체의 모습을 머릿속에 그린다.
이때 집의 앞면은 직접적으로 현출하는 것이지만 집의 뒷면은 집의 앞면의 모습으로
부터 파생 현출된다. 또 다른 예로, 우리가 타인을 경험할 때도 타인의 신체는 우리가
눈으로 직접 볼 수 있지만, 타인의 의식 체험은 직접 볼 수 없다. 그러나 우리는 타인
의 신체나 언어를 매개로 하여 타인이 경험하는 의식체험이 무엇인지를 직관할 수 있
다. 이때 타인의 신체는 나에게 직접적으로 현출하지만 타인의 의식체험은 타인의 신
체로부터 파생 현출의 방식으로 나에게 지각된다.

속에서 이 책과 마주할 것이다. 그리고 이 책은 나와는 다른 공간적 위치를 점유하고 있는 타자에게 그 타자에 고유한 관점 속에서, 나에게 현출한 것과는 다른 방식으로 현출한다.

> "내가 그러하게 이해하고 파악하는, 나의 맞은편에 서 있는 다른 주체들은 동일한 사물을 동일한 규정성들 속에서 경험할 수 있지만, 그것의 현실적 현출 다양체들은 원리적으로 동일하지 않다. 각자는 자신의 '여기'를 갖는데, 그것은 동일한 현상적 지금에 있어서 나의 것과는 다른 것이다. 각자는 자신의 현상하는 신체를 갖고, 자신의 주관적 신체 운동을 한다. [⋯] 상호주관적으로 동일하게 파악된 시간의 각 시점에 대해 나의 '여기'와 그의 '여기'는 분리된다."(HuaⅣ, 202)

후설이 지적하듯이, 물론 우리는 위치 교환을 통해 동일한 현출을 가질 수는 있지만 우리는 결코 동시에 동일한 현출을 가질 수는 없다. 나와 타자는 동시에 같은 공간을 점유할 수 없기 때문이다. 그러나 나와 타자는 우리 앞의 사물에 대한 상이한 현출 속에서 동일한 지향적 대상을 가질 수 있다. 타자 역시 자신에게 나타난 현출을 토대로 자신의 앞의 사물을 '책'으로 의미 부여하고 '책'으로 정립할 수 있다. 이때 타자의 지각적 체험에서 지향적 대상은 나의 지향적 대상과 동일한 바로 이 책이다. 나의 지각 체험과 타자의 지각 체험 속의 현출 상이함에도 불구하고 그 지향적 대상이 일치할 때 나의 지각 체험이라는 주관적 명증과 타자의 지각 체험이라는 타자의 주관적 명증은 서로 일치하게 되는 것이다.

"그래서 우리는 우리에게 일치하여 상호주관적으로 타당한 사물에 이르고, [⋯] 자기 동일적인 존재(Sein)와 그렇게 존재함(Sosein)에 이르는 상호주관적 인식을 획득한다는 사실이 언제나 중요하다."(HuaXV, 528)

이렇게 주관적 명증으로서의 책에 대한 나의 지각 체험은 이것이 나에게만 타당한 것인지, 아니면 내 앞의 타자에게서도 타당한 것인지에 관한 관심 지평 속에 놓일 수 있는데, 이러한 관심 속에서 타자는 내 앞의 사물을 무엇으로 인식하는가에 대한 빈 지향이 형성되고, 이러한 빈 지향이 타자 역시 이 사물을 책으로 지각한다는 사실에 의해 충족될 때, 나의 주관적 명증은 상호주관적 명증으로 승격되고, 상호주관적 타당성을 획득하게 된다.

그러나 이러한 사실은 나의 주관적 명증과 타자의 주관적 명증이 일치하지 않는 경우도 있음을 암시한다. 가령 나에게서 멀리 떨어진 어떤 사물에 대해 내가 그것을 '사람'이라고 정립했는데, 나보다 시력이 좋은 타인은 그것을 '인형'으로 정립할 경우, 주관적 명증으로서의 나의 지각 체험은 상호주관적 명증으로 승격되지 못하고, 상호주관적 타당성을 상실하게 된다.

결국 후설의 명증 개념이 상호주관적 명증이라는 개념과 양립할 수 있는 것은 후설에서 명증이라는 진리 체험은 의심 불가능한 필증적 참이라는 데카르트적 개념이 아니라 그 오류 가능성으로 인해 언제나 상호주관적 비판에 열려 있는 개념이라는 사실과 관계한다. 우리가 앞서 살펴보았듯이 후설에서 명증은 그 어떤 확실성의 감정도 아니고 판단에 부착된 필연적 참이라는 표지도 아닌, 유한한 인식 주관이 처해 있는 경험의 지평 속에서 경험이 더하여짐에 따라 점증하는 충족 속에서 계속 교정될 수 있는 지향적 체험이다. 이러한 주관적 명증은 나 자신의 새로운 경험에 의해서도 양상화될 수 있지만, 타인의 경험에 의해서도 양상화될 수 있다. 가령 타인의 경험이 나의 경험과 일치할 때 나의 주관적 명증은 상호주관적 타당성을 획득하면서 확증되겠지만, 타인의 경험이 나의 경험과 일치하지 않을 때 나의 주관적 명증은 당장 폐기되지는 않더라도 의심이나 회의의 양상을 수반할 수 있게 될 것이다.

이렇게 후설의 명증이론에서 명증이라는 지향적 체험이 언제나 오류 가능성을 내포하고 양상화할 수 있는 성격을 지녔다는 사실을 이해할 때 우리는 후설의 명증 개념과 상호주관적 명증 개념이 결코 양립 불가능한 개념이 아니라 조화롭게 양립하면서 서로를 필요로 하는 개념임을 이해할 수 있다.

그럼에도 불구하고 인식 주관 간의 상호주관적 합의를 통해 진리를 규정하고자 한 아펠과 하버마스는 후설의 명증 개념을 유아론적인 사적 명증으로 규정하고, 이러한 사적 명증을 통해서는 우리가 진리와 합리성의 문제를 올바로 해명할 수 없다고 비판하였다. 이들은 후설의 명증 개념과 의사소통에 기반을 두는 상호주관적 명증 개념을 양립 불가능한 개념으로 간주하고, 후설의 명증 개념은 폐기되어야 한다고 생각했던 것이다.

이렇게 아펠과 하버마스는 의식의 명증은 잘못된 진리 개념을 전제한다고 주장하지만, 이것은 후설의 명증 개념에 대한 철저한 오해에서 비롯된 것이다. 아펠과 하버마스가 상정한 확실성의 감정과 같은 사적 명증 개념은 후설의 명증 개념과는 무관할 뿐 아니라 언어적 합의는 주관적인 경험적 명증의 토대 없이는 그 자체로는 결코 합리성을 획득할 수 없기 때문이다.

후설의 주관적 명증은 아무런 기준도 없이 획득되는 사적 명증이 아니라 사태 자체와의 만남을 통해서만 획득되는 타당성의 근원적 담지자이다. 또한 이남인과 자하비가 적절하게 지적하고 있듯이[40], 주관적 명증은 주관적 확실성만을 지니는 사적인 체험이 아니라 언제나 상호주관적인 연관 속에서 상호주관적 타당성에 관한 주장을 수반하면서 타인의 비판에 열려 있다.[41] 후설에 따르면, 나의 지각 체험은 나에게만 존재하는 것이 아니라 상호주관적으로 접근할 수 있는 존재를 제시해 준다. 그래서 나의 지각 체험의 객관적 타당성을 확보하기 위해서 나는 타자를 요청할 수밖에 없다.

> "이러한 의미의 모든 객관성은, 자아와 다른 최초의 것, 다시 말해 '타자', 즉 '다른 자아'라는 형식의 비-자아의 형식 속에 있는, 자아와 다른 최초의 것으로 구성적으로 소급 관련된다."(Hua XVII, 248)

---

[40] 이남인, 『후설의 현상학과 현대 철학』, 풀빛미디어, 2006, p.217, 단 자하비, 『후설의 현상학』, 박지영 옮김, 한길사, 2017, p.62 참조.

[41] 주관적 명증이 상호주관적 연관 속에 있으며, 이미 상호주관적 타당성에 관한 주장을 수반하는 이유는 다음과 같다. 가령 파란 책에 대한 지각은 내가 내 앞에 놓인 파란색의 네모난 물체를 감각하고 이러한 감각에 파악작용을 가하여 이것을 '책'으로 해석하고 의미 부여함으로써 가능해진다. 후설은 우리들의 지각 경험이 이렇듯 감각 내용에 파악작용이 더하여짐으로써 성립한다고 이야기하는데, 나에게 소여되는 감각 내용은 순수하게 주관적일지라도 이러한 감각 소여에 대한 해석을 가능하게 하는 파악 작용은 발생적 관점에서는 결코 순수하게 주관적일 수 없다. 오히려 이러한 파악 작용의 기능은 특정한 생활 세계 내 구성원들 간의 상호주관적 습성, 언어체계 및 상호주관적 믿음들을 내가 습득함으로써 형성된 것이다. 그러므로 주관적 경험 내지 주관적 명증으로서의 하나의 단적인 지각 경험에는 이미 상호주관적 성격을 지니는 습득물들이 녹아 있는 것이다. 그래서 나의 주관적인 단적인 지각 경험조차 상호주관적 연관 속에 있으며 상호주관적 타당성에 관한 주장을 수반하게 된다.

이렇게 나의 체험의 객관적 타당성을 획득하기 위해 타자가 요청되지만 또 다른 한 편으로는 우리가 객관적으로 타당한 인식을 확립하기 위해서는 먼저 나의 주관적 명증이 확립되어야 한다. 그러므로 주관적 명증은 폐기되어야 하기는커녕 상호주관적 명증이 가능하기 위해 없어서는 안 될 발생적 토대이자 타당성의 토대이다. 이남인의 지적[42]처럼 주관적 명증이 없다면, 상호주관적 합의는 그 발생과 타당성의 토대를 상실한 공허한 개념이 되고 만다. 상호주관적 합의란 주관적 명증 간의 일치로 발생하는 것이며, 상호주관적 합의의 과정에서 각자는 자신의 주장의 타당성의 근거를 자신의 주관적 명증에 호소할 수밖에 없기 때문이다.[43]

이상의 논의를 통해 우리는 후설의 명증 개념과 의사소통적 합의에 기반을 두는 상호주관적 명증 개념은 진리와 합리성의 문제와 관련하여 결코 양자택일의 문제가 아니라 서로가 조화롭게 양립하면서 서로를 요청하는 상호 보완적 관계에 있는 개념임을 알 수 있다.

---

[42] 이남인은 후설의 명증적 진리론은 의사소통 행위론으로 대체되어야 한다는 하버마스의 주장에 대해 이는 하버마스가 후설의 명증적 진리론을 오해하여 명증적 진리론과 의사소통 행위론을 상호 배타적인 관계로 생각했기에 가능했던 것이라고 반박한다. 이남인은 후설의 명증적 진리론과 의사소통 행위론은 상호 대립적인 관계에 있는 이론이 아니라 상호 보완적인 관계에 있음을 지적한다. 그리고 이러한 관계를 "의사소통행위론이 없는 명증적 진리론은 맹목이며, 명증적 진리론이 없는 의사소통행위론은 공허하다"고 표현한다. 이남인, 『후설의 현상학과 현대철학』, 풀빛미디어, 2006, pp.210-211참조.

[43] 이남인은 의사소통 과정에서 한 주체의 진리 주장의 최종적인 근거는 직관에 있으며 따라서 의사소통적 합리성은 명증적 직관과 연결되어야 하며, 의사소통적 합리성은 명증적 진리론의 토대 위에서만 가능하다고 주장한다. (이남인, 위의 책, pp.214-215참조.) 이 책은 이러한 견해와 전적으로 입장을 같이 한다.

2부

# 초월론적 현상학과 상호주관성의 현상학

EDMUND HUSSERL &

DIE WAHRHEIT

이제 후설의 현상학에 토대하여 상호주관적 명증이라는 개념을 본격적으로 분석해 나가기에 앞서, 후설의 초월론적 현상학 (transzendentale Phänomenologie)의 테두리 내에서 상호주관성의 개념이 정당하게 도출될 수 있는지를 살펴보아야 한다. 우리는 후설이 상호주관성에 관한 방대한 저술을 남긴 것을 알고 있다. 현상학적 탐구의 방법론으로 제시되는 초월론적 현상학적 환원을 데카르트적 길을 통해 제시함으로써 현상학이 유아론적 철학이라는 인상을 남긴 1913년의 『이념들 I』에서조차 이미 상호주관적 경험의 문제는 여러 차례 언급되었으며(HuaⅢ/1, 310~311, 352~353), 이후 상호주관성의 문제에 대한 후설의 관심은 점차 증대되어 후설은 이 문제에 관한 수많은 유고를 남겼다. 생전에 출간된 『데카르트적 성찰』이나 『위기』에서뿐만 아니라 이소 케른의 편집으로 1973년에 출간된 『상호주관성의 현상학 Ⅰ,Ⅱ,Ⅲ』을 통해 우리는 후설이 이 문제를 얼마나 치열하게 고심하고 이 문제와 씨름해왔는지를 잘 알 수 있다.

그럼에도 불구하고 후설이 과연 자신의 철학체계 내에서 상호주관성의 문제를 올바르게 정합적으로 해명하였는가에 대해서는 비판적인 시각이 적지 않다.[44] 후설이 아무리 상호주관성의 문제의 중요성을 강조하고 수많은 글을 남겼더라도 그것이 자신의 초월론적 현상학의 근본 기획과 조화롭게 양립하여 초월론적 현상학의 틀 속에 포섭될 수 없다면 후설의 현상학에 토대한 상호주관적 명증이론은 결국 사상누각이 되고 말 것이다. 초월론적 현상학과 상호주관적 현상학 간의 정합성의 문제를 성공적으로 해명하는 것은 후설의 현상학에 토대한 상호주관적 명증이론을 전개하기 위한 전제 조건인 것이다.

그래서 이 장에서는 후설의 상호주관성의 현상학이 후설의 초월론적 현상학적 환원과 같은 초월론적 현상학의 근본 개념들과 조화롭게 양립하며, 타자의 존재 정립, 상호주관적 경험의 가능성과 같은 상호주관성의 문제들이 후설의 현상학 내에서 성공적으로 해명되고 있음을 증명할 것이다. 또한 상호주관성의 문제를 엄밀하게 해명하기 위하여 우리가 왜 후설과 같이 자아론적 출발을 가져야 하는지를 설명해 보일 것이다. 이를 위해 먼저 후설의 현상학이 유아론적 한계 속에 있다는 인상을 낳게 한 초월론적 현상학적 환원에 대한 잘못된 이해를 바로잡고 초월론적 현상학적 환원의 참 의미를 밝힐 것이다. 다음으로 후설을 방법론적 유아론자[45]로 오해하게 하였을 뿐 아니라 타자 문제에 대한 실패한 해명으로 종종 간주

---

[44] 곧 살펴보겠지만, 토이니센, 레비나스, 하버마스, 슈츠 등 수많은 철학자가 상호주관성에 대한 후설의 해명을 실패한 철학으로 간주한다.

[45] 아펠이 후설을 방법론적 유아론자로 간주했다. K.-O. Apel, *Transformation der Philosophie. Band 1, Sprachanalytik, Semiotik, Hermeneutik*, Frankfurt am Main: Suhrkamp, 1973 p.60 참조.

되어 온 원초적 환원(primordiale Reduktion)에 대하여 그 필요성과 정당성을 설명할 것이다. 그리고 후설 현상학의 틀 내에서 공동 경험으로서의 상호주관적 경험의 가능성이 어떻게 해명될 수 있는지를 보이고, 제5『데카르트적 성찰』에 대한 다양한 비판을 살펴본 후, 이러한 비판들을 재반박할 것이다. 그리고 마지막으로 초월론적 현상학과 상호주관성의 현상학의 관계를 조명하면서 2부를 마무리할 것이다.

# 1장. 초월론적 현상학적 환원의 참 의미

## 1. 환원의 필요성과 목표

후설 현상학의 이념은 철학을 절대적 자기 책임성 속에서 여타의 모든 학문을 정초해 줄 수 있는 엄밀한 학문으로 수립하고자 하는 것이었다. 이러한 엄밀한 학문이란 자신의 인식 타당성의 근거를 다른 그 무엇에도 의지하지 않고 스스로 정립할 수 있어야 한다. 그런데 우리는 그러한 절대적으로 타당한 인식을 어떻게 획득할 수 있을까?

우리들의 삶을 둘러싼 대개의 인식은 자명하다고 여겨지는 수많은 전제들을 함축하고 있다. 우리는 무반성적으로 일상적으로 젖어 있는 자연적 태도 속에서 당장 우리 눈앞에 펼쳐진 세계가 나의 바깥에 나와 독립적으로 존재하고 있다는 확신 속에서 인식적 삶을 영위해 나간다.[46] 그런데, 이러한 확신은 의심할 수 없이 자명한 것

---

[46] 후설은 이 태도가 전제하는 유일한 세계와 그 세계 속의 모든 개체의 존재에 대한 소박한 존재 확신을 자연적 태도의 일반정립(Generalthesis der natürlichen Einstellung) (Hua Ⅲ/1, p. 60)이라고 부른다.

인가? 아니다. 일찍이 데카르트의 회의가 보여준 바와 같이 세계의 존재에 대한 소박한 확신은 철저한 철학적 반성 속에서는 회의의 대상이 되는 것을 면할 수 없다. 후설의 현상학이 추구하는 인식적 엄밀함과 철저함은 철학적으로 입증되지 않은 이러한 소박한 전제를 용납할 수 없다. 그래서 현상학은 소박한 자명성 속에서 받아들여져 온 모든 전제들을 벗어던지고 어떠한 회의에도 굴복당하지 않는 명증의 영역을 찾고자 한다. 이러한 명증의 영역을 찾을 수 있을 때만 철학은 그 참다운 출발점을 가질 수 있을 것이다.

결국 엄밀한 학문을 수립하고자 하는 현상학의 이념 속에서 이러한 궁극적으로 타당한 인식적 지반을 찾는 것, 즉 절대적으로 타당한 명증의 영역을 찾는 것이 초월론적 현상학적 환원의 목표이다. 그런데 이러한 명증의 영역을 찾기 위해서 초월론적 현상학적 환원이라는 독특한 방법적 절차가 필요한 이유는 우리의 일상을 지배하는 자연적 태도 속에서는 수많은 전제에 물들여진 세계에 대한 소박한 존재 확신을 결코 떨쳐버릴 수 없기 때문이다. 인식적 철저함을 위해 우리는 무반성적인 자연적 태도를 버리고 철학적 반성을 통해 인식의 궁극적 근원인 주관으로 환문해 들어가고자 하는 새로운 태도로 전향해야 한다. 초월론적 현상학적 환원이란 세계를 향해 있는 우리의 자연적 태도를 그러한 세계를 구성하는 인식 주관을 향하는 초월론적 태도로 전향하게 하는 태도의 전환에 다름 아닌 것이다. 이러한 새로운 철학적, 반성적 태도 속에서만 우리는 참다운 인식의 출발을 가질 수 있다.

## 2. 환원의 방법과 절차

초월론적 현상학적 환원을 단행하기 위해 우리는 일정한 방법적 절차가 필요하다. 먼저 우리가 일상적으로 젖어 있는 자연적 태도에서 철학적인 반성적 태도인 초월론적 태도로 전향하기 위해서는 철학적으로 자명하지 않은 모든 전제들을 일단 괄호치고 판단 중지(Epoché)해야 한다. 그런데 일상적으로 우리는 어떠한 전제들에 둘러싸여 있는가?

우리는 언제나 우리의 눈앞에 펼쳐져 있는 사물들에 둘러싸여 있으며, 그러한 사물들의 총체로서의 세계 속에 살아가고 있다. 우리는 세계 속의 사물들을 감각적으로 지각할 뿐 아니라, 그것을 어떤 목적을 위해서 사용하기도 하고 거기서 아름다움과 추함, 좋아함과 싫어함 등의 느낌을 가지기도 한다. 이때, 이러한 사물들과 그 총체로서의 세계는 언제나 나에 대해서 눈앞에 현존하는 것으로 파악된다. 우리가 일상적 삶 속에서, 사물들을 대하고 타인들과 교류할 때, 우리는 언제나 우리 앞의 사물들과 나 자신, 그리고 타인들이 유일하고 동일한 하나의 세계 속에 존재하고 있다고 생각한다. 그러한 동일하고 유일한 세계는 학문적 활동을 포함한 모든 일상생활의 기반이 되는 세계로서 우리 모두에게 단적으로 현존하는 것으로 여겨진다. 그러나 이렇게 무반성적으로 일상적으로 젖어 있는 자연적 태도를 벗어던지고, 세계 존재에 대한 일반 정립이라는 소박한 자명성의 전제를 판단 중지 하는 것이 초월론적 현상학적 환원의 시작점이다.

이제 현상학은 자연적 태도에서 행해지는 세계 존재에 대한 신념

을 무력화하고 판단 중지한다. 이것을 후설은 "배제한다"(ausschal-
ten), 또는 "괄호 친다"(einklammern)라고 표현하기도 한다. 그렇다
면 자연적 태도의 일반정립을 판단 중지함으로써 우리에게 배제되
는 것은 무엇인가? 먼저 물리학적 세계와 정신 물리적인 세계인 자
연의 세계가 괄호 쳐지고, 가치 부여적이고 실천적인 의식 기능에
의해 구성되는 개별적 대상성들이 괄호 침을 받게 된다. 그리고 모
든 자연과학, 정신과학이 괄호 침을 받게 되며, 절대적 존재로서의
신이 배제된다. 그리고 형상적인 것의 초재 역시 괄호 침을 받게
된다.

이제 이 모든 것을 괄호 쳤을 때, 나에게 남는 것은 무엇인가? 그
것은 나의 의식 체험 흐름이다. 나의 외부의 공간적 사물들이 나의
지각 속에서 언제나 음영지어 주어지는 것과는 달리 이러한 나의
의식 체험은 나의 지각 속에서 음영지어 주어지지 않는다. 이러한
의식 체험 흐름을 후설은 순수 내재라고 하며, 이러한 순수 내재의
영역은 초월론적 태도에서의 명증의 영역이다. 괄호 침의 대상이
되었던 초재적 대상들이 음영지어 주어짐으로 인해 절대적 인식을
찾아들어가고자 하는 관심 속에서 배제된 반면, 이러한 순수 내재
의 영역은 그러한 내재에 대한 나의 지각과 무매개적 통일성 속에
서 주어진다는 인식적 우월성 때문에 나에게 배제되지 않는 현상학
적 잔여(Phänomoenlogische Residuum)(HuaⅢ/1, 68)로 남게 된다.
이제 밖으로만 향하고 있던 우리의 시선이 의식 체험 자체로 돌려
짐으로써 우리는 이러한 의식 체험 흐름의 발산 중심인 초월론적
주관을 발견하게 된다. 의식 바깥의 초재적 대상이 실제로 존재하
는지는 의심할 수 있는 반면, 나에게 나라는 초월론적 주관의 의식

체험 흐름, 즉 내재가 존재함은 의심할 수 없다. 이러한 내재 존재의 필증성 속에서 후설은 철학의 출발, 절대적으로 타당한 인식의 출발을 발견한다.

그래서 초월론적 현상학적 환원은 세계 존재에 대한 일반정립을 판단 중지 하는 것에서 시작하여 궁극적으로는 세계를 구성하는 인식 주관으로 귀환하는 과정을 일컫는다. 이러한 초월론적 현상학적 환원을 거친 후 세계는 초월론적 반성 속에서 새로운 모습으로 열리게 된다.


## 3. 환원의 결과와 참 의미

이제 초월론적 현상학적 환원의 결과 우리가 얻게 되는 것은 무엇이며, 우리의 수확이 의미하는 바가 무엇인지를 이해하는 일이 중요하다. 후설의 현상학을 유아론으로 해석하는 거의 모든 시도는 초월론적 현상학적 환원의 참 의미를 이해하지 못한 것에 연유하기 때문이다.

초월론적 현상학적 환원에 관한 가장 흔한 오해는 판단 중지의 과정에서 "배제"와 "괄호 침"의 의미를 대상에 대한 정립(Setzung)[47]의 포기로 이해하는 것이다. 우리는 우리 앞의 사물과 세계를 괄호 치지만, 여기서 우리는 우리가 행해왔던 세계 존재에 대한 정립을 포기하는 것이 아니다. 세계 존재에 대한 확신은 긍정되는 것도 부

---

[47] 여기서 "정립"은 대상의 존재 정립, 즉 대상이 존재한다는 믿음을 뜻한다.

정되는 것도 아니며, 추정되거나 가정되지도, 미결정되지도, 의심되지도 않는다. 다만 세계 존재에 대한 정립태는 괄호 쳐지면서 변양을 겪게 되고, 우리는 우리의 논의에서 그러한 정립을 결코 이용하지 않게 될 뿐이다.

"현상학자로서의 우리는 그와 같은 모든 정립을 억제한다. 그런데 우리는 우리가 '정립의 토대 위에 서지 않았다', 정립들에 '관여하지 않았다'는 이유로 정립들을 포기해 버리지 않는다. 정립들은 실로 거기에 있으며, 본질적으로 현상들에 함께 속한다. 오히려 우리는 정립들을 주시한다. 즉 우리는 정립들에 관여하는 대신, 정립들을 객체로 만들고, 현상의 존립 요소들로 받아들이며, 지각의 정립을 바로 그 지각의 구성요소들로 받아들인다."(HuaⅢ/1, 209)

그러니 판단 중지는 결코 세계의 존재에 대한 부정을 함축하지 않는다. 오히려 정립은 현상에 함께 속한다. 그러므로 이러한 판단 중지는 "소피스트인 양 이 세계를 부인하는 것이 아니며 회의론자인 양 이 세계의 현존을 의심하는 것이 아니라, 다만 시공간적 현존에 관한 모든 판단을 완전히 닫아버린 '현상학적' 판단 중지를 수행하는 것이다."(HuaⅢ/1, 65) 따라서 초월론적 판단 중지는 현상학적 영역 전체에 다가가기 위한 긍정적이고 생산적인 의미에서의 조작이지 모든 것을 의심하고 부정하는 회의주의자의 입장과는 구별된다.

"현상학적 판단 중지 혹은 객관적 세계의 이러한 괄호 침은 우리를 무와 마주 서게 하지 않는다. 오히려 우리의 것이 되는 것은 […] 현상학적 의미에서의 현상의 총체이다. […] 고유한 순수 의식 삶 속에서 그리고 그것을 통해 전체 객관적 세계가, 그것이 바로 나에게 있는 그대로, 나에게 존재한다."(Hua I , 60)

위 구절은 데카르트의 방법적 회의와 후설의 초월론적 현상학적 환원의 차이가 무엇인지를 잘 드러내 준다. 위 구절에 보여주는 바와 같이 우리는 환원을 통해 결코 무와 마주하지 않는다. 환원을 통해 세계는 우리에게 의식의 지향적 상관자인 현상으로서, 의미의 총체로서 드러나게 된다.

"세계의 존재 혹은 비존재에 관해 보편적으로 수행된 판단 중지를 통해 우리는 실제로 현상학을 위해 이 세계를 단순히 잃어버리는 것이 아니라는 점을 이제 이해하게 된다. 우리는 세계를 '사유 된 것'으로서 지닌다. […] 현상학적 환원을 일관되게 수행하면, 노에시스적인 측면에서는 무한히 열린 순수 의식이 남게 되고, 노에마적 상관자의 측면에서는 사념된 세계 자체가 남게 된다."(Hua I , 75)

그러니 초월론적 현상학적 환원에 의해 도달한 순수 내재의 영역은 자신의 노에마적 상관자로서 세계 전체를 포함하는 광활한 영역이다. 데카르트의 방법적 회의가 자아 존재의 확실성이라는 점적인 명증에 이른 반면, 초월론적 환원을 통해서는 초월론적 자기 경험의 무한한 영역이 명증의 영역으로서 드러나게 되는 것이다. 그리고 '나는 생각한다(cogito)'의 명증은 지향적 대상들을 현상으로서 포함하는 모든 사유작용의 명증으로 확장된다. 그러니 초월론적 현상학적 환원을 통해 우리는 세계를 상실하기는커녕 세계는 의식의 지향적 상관자로서 충실히 주제화된다. 다만 우리는 그러한 세계에 대한 정립을 삼갈 뿐이다.

이제 초월론적 현상학적 환원의 결과 우리의 관심사인 타자의 존재는 어떻게 되는가? 초월론적 현상학적 환원은 세계를 초월론적 주관에 의한 구성의 산물인 현상으로 이해하기 때문에 타자의 존재 역시 주관의 구성의 산물에 불과한 현상으로 격하되므로 초월론적 현상학적 환원은 결국 유아론에 이른다고 오해하기 쉽다. 후설 스스로도 이러한 가상이 발생할 수 있다는 것을 의식하고 있었는데, 다음의 구절들이 이를 보여준다.

> "나, 성찰하는 내가 현상학적 판단 중지를 통해 나의 절대적인 초월적 자아로 나를 환원하면, 유아(solus ipse)[48]가 되어버리는 것이 아닌가? 그리고 현상학이라는 표제 하에서 일관적인 자기 해석을 수행하는 한, 나는 유아에 머물게 되는 것이 아닌가? 객관적인 존재의 문제를 풀기를 원하고, 이미 철학으로 등장하고자 하는 현상학은 초월론적 유아론이라는 낙인이 찍히지 않는가?"(Hua I, 121)

> "만약 나에 대해 언제나 존재 타당성을 가질 수 있는 모든 것이 나의 자아 속에서 구성된다면, 정말이지 실제로 모든 존재자는 나의 고유한 초월론적 존재의 단순한 부분인 것처럼 보인다."(Hua XVII, 248)

---

[48] 여기서 "유아(solus ipse)"는 홀로 존재하는 고립된 자아를 뜻한다.

그러나 우리가 앞서 살펴본 것처럼, 우리는 초월론적 현상학적 환원을 통해 세계를 잃지 않듯이, 우리는 초월론적 현상학적 환원을 통해 타자를 잃지 않는다. 초월론적 현상학적 환원을 통해 세계가 의미의 총체로서 나에게 현상하고 의식의 지향적 상관자로 주제화되듯이, 환원을 통해 타자는 나에게 타자라는 의미를 지니는 지향적 대상으로 주제화된다.

> "그래서 어쨌든 나는 내 안에서, 즉 초월론적으로 환원된 순수한 의식 삶의 테두리 내에서, 타자를 포함하고 있는 세계를 경험하고 있다. 그리고 경험의 의미에 적합하게, 그 세계는 말하자면 나의 사적인 종합적 형성물이 아니라, 모두에게 현존하고, 그것의 객체들 속에서 모두에게 접근 가능한, 나와는 다른, 상호주관적인 세계이다."(Hua I, 123)

이때 내 앞의 타자가 갖는 '타자'라는 의미는 초월론적 주관에 의한 구성의 산물이 되겠지만, 타자의 존재는 우리의 구성의 산물이 아니다. 초월론적 주관의 구성 작업에서 초월론적 주관이 구성하는 것은 언제나 사물과 사태에 대한 의미이지, 그것들의 존재가 초월론적 주관에 의해 구성되고 창조되는 것은 아니기 때문이다. 더욱이 초월론적 현상학적 환원을 통해 세계의 정립을 포기하는 것이 아니듯이, 우리는 환원을 통해 타자의 정립을 포기하는 것이 아니다. 즉 우리는 초월론적 현상학적 환원을 통해 타자의 존재 정립을 부정하는 것이 아니라 우리는 우리가 수행했던 정립을 포기하지 않고, 다만 그러한 정립을 괄호 칠 뿐인 것이다. 그러므로 타자가 하나의 현상으로서 나의 의식의 영역 속에 들어온다는 초월론적 현상학적 환원의 귀결은 결코 타자의 존재 부정을 함축하지 않는다. 따라서 초월론적 현상학적 환원은 결코 유아론에 이르지 않는다. 곧 살펴보겠지만, 초월론적 현상학적 환원에 의해 판단 중지된 타자의 존재 정립은 원초적 환원을 통해 되살아나게 된다.[49] 다음 장에서 우리는 초월론적 현상학적 환원을 통해 타자라는 의미를 지닌 하나의 현상으로서 획득된 타자가 원초적 환원을 통해 어떻게 그 존재의 타당성을 보증받게 되는지 살펴보게 될 것이다.

---

[49] 허치슨은 초월론적 현상학은 타자 존재에 대해 중립적이어야 한다고 이야기한다. 그리고 「5성찰」의 분석 역시 타자가 실제로 존재한다는 어떤 형이상학적 주장을 하는 것으로 이해되어서는 안 된다고 말한다. P. Hutcheson, "Husserl's fifth Meditation" in *Man and World* 15, 1982 참조. 그러나 후설에 있어서 '존재'는 '이성적으로 정립되는 것'을 의미한다. 즉 명증적으로 소여되어 이성적으로 정립할 수 있는 것을 후설은 존재하는 것으로 간주하는 것이다.(Hua III/1,p.332) 그러므로 우리는 「5성찰」의 분석을 타자 존재 정립의 문제로 볼 수 있다.

## 2장. 원초적 환원의 정당성

### 1. 환원의 필요성과 목표

나는 초월론적으로 환원된 나의 의식 삶의 테두리 속에서 이미 타자를 경험하고 있다. 이때 타자는 '타자'라는 의미를 지닌 하나의 현상으로 나에게 주어진다. 그러나 나에게 현상하는 하나의 특정한 지향적 대상에 '타자'라는 의미를 부여하는 것이 정당한 것인지, 그리고 그러한 타자라는 지향적 대상이 단순히 내 의식에 내재하는 노에마에 그치는 것이 아니라 그 자체로 나의 의식과는 독립적으로 존재한다는 존재론적 지위를 부여받을 수 있는지에 관해 물음이 발생한다. 그러므로 우리는 타자가 타자로서의 의미를 지니게 됨을 타당성의 관점에서 인식적으로 정당화할 필요가 있다. 이러한 과제를 후설은 다음과 같이 묘사하고 있다.

"우리는 '다른 자아'라는 의미가 [...] 어떻게, 어떤 지향성, 어떤 종합, 어떤 동기부여 속에서 내 속에서 형성되고, 일치하는 타인 경험이라는 명칭 아래 존재하는 것으로서, 그리고 자신의 방식에서 거기 있는 그 자

체로 확증되는지, 그에 대한 통찰을 마련해야 한다." (Hua I, 122)

　우리는 자연적 태도에서 초월론적 태도로 전향하는 보편적 초월론적 현상학적 환원[50]을 이미 단행했다. 그리고 우리는 이러한 보편적 초월론적 현상학적 환원을 통해 노에시스(Noesis)로서의 나 자신의 의식 체험 흐름과 더불어 타자를 포함하는 노에마(Noema)로서의 세계 전체를 획득했다.[51] 이때 나 자신의 의식 체험 흐름이 명증적으로 주어지는 것과 마찬가지로 우리가 타자를 '타자'라는 의미로 경험하는 한, 타자라는 노에마도 명증적으로 주어진다. 그러나 이 양자는 서로 다른 종류의 명증 속에서 주어진다.[52] 순수 내재로서의 나의 의식 체험 흐름은 원본성 속에서 현출하지만 타자라는 노에마는 오직 내 앞에 존재하는 타자의 신체물체(Körper)에 대한 현전전 지각에서 파생적으로 현출된 의미이기 때문이다. 다른 자아,

---

[50] 이러한 초월론적 현상학적 환원을 보편적 초월론적 현상학적 환원이라고 부르는 이유는, 이러한 환원에 후속하여 우리가 또다시 자아론적 환원이나 상호주관적 환원을 수행할 수 있기 때문이다. 이때 자아론적 환원이나 상호주관적 환원은 보편적 초월론적 현상학적 환원의 하의 부분적 환원이라고 할 수 있을 것이다. 한편, 현상학적 심리학적 환원의 경우에도 보편적 현상학적 심리학적 환원에 후속하여 자아론적 환원이 수행될 수도 있고 상호주관적 환원이 수행될 수도 있다. N.-I. Lee, "Egological reduction and Intersubjective reduction", presented at the conference on "Phenomenology, Empathy, Intersubjectivity: New Approaches," Dublin, May 3-5, 2017. 참조.

[51] 노에시스, 노에마는 의식의 지향성을 잘 드러내 주는 현상학의 전문 용어이다. 의식은 언제나 그 무언가를 지향하는데, 이러한 지향성의 구조 속에서 의식적 측면, 즉 의식의 작용을 노에시스라고 하고 대상적 측면, 즉 의식의 대상을 노에마라고 한다.

[52] "물론 이 다른 초월론적 자아는 원본성과 단적인 필증적 명증 속에서 주어지는 것이 아니라 외적인 경험의 명증 속에서 주어진다. 나는 내 속에서 타인을 경험하며, 타인은 내 속에서 구성된다. 즉 원본적인 것으로서가 아니고, 파생 현출적으로 반영되어 구성된다."(Hua 1, p.175)

다른 주체로서의 타자는 나에게 결코 현전적 원본성 속에서 주어질 수 없다. 초월론적 영역 속에서 나의 고유한 의식 체험의 존재는 원본적이고 필증적인 명증의 양상으로 주어지지만, 노에마로 주어진 타자의 존재는 원본적이고 필증적인 명증의 양상으로 주어지지 않는 것이다. 그래서 엄밀한 반성을 통해 타자의 존재를 정립하고자 하는 우리는 일단 노에마로서 주어진 타자가 실제로 '다른 자아'라는 의미를 지닌 것으로서 존재하는지, 또 그러한 타자의 존재가 정당화될 수 있는지 하는 문제를 우선은 의문에 부쳐야 한다. 다시 말해 타자의 존재는 우리에게 경험되기는 하지만, 우리가 타자를 '다른 자아'라는 의미로 경험하는 것이 인식적으로 정당한가 하는 것은 아직 해명되어야 할 문제로 남겨 두어야 하는 것이다.

이러한 인식적 정당화의 문제에서 우리는 타당성의 관점에서 덜 근원적인 명증의 정당성을 더 근원적인 명증의 정당성에 호소할 수밖에 없다. 그래서 우리가 타자가 '다른 자아'라는 의미로 존재함을 인식적으로 정당화하기 위해서는 타당성의 관점에서 우리에게 가장 근원적인 명증의 양상으로 주어지는 우리 자신의 고유한 의식 체험의 명증에 호소해야 한다. 이것은 우선 우리의 관심을 우리에게 필증적으로 주어지는 영역으로 제한함을 뜻한다. 그러한 필증적 영역이 다름 아닌 우리 자신의 고유한 의식 체험 흐름으로서의 원초적 영역이다. 그러므로 우리는 타자의 존재 정립을 정당화하기 위해 우리 자신의 고유한 원초적 영역으로 귀환해야 한다. 후설은 우리 자신의 고유한 원초적 영역으로의 이러한 귀환을 원초적 환원[53]이라고 부른다. 이러한 환원을 통해 우리는 모든 명증과 타당성의 궁극적 담지자인 고유한 자아의 영역으로 돌아가서 타당성의 관점에서 타자 구성의 가능 근거를 밝히면서 타자가 어떻게 정당하게 '다른 자아'라는 타자의 의미를 부여받을 수 있으며, 그 존재 정립이 정당화될 수 있는지 증명할 수 있게 될 것이다.

## 2. 환원의 방법과 절차

원초적 환원은 보편적 초월론적 현상학적 환원 내부에 존재하는 독특한 주제적 환원이다. 보편적 초월론적 현상학적 환원을 통해 우리에게는 초월론적 보편적 영역이 개시되는데, 이러한 영역은 나의 고유한 초월론적 주관성의 영역인 원초적 영역과 다른 초월론적 주관성의 영역인 타자의 영역으로 구성되어 있다.[54] 나의 고유한 초월론적 주관성의 영역인 원초적 영역은 반성을 통해 필증적 명증의 양상으로 획득되지만[55], 다른 초월론적 주관성의 영역은 결코 반성을 통해 획득될 수 없다. 우리는 타자를 '다른 자아'로 의미 부여하

[53] 이남인은 보편적 초월론적 현상학적 환원 아래 자아론적 환원과 상호주관적 환원이라는 부분으로 존재하는 두 환원이 있음을 지적한다. 원초적 환원은 초월론적 태도 속에서 수행된 자아론적 환원이며, 필증적 영역으로의 귀환이라는 점에서 인식론적 관점에서는 필증적 환원이라고도 불릴 수 있다. N.-I. Lee, 앞의 논문 참조.

[54] N.-I. Lee, "Egological and Intersubjective reduction", presented at the conference on "Phenomenology, Empathy, Intersubjectivity: New Approaches," Dublin, May 3-5, 2017. 참조.

[55] 이러한 원초적 영역도 현재 국면의 의식 체험흐름의 영역과 과거 국면의 의식 체험 흐름, 미래 국면의 의식 체험 흐름으로 나누어 질 수 있다. 그래서 원초적 환원은 이러한 각 국면으로 귀환하는 더 낮은 차원의 환원들로 세분될 수 있다. 의식 체험 흐름이 이러한 시간 지평 속에 있음으로 인해 엄밀히 말하면 원초적 영역 전체가 필증적 명증의 양상으로 주어진다고 말할 수는 없다. 엄밀히 말하면 오직 현재 국면의 의식 체험 흐름만이 필증적 명증의 양상으로 주어진다.

고 타자의 존재를 정립하는 것을 정당화하기 위해 일단은 초월론적 보편적 영역에서 다른 초월론적 주관성의 영역을 배제하고, 타당성의 관점에서 더욱 근원적인 명증의 영역인 원초적 영역에만 머물러야 한다. 그러기 위해 방법상 최초로 요구되는 것은 초월론적 보편적 영역 내에서 우리의 주제와 관련된 독특한 종류의 판단 중지를 수행하는 것이다.

이러한 판단 중지는 지금 문제가 되는 '타자'라는 의미, 그리고 타자와 관련된 모든 의미를 주제로 삼는 영역에서 배제함을 의미한다. 즉 우리는 타자의 주관성에 직접적으로나 간접적으로 관련된 지향성의 모든 구성적 작업수행을 도외시한다(Hua I, 124). 이렇게 타자를 향한 지향성을 배제하여 타자의 것으로서 제시되는 모든 것을 사상함으로써[56] 나는 나에게만 고유한 영역을 획득한다. 이 영역은 지속적으로 일치해나가는 세계 경험의 초월론적 상관자인 나의 고유한 의식체험 흐름이라는 하나의 층이다. 이제 우리는 이 층 속에 머물면서 경험하는 직관 속에서 계속해서 나아간다. 우리가 자아의 고유한 의식 체험 흐름이라는 이러한 통일적 층을 경험하지 않고서는 우리는 결코 타자를 경험으로써 가질 수 없으며 객관적 세계라는 의미를 경험으로써 가질 수 없다.

---

[56] 이때 우리는 동시에 타자의 모든 정신적인 것도 사상하게 된다. 그래서 우리는 문화를 표현하는 모든 술어도 사상한다.

## 3. 환원의 결과와 참 의미

이제 원초적 환원의 결과 우리에게 주어지는 것이 무엇인지를 고찰하고 그 의미를 해석함으로써 나의 자아가 자신의 고유한 영역의 내부에서 '타인 경험'(Einfühlung)[57]이라는 명칭 아래 타자를 어떻게 구성할 수 있는지 해명해보기로 하자.

나의 고유한 의식 체험 흐름의 영역에는 노에마로서의 자연이 포함되어 있는데, 우리는 이미 원초적 환원을 통해 타자와 관련된 모든 지향성을 배제하였으므로 이러한 자연은 '모든 사람에 대한 자연'이라는 의미가 상실된 오직 나에게만 고유한 자연이다. 그런데 나는 나의 고유한 영역에 속하는 것으로 파악된 이러한 자연의 물체들 가운데 나의 신체라는 유일하게 부각된 하나의 물체를 발견한다. 이 물체는 단순한 물체가 아니라 신체로서의 유일한 물체이다. 나는 이 신체로서의 물체를 직접 처리하고 지배한다. 즉 나는 손을 갖고 운동감각적으로 만지고, 눈을 갖고 운동감각적으로 본다. 이

---

[57] "Einfühlung"이라는 용어는 흔히 '감정이입'으로 번역되었다. 이 용어는 Lipps의 감정이입론에서 학술적 개념으로 처음 등장하였는데, 후설은 Lipps의 감정이입론이 타인을 나에 의해 완전히 동일화될 수 있는 단순한 나의 표상으로 간주하고 있다고 비판한다. 후설에 의하면 우리는 타인을 결코 단순한 나의 복사물로 경험하는 것이 아니라 나를 초월해 있는 그 무엇으로서 그 자체로 현실적으로 존재하는 그 무엇으로서 경험한다. 그런데 "Einfühlung"을 감정이입으로 번역하는 것은 후설의 타인 경험 이론에 등장하는 "Einfühlung"을 Lipps의 감정이입론에 등장하는 "Einfühlung"과 유사한 것으로 오해하게 할 우려가 있다. 따라서 후설의 타인 경험 이론에 등장하는 "Einfühlung"은 다양한 유형의 타인 경험을 지칭하는 말, 즉 '타인 경험' 혹은 '타자 경험'으로 번역되는 것이 더 적절하다. "Einfühlung"의 번역과 관련한 논의들에 대해서는, 이은영, 「립스 감정이입론에 대한 에디트 슈타인의 논쟁」, 『철학과 현상학 연구』, 한국 현상학회, 2008, p.103. 주석 5, 이남인, 「상호주관성의 현상학 – 후설과 레비나스」, 『철학과 현상학 연구』, 한국 현상학회, 2002, pp. 40-42, 주석 21. 참조.

러한 운동감각들은 '나는 행한다(Ich tue)' 속에서 경과하면서 '나는 할 수 있다(Ich kann)'에 종속되어 있다. 이렇게 나는 나의 신체성을 경험한다. 그리고 나의 신체성에 대한 이러한 경험은 자기 자신을 돌이켜 지시한다. 즉 원초적 환원 속에서 나는 나의 신체와 나의 영혼의 심리물리적 통일체인 나, 그 통일체 속에 있는 나의 인격적 자아를 획득한다. 그리고 이러한 영혼적 존재 속에는 나에 대해 존재하는 세계의 전체 구성이 속해 있으며, 나 자신은 나의 영혼 속에서 그 모든 것을 구성하며, 그것을 내 안에 지향적으로 담지한다. 이제 나는 나 자신이 초월론적 자아임을 깨닫는다.

한편, 다른 인간들은 나의 고유한 원초적 영역 속에서는 타자라는 의미가 상실된 상태이므로 환원된 영역 속에서는 아직 '인간'이라는 의미를 획득하지 못하고, 우선은 하나의 물체로서 나에게 획득된다. 이것은 나의 원초적 자연의 지각 영역 속에서 내재적 초월성(immanent Transzedenz)[58]을 가진 물체로서 직접적 현전 속에서 나에게 주어진다. 그런데 그 물체는 신체성을 가진 나의 물체와 유사하다.[59] 그러므로 앞서 나의 신체로서의 물체가 나에게 신체성의

---

[58] 내재는 의식 체험에 속한 영역을 뜻하고 초재는 의식 체험에 속하지 않고 의식을 초월한 영역을 뜻한다. 그래서 내재적 초월(성)이라는 말은 언뜻 모순적인 표현처럼 들린다. 그러나 후설은 초월론적 주관에 의해 구성되는 다층적 세계가 갖는 초월성의 차이를 치밀하게 묘사하기 위해서 『성찰』에서 이러한 표현을 사용한다. 내재적 초월은 초월론적 주관의 의식 체험에 속하면서도 의식 작용 속에 내실적(reell)으로는 포함되어 있지 않은 영역을 뜻하는데, 원초적 환원을 통해 초월론적 주관이 도달하는 최초의 세계가 바로 내재적 초월로서의 이러한 원초적 세계이다. 이것은 초월론적 주관에 의해 구성되는 세계의 다층적 층의 가장 기저에 있는 층으로서 원초적 세계가 갖는 이러한 내재적 초월의 성격을 후설은 원초적 초월성이라고도 부른다. 후설은 이렇게 내재적 초월성을 원초적 초월성이라고 부르면서 이것을 토대로 구성되는 보다 높은 단계의 객관적 초월성을 이차적 초월성이라고 부른다. Hua I, p. 136 참조.
[59] 우리는 유비적 파악을 통해 그 물체가 나의 신체와 유사하다는 것을 통각할 수 있는

의미를 지녔던 것과 마찬가지로 타인의 신체물체[60]도 연상적 짝짓기(assoziative Paarung)[61]를 통해 신체라는 의미를 넘겨받게 된다(Hua1, 140~143). 나의 신체물체와 타인의 신체물체의 유사성으로 인해 나의 신체가 가진 신체성의 의미가 타인의 신체물체로 전이되는 것이다. 이것은 직접 현출되는 타인의 신체물체가 그것을 지배하는 심리물리적 통일체인 초월론적 주체로서의 다른 영혼적 자아를 지시함을 의미한다. 이렇게 타자, 곧 다른 자아는 나의 신체와 유사한 타인의 신체물체로부터 파생 현출(Appräsentation)된다.

이처럼 우리는 나의 원초적 영역의 내부에서 나의 영혼적 자아를 지시하는 나의 신체와의 연상적 짝짓기를 통해 타인의 신체물체로부터 '다른 자아'라는 의미를 획득하였다. 그런데 우리가 환원을 통해 획득한 다른 자아, 곧 타자의 의식체험 흐름은 결코 우리에게 직접적인 방식으로 접근될 수 없음에 유의해야 한다. 만약 우리가 타인의 고유한 본질에 직접적 방식으로 접근할 수 있다면, 타인의 고유한 본질은 나의 고유한 본질의 단순한 계기(Moment)일 것이며, 결국 타인

---

데, 이것은 유비추리가 아니라 직관이다.(Hua I , p.141)

[60] 후설에서 신체(Leib)는 영혼(Seele)이 깃들어 있는 몸이다. 이에 반해 신체물체(Körper)는 우리 몸의 물체적인 측면만을 가리킨다. 원초적 환원 속에서 타자의 신체물체는 나의 신체와의 유사성에 의해 신체라는 의미를 넘겨받게 된다.

[61] 나의 원초적 영역에 나타난 타자의 신체물체와 나의 신체 사이의 유사성에 토대하여 나의 신체의 신체성의 의미를 타자의 신체물체로 전이시키는 것을 후설은 '유비화하는 통각(analogisierende Apperzeption)'으로 특징짓는다. 그런데 이러한 통각적 전이는 유비추리와 같은 추리의 성격을 지니는 능동적 사고작용이 아니라 수동적 차원에서 이루어지는 연상(Assoziation)을 통한 짝짓기(Paarung)이다. 나의 신체와 원초적 영역 속의 타자의 신체물체는 유사성에 의해 짝을 이루게 되는데, 우리는 수동적 연상 작용을 통해 나의 신체가 지닌 의미를 타자의 신체물체로 이양하게 된다. 그래서 이러한 통각적 전이를 통한 타인 경험은 능동적 추론의 작용이 아니라 수동적인 직관의 작용에 속한다.

자체와 나 자신은 동일한 것이 되고 말 것이다(Hua I, 139).

그뿐만 아니라 파생 현출(Appräsentation)되는 타인의 현전화는 현전화라는 점에서는 회상(Wiedererinnerung)과 마찬가지이지만, 회상과 같은 보통의 현전화와는 다른 구조를 가지고 있다. 왜냐하면 회상의 경우, 우리는 언젠가 직접적 현전 속에서 주어졌던 것을 현전화하는 것이며, 또한 회상을 통해 현전화되었던 것을 나중에 직접 지각함으로써 직접적 현전 속에서 확증할 수 있지만[62], 타인의 심리의 경우에는 그와 같은 가능성이 아프리오리하게 배제되어 있기 때문이다. 그러므로 타인의 심리는 언젠가 직접적 현전 속에서 주어졌다가 현전화되는 것도 아니고, 현전화된 것이 원리적으로 직접적 현전 속에서 생생하게 충족될 수도 없다.

이것이 의미하는 바는 나에게 파생 현출되는 타인의 의식체험 흐름은 결코 나의 의식체험 흐름에 속하지 않는다는 것이다. 만약 타인의 의식체험 흐름이 나의 의식체험 흐름에 속한다면, 그것은 나의 의식 체험 흐름과 무매개적 통일을 이루며 직접적 현전의 명증 속에서 생생하게 주어질 것이다. 그러나 타인의 의식체험 흐름이 언제나 타인의 신체라는 매개를 통해 간접적인 방식으로 파생 현출될 수만 있다는 것은 그러한 타자가 나 자신의 존재를 초월하는 것임을 의미하는 것이다. 그러므로 타자는 결코 나 자신의 복제물과 같은 것일 수 없고, 나 자신과는 구별되는 '다른 자아'라는 의미를 정당하게 획득하게 된다.

---

[62] 물론 이것은 모든 회상에 해당하지는 않는다. 과거에 단 한 번 내가 겪은 사건을 회상하는 경우 현전화된 것은 결코 차후에 지각될 수 없다. 그러나 내가 학교의 정문의 색깔을 회상하는 경우, 나는 차후에 정문을 직접 지각함으로써 나의 회상이 옳은지를 확증할 수 있다.

# 3장. 상호주관적 경험의 구성

## 1. 상호주관적 자연의 구성

앞서 우리는 초월론적 현상학적 환원이 결코 유아론적 귀결을 함축하지 않는다는 사실과 더불어 원초적 환원의 정당성을 고찰함으로써 후설 현상학의 체계 내에서 타자 존재 정립이 어떻게 설명될 수 있는지를 해명하였다. 이제 이 책의 주제인 후설 현상학에 토대한 상호주관적 명증의 현상학의 성립 가능성을 논하기 위해서는 또 하나의 중요한 문제가 선결되어야 한다. 즉 우리는 후설의 초월론적 현상학의 테두리 내에서 상호주관적 경험의 가능 근거를 해명할 수 있어야 한다. 그것은 우리가 초월론적 현상학적 환원을 거친 후 초월론적 태도 속에서 상호주관적 경험의 가능 근거를 해명할 수 있어야 함을 의미한다. 상호주관적 경험은 타인과 우리가 공동의 것을 경험함을 뜻하는데, 자연적 태도에서 우리는 우리가 언제나 타인과 동일한 것을 경험함을 인식하며 살아가지만 초월론적 태도 속에서는 이러한 상호주관적 경험이 우리에게 어떻게 가능할 수 있는가에 대한 해명 작업이 요구된다.

상호주관적 경험이란 나의 경험과 타자의 경험이 동일한 것을 경험하게 되는 그러한 경험인데 이것이 어떻게 가능한가 하는 문제는 달리 말하자면 내가 타인과 동일한 경험을 한다는 것이 어떻게 가능한가, 즉 어떻게 나의 경험과 타자의 경험이 동일한 상호주관적 공동체 속에서 하나의 동일한 객관적 세계를 구성할 수 있는가 하는 문제이다. 이 문제를 해결해 내는 첫 단계는, 공동체의 형식으로 최초로 구성된 것이며 그 밖의 모든 상호주관적 공동체성의 기초인 자연의 공통성이 어떻게 성립될 수 있는가를 밝히는 것이다. 이러한 문제의식을 가지고 후설은 『데카르트적 성찰』의 5성찰에서 다음과 같은 질문을 던진다.

> "자아로서의 나에 대해 원본적 영역인 나의 원초적 영역과, 나에게 파생
> 현출(Appräsentation)된 타인의 원초적 영역은, 내가 실제로 넘어설 수
> 없는 어떤 심연에 의해 분리되어 있는 것은 아닌가?"(Hua I, 150)

그리고 후설은 원초적 영역 속에서 타자의 주관성이 파생 현출되는 방식을 다시 한번 숙고함으로써 이러한 문제를 풀어나간다. 그런데 우리는 왜 원초적 환원 내에서 상호주관적 경험을 해명하는가? 자연적 태도 속에서 우리가 상호주관적 경험을 하며 살아간다는 것은 누구나 알고 있는 상식적인 생각이지만, 엄밀한 철학적 반성 속에서 상호주관적 경험을 정당화해야 하는 초월론적 현상학은 상호주관적 경험을 독단적으로 전제해서는 안 되기 때문이다. 우리가 상호주관적 경험을 갖는다는 것을 엄밀한 철학적 반성 속에서 정당화하기 위해서는 우리는 자아론적 출발 속에서 가장 근원적인

명증에 호소하여 그러한 상호주관적 경험의 존재 타당성을 확증할 수 있어야 한다. 그러기 위해서는 먼저 나의 초월론적 경험의 테두리 내에서 모든 타자에 대한 지향, 상호주관성에 대한 지향을 배제한 후, 그럼에도 불구하고 내가 상호주관적 경험을 한다는 사실을 정당화할 수 있어야 한다. 그래서 후설은 원초적 환원을 단행한 후, 이러한 원초적 영역 속에서 상호주관적 경험의 구성을 분석하고 있는 것이다. 그렇다면 나의 원초적 영역 속에서 내가 상호주관적 경험을 갖는다는 사실은 어떻게 정당화될 수 있을까?

나의 원초적 영역 속에 나타나고 있는 것으로서의 타자의 신체는 우선 나의 원초적 자연 속에 있는 물체이다. 그런데 그 자연의 물체에 대한 지각은 이 물체에 대한 다른 자아의 지배 작용을, 더 구체적으로 말하자면, 다른 자아의 지각에 나타나는 자연 속에서의 그 자아의 지배 작용을 파생적으로 현출시킨다. 가령 나는 내 앞에 직접적으로 현전하는 하나의 신체물체(Körper)가 나의 신체(Leib)가 움직이는 것과 유사하게 이리저리 움직이는 것을 보고, 그러한 움직임을 지배하는 작용을 신체물체의 현전으로부터 파생적으로 경험한다. 그리고 나의 신체물체를 지배하는 내가 존재하듯이, 내 앞에 놓인 신체물체를 지배하는 작용의 주체가 존재함을 파생 현출적으로 경험한다. 이때 그 다른 주체는 자신의 자연 속에서 자신의 신체물체를 지배한다. 또한 이 물체가 그것의 지배 작용의 주체인 다른 자아를 파생 현출시키고 또 그렇게 할 수 있는 것은 나의 원초적 영역의 자연 속의 이 물체가 다른 자아의 자연에도 함께 속한다는 의미를 획득함으로써 가능하다. 그러므로 나의 원초적 자연 속에 있는 물체에 기반해 파생 현출되는 타자의 경험이 기반하고 있는 자연 역시 나의 원초적 자연과 동일한 것이다. 다만 그 동일한 자연 속에서 타자의 신체 물체는 나에게 '거기'에 있는 것으로 다른 자아에게는 '여기'에 있는 것으로 나타날 뿐이다.

결국 타주관성의 파생 현출이 나의 원초적 영역 내부의 타자의 신체물체에 기반을 두고 있는 한, 타자의 경험 역시 타자의 신체물체에 기반하여 파생 현출되고, 이러한 신체물체는 나의 원초적 영역으로서의 자연에 속하면서 타자의 원초적 자연에 속하는 것이므로 이러한 신체물체에 의해 파생 현출되는 타자의 경험 역시 나의 원초적 영역으로서의 자연과 동일한 자연에 속해 있다는 것이다.

이제 후설은 위에서 제기한 물음에 대해 스스로 다음과 같이 답한다.

> "나는 이 자연 속에서, 제2의 자연과 제2의 (타자의) 신체물체를 지닌, 파생 현출된 제2의 원본적 영역을 갖고 있어서, 그런 다음에야 비로소 내가 어떻게 두 영역을 동일한 객관적 자연의 현출 방식으로 파악할 수 있는지를 물어야만 하는 것이 아니다. 오히려 파생 현출작용 자체와 이것에 대해 함께 기능하고 있는 직접현출작용과의 필연적 통일을 통해, 나의 원초적 자연과 현전화된 타자의 원초적 자연의 동일성 의미가 필연적으로 산출된다."(Hua Ⅰ, 152)

이처럼 나와 타자는 공동의 자연 속에 있음으로써, 객관성의 최초의 형식이자 최초의 환경 세계로서의 상호주관적 자연, 자연의 공동성을 구성해 낼 수 있다. 그렇다면 내 속에서 구성된 것과 타인에 의해 구성된 자연의 종합적 동일화란 구체적으로 무엇을 뜻하는 것일까?

　나 자신의 체험이 존재하는 것으로서의 의미와 타당성을 지닐 수
있는 것은 나의 원본적 체험이 지나가 버리더라도 반복된 현전화
속에서 '언제나 다시 할 수 있다'는 명증으로 되돌아갈 수 있기 때
문이다. 어떤 대상에 대한 과거의 경험과 현재의 경험은 비록 분리
되어 있지만, 동일화의 종합 속에서 하나의 동일한 지향적 대상을
지시할 수 있다. 끊임없이 반복되어 산출될 수 있다는 것은 끊임없
는 일치 속에서 확증될 수 있음을 뜻하며 이것은 대상이 실제로 존
재함을 타당하다고 생각하도록 해 주는 근거이다.

　자기 자신의 분리된 체험의 일치 종합이 하나의 동일한 지향적
대상을 지시하는 것과 유사하게 타인 경험의 문제와 관련해서는 자
아의 원초적 영역과 이 속에서 현전화된 타자의 영역 사이의 일치
종합이 문제시 된다. 상호주관적 경험은 자아의 경험과 타자의 경
험의 이러한 일치 종합에 다름 아니다. 자아와 타자는 결코 서로 다
른 공간적 위치를 점유함에 의해 결코 동시에 동일한 현출을 가질
수는 없지만 동시에 동일한 지향적 대상을 가질 수 있다. 자아의 불
연속적 체험들의 일치 종합에 의해 동일한 지향적 대상이 구성되는
것과 마찬가지로 자아와 타자 간의 분리된 체험들의 일치 종합에
의해서도 마찬가지로 동일한 지향적 대상이 구성될 수 있는 것이
다. 그리고 이러한 일치 종합은 자아의 관점에서는 언제나 타인 경
험(Einfühlung)을 매개로 하여 이루어진다.

　동일화 종합에 의해 이렇게 공동의 자연이 구성될 수 있다는 것
은 나와 타자가 공동의 자연을 상호주관적으로 경험함이 정당화될
수 있음을 지시하며, 더 나아가 보다 높은 단계의 모든 상호주관적

경험을 가능하게 해 주는 기반을 확보했음을 의미한다. 상호주관적 경험에 관한 이러한 정당화 작업은 실제로 상호주관적 경험이 우리에게 어떻게 주어지는가를 묻는 현상학적 심리학적 작업이 아니라 상호주관적 경험의 구성의 초월론적 가능 근거를 묻는 초월론적 현상학적 작업이다.[63] 이러한 초월론적 현상학적 작업은 다시 그 주도적 관심에 따라 타당성의 근원과 타당성 정초관계를 해명하고자 하는 정적 현상학적 작업과 발생의 근원과 발생적 정초 관계를 해명하고자 하는 발생적 현상학적 작업으로 나뉘는데, 후설이 제5 『데카르트적 성찰』에서 분석하고 있는 상호주관적 경험의 존재 정당성의 문제는 우리가 상호주관적 경험을 갖는다는 사실이 타당하다는 것을 어떻게 입증할 수 있는지를 묻는 정적 현상학적 작업이다.

자연적 태도에서 타인과 상호주관적 경험을 하며 살아가는 동안, 실제로 우리는 어떻게 내가 타인과 이러한 공동의 경험을 가질 수 있는지 묻지 않으며, 또한 타인과 내가 하나의 공동의 자연을 공유한다는 사실을 이러한 복잡한 증명 과정을 거치면서 깨닫지 않는다. 그뿐만 아니라 초월론적 태도 속에서도 우리가 상호주관적 경험을 한다는 사실이 어떻게 정당화되는지를 묻는 정적 현상학적 관심이 아니라 상호주관적 경험의 발생 가능 조건을 묻는 발생적 현상학적 관심 속에 서 있으면, 상호주관적 경험의 구성은 또 다른 모습 속에서 분석된다. 가령 상호주관적 경험의 발생 가능 조건을 분석하기 위해서는 우리는 상호주관성의 타당성의 가능 조건을 분석하기 위해 도입한 원초적 영역과는 다른 모습의 원초적 영역[64]을 상

---

63 각주 88 참조.
64 제5 『데카르트적 성찰』에서 원초성의 정적 현상학적 개념과 발생적 현상학적 개념의

정해야 한다.

근원적 명증 속에서 사태를 파악하고자 하는 정적 현상학은 모든 인식 타당성을 최고의 명증 형식인 반성적 자기의식에 호소하여 사태를 분석해야 하므로 타자의 지향을 배제한 원초적 영역을 상정하였으나, 사태의 초월론적 발생의 가능 조건을 묻는 발생적 현상학적 관심 속에서는 최초의 상호주관적 경험의 발생을 묻는 원초적 상황과 원초적 영역에 타자에 대한 지향이 배제되어야 하는 것이 아니라 우리에게 주어진 최초의 상호주관적 경험의 발생의 상황의 사태 그대로 원초적 영역이 타자에 관한 지향이 이미 녹아 있는 영역으로 상정되어야만 하는 것이다. 이렇게 우리는 다양한 관심과 관점 속에서 상호주관성의 문제를 분석할 수 있기 때문에 분석을 주도하고 있는 관심과 다른 차원의 관심이나 관점을 끌어들여서 주어진 분석을 비판해서는 안 된다. 제5『데카르트적 성찰』을 주도하고 있는 정적 현상학적 관심, 그리고 엄밀한 명증 속에서 분석을 수행하고자 하는 철학적 이념을 고수할 때, 우리는 우리가 타인과 공동의 자연을 공유하다는 사실, 그리고 타인과 공동의 경험을 한다는 사실을 이 절에서 설명한 방식과 달리 입증할 방법은 없을 것이다.

차이에 관해서는 N.-I. Lee, "Static-Phenomenological and Genetic-Phenomeno-
logical Concept of Primordiality in Husserl's Fifth Cartesian Meditation", in:
*Husserl Studies* 18, 2002, 참조.

## 2. 높은 단계의 상호주관적 공동체의 구성

앞 절에서 우리는 초월론적 태도 속에서 나와 타자가 공동의 자연을 상호주관적으로 경험함이 정당화될 수 있음을 확인하였다. 이것은 우리가 이제 보다 높은 단계의 상호주관적 경험을 가능하게 해 주는 기반을 확보했음을 의미한다. 상호주관적 공동체화는 보다 높은 단계의 상호주관적 경험 속에서 나의 원초적인 모나드[65]와 내 속에서 타자로서 구성된 모나드 사이에 성립되는 공동체화이다. 타자는 그 자체로 존재하지만 나에게는 오직 타인 경험에 의해 파생 현출적으로만 제시되기 때문에 이러한 상호주관적 공동체화는 언제나 타인 경험에 의해 매개된 일치 종합이다. 타인의 모나드와 나의 모나드는 내실적으로 분리되어 있으며, 이 내실적 분리는 세계 속에서의 나의 심리물리적 현존과 타인의 심리물리적 현존의 실재적 분리에 상응한다. 그리고 이러한 실재적 분리는 객관적 신체의 공간성에 의해 공간적 분리로서 나타난다.

그러나 이러한 내실적, 실재적, 공간적 분리에도 불구하고 타인과 나는 지향적 공동체 속에서 독특한 방식으로 결합하여 있다. 이러한 결합은 나와 타인이 공동체 속의 한 인간으로 존재하면서 '서로에 대해 상호작용하고 있음'을 뜻한다. 그리고 이러한 결합은 공

---

[65] 모나드는 라이프니츠(G. Leibniz)에서 지각과 욕구를 지닌 불가분의 개별적 실체를 뜻하는데, 이러한 모나드는 자신과 관련한 과거와 현재와 미래의 모든 술어들을 포함하는 완전한 개념이다. 후설은 "완전한 구체성 속에서 파악된" 초월론적 주관을 지칭하기 위해 이러한 모나드 개념을 차용하여 "초월론적 모나드"라고 불렀다. 그러나 라이프니츠의 개별 모나드들은 각각이 모두 각자 우주 전체를 반영하면서도 창을 갖지 않고 서로 교류하지 않는 데 반해, 후설의 초월론적 모나드는 부단히 상호 작용하고 교섭하는 모나드, 즉 창을 가진 모나드라고 해야 할 것이다.

동체화의 최초의 형식인 개방된 무한한 자연 자체의 지평 속에서 이루어진다. 이 자연 안에는 다양한 상호공동체의 주체들이 포함되어 있다. 이 상호공동체에는 열린 모나드 공동체가 상응하는데 후설은 이 모나드 공동체를 '초월론적 상호주관성'이라고 부른다.(Hua I, 158)

이 초월론적 상호주관성은 나의 지향성의 원천에서 순수하게 구성되지만, '타인'이라는 변양을 통해 구성된 모든 모나드 속에서 동일한 공동체로서, 다만 다른 주관적 현출 방식 속에서 구성된다. 그리고 그 상호주관성은 동일한 객관적 세계를 필연적으로 그 자체 속에 지니는 것으로서 구성된다.

이러한 객관적 세계의 내부에는 독특한 종류의 정신적 객관성들로서 상이한 유형의 사회적 공동체들이 그것들의 가능한 단계적 질서 속에서 사회적 공동체화를 통해 구성된다. 그리고 이 사회적 공동체들에는 '높은 수준의 인격성들'이라는 성격을 가진 특이한 유형들도 포함되어 있다. 이러한 문화적 공동체는 서로 영향을 주고받는 상이한 문화적 환경 세계들로 구성된다. 문화적 환경 세계에 주어지는 정신적 술어들은 상호주관적 타당성을 지니는데, 이러한 사실은 인간 공동체가 이미 구성되어 주어진 이러한 문화적 환경 세계 속에서 함께 살아나가며 상호 소통함을 지시한다. 나에 대해 그리고 타자에 대해 객관적으로 존재하는 이러한 세계는 끊임없이 미리 주어져 있으면서도 여러 의미 층들 속에서 계속 형성되는 세계이다.

다양한 상호주관적 환경 세계들은 공통적인 유일한 객관적 환경 세계의 단순한 국면들이며, 이러한 환경 세계의 상호주관성들은 나 자신을 포함하는 유일한 모두의 공동체에 속해있다. 따라서 유일한 객관적 세계, 유일한 객관적 시간, 유일한 객관적 공간, 유일한 자연, 유일한 모나드 공동체만이 실제로 존재할 수 있다.

# 4장. 제5『데카르트적 성찰』에 대한 비판과 재반박

2부에서 우리는 제5『데카르트적 성찰』[66]에서 제시된 원초적 환원을 통한 타인 경험의 가능 근거와 상호주관적 경험의 구성의 가능 근거의 의미를 차례로 살펴보았다. 그러나 「5성찰」은 후설 철학 전체에서 가장 만족스럽지 않은 부분으로 널리 주장돼 왔다.[67] 초월론적 환원 후 제2의 환원으로 원초적 환원을 단행하여 자아에 고유한 원초성의 영역을 확보한 후, 자아의 신체와 타자의 신체 물체 사이의 유비를 통한 통각적 전이로 타자 경험의 가능 근거를 해명한 후설의 분석은 후대의 여러 철학자에 의해 수많은 비판을 받았다. 후설의 「5성찰」에 비판을 가한 대부분의 철학자는 후설의 「5성찰」을 타인 경험과 상호주관적 경험의 구성의 가능 근거에 대한 실패한 해명으로 간주하였는데, 이러한 비판을 한 대표적인 비판자들이 슈츠, 하버마스, 레비나스, 토이니센 등이다. 따라서 이 장에서는 후설의 「5성찰」에 가해진 다양한 비판 중 특별히 슈츠, 하버마스,

---

[66] 이하 「5성찰」로 표기.

[67] A.D. Smith, *Husserl and the 'Cartesian Meditations'*, Routledge, 2003, p. 235. 참조.

레비나스, 토이니센, 그리고 레인에르트의 비판을 살펴보고, 후설의 「5성찰」을 실패한 해명으로 간주한 이들의 비판이 여러 가지 면에서 정당하지 못한 비판들임을 보일 것이다. 이러한 논의를 통해 우리는 지금껏 「5성찰」에 가해진 잘못된 오해들을 바로잡고, 후설이 초월론적 현상학을 통해 타자 경험과 상호주관성의 문제로 나아가는 정당한 토대를 확보했음을 확증할 수 있을 것이다. 그리고 이러한 자아론적 출발 속에서 우리는 후설 현상학을 통한 상호주관적 명증의 현상학으로 나아가기 위한 예비적 토대를 합당하게 마련할 수 있을 것이다.

## 1. 슈츠

슈츠는 「후설에서 초월론적 상호주관성의 문제」라는 논문[68]에서 「5성찰」에서의 작업을 네 단계로 구분한다. 후설은 첫 번째 단계에서 원초적 환원을 통한 원초적 세계로의 고립화를 단행하고, 두 번째 단계에서 나의 신체와 타자의 신체물체 사이의 연상적 짝짓기를 통한 타자 통각의 가능성을 해명하며, 세 번째 단계에서 객관적, 상호주관적 자연의 구성을, 그리고 네 번째 단계에서 보다 높은 단계의 공동체 형식의 구성을 해명한다는 것이다. 그러나 이 논문에서 슈츠는 이러한 후설의 이론을 실패한 것으로 간주하였는데, 슈츠에

---

[68] A. Schutz, "The problem of transcedental intersubjectivity in Husserl" *Collected Papers Ⅲ Studies in Phenomenological Philosophy.* The Hague, Netherlands: M. Nijhoff, 1966, pp. 51-84.

따르면 상호주관성은 결코 초월론적 문제가 될 수 없고, 생활 세계 (Lebenswelt)의 문제로 다루어져야 한다. 즉 상호주관성은 자연적 태도의 생활 세계의 문제로 다루어져야지 초월론적 영역 내에서 풀 수 있는 구성의 문제로 다루어서는 안 된다는 것이다. 슈츠에 따르면 초월론적 상호주관성 같은 것 따위는 없다.

슈츠는 이렇게 초월론적 현상학의 문제로서의 상호주관성의 문제를 부정하면서 후설이 「5성찰」에서 제시한 원초적 환원이 도대체 가능한지를 묻는다. 즉 나의 원초적 영역과 타자의 영역을 분리하고, 나의 고유한 영역으로부터 타자에 대한 지향성을 분리하는 것이 도대체 가능하냐는 것이다. 그뿐 아니라 슈츠는 나의 신체와 타자의 신체의 유사성을 통한 타자 구성을 비판하는데, 슈츠에 따르면 나의 신체는 타자의 신체와 같이 경험되지 않고, 유사성보다는 차이성이 많기 때문에 이러한 유비는 근본적으로 성립될 수 없다. 나의 신체는 자연의 대상으로 경험되는 것이 아니라 운동 감각적으로 경험되고 내적 지각을 통해 체험되지만, 타자의 신체는 자연에 존재하는 객체로 경험될 뿐이라는 것이다. 타자의 신체 물체의 조화로운 행동을 조화로운 행동으로 이해하는 것 또한 이미 타자를 전제하는 것으로 이미 사회의 규칙을 전제한다. 따라서 슈츠에 따르면 나의 원초적 영역에서는 기껏해야 심리 물리적 자아를 구성할 수 있을지 모르지만 나의 모나드 내의 완전한 모나드로서 타자를 구성하지는 못한다. 즉 타자의 초월론적 자아는 나의 원초적 영역 내부에서 구성될 수 없다. 그리고 슈츠는 타자의 존재, 그리고 인간 공동체는 타자 신체의 현전을 통해서가 아니라 우리들의 의사소통의 가능성에 근거한다고 말한다.

그러나 먼저, 상호주관성의 문제가 오직 자연적 태도에서 생활세계의 문제로만 다루어질 수 있고, 초월론적 현상학의 문제가 될 수 없다는 슈츠의 주장은 옳지 않다. 슈츠가 초월론적 현상학의 영역 내부에서 초월론적 자아의 복수성이 가능하지 않다고 생각했던 것은 아마도 그가 초월론적 현상학적 환원의 의미를 철저히 오해했기 때문일 것이다. 2부 1장에서 이미 살펴본 바와 같이 초월론적 현상학적 환원은 결코 타자의 존재 정립의 부정을 함축하지 않으며, 오히려 초월론적 현상학의 철저한 전개는 초월론적 현상학의 내부에서 필연적으로 상호주관성의 현상학을 요청한다.[69] 그뿐 아니라 우리가 상호주관성의 문제를 고찰할 때, 철학적으로 반성하는 자로서의 우리는 결코 상호주관성을 독단적으로 미리 전제해서는 안 되고, 먼저 우리에게 주어지는 상호주관성의 가능 근거를 물어야 한다. 그런데 타인 경험, 그리고 상호주관성의 가능 근거를 묻는 작업은 다름 아닌 초월론적 현상학의 작업이므로 슈츠의 주장과는 달리 초월론적 현상학과 상호주관성의 문제는 결코 무관하거나 양립 불가능한 것이 아니라 오히려 떼려야 뗄 수 없는 관계에 있는 것이다.

또한 슈츠는 원초적 환원의 가능성을 부정하였는데, 슈츠가 나의 원초적 영역에서 타자의 지향성을 분리하는 것이 불가능하다고 생각한 것은 철학적 반성을 통한 추상적 분리의 작업을 제대로 이해하지 못했기 때문으로 보인다. 물론 현실적으로는 나의 고유한 사적인 체험에조차 언제나 상호주관적 언어와 문화가 전제되어 있으

---

[69] 초월론적 현상학과 상호주관성의 현상학의 관계에 대해서는 2부 5장에서 보다 상세하게 고찰할 것이다.

며, 그런 의미에서 나의 사적 체험에도 타자에 대한 지향이 얽혀 있다. 그러나 우리는 철학적 반성을 통해 나의 사적인 체험에 녹아 있는 타자에 대한 지향을 배제하는 작업을 얼마든지 단행할 수 있다. 그리고 이러한 작업은 타당성의 관점에서 타자가 타자로서 구성되는 것이 어떻게 정당할 수 있는지를 해명하기 위해 필연적으로 요청되는 작업이다. 원초적 영역 내부에서 타자에 대한 지향을 먼저 배제해야만 나의 원본적 명증의 영역의 내부에서 어떻게 타자가 구성될 수 있는지 밝혀낼 수 있기 때문이다.

다음으로 나의 신체와 타자의 신체는 유사성보다 차이성이 많기 때문에 유비가 성립하기 어려우며, 타자의 조화로운 행동에 대한 이해도 이미 타자나 사회의 규칙을 전제한다는 비판도 「5성찰」의 분석을 무력화하기 어렵다. 물론 우리는 우선 나의 신체를 주관적 관점에서 운동 감각적으로 경험하는 반면, 타자의 신체는 객체로서 경험하지만, 우리는 얼마든지 나의 신체를 또한 객관화할 수 있다. 이것은 나의 신체가 갖는 이중적 성격 때문에 가능한 것인데, 가령 나의 왼손이 나의 오른손을 만질 때 나의 오른손은 얼마든지 객관화된 신체일 수 있는 것이다. 그러므로 우리가 후설의 「5성찰」에 나타난 나의 신체와 타인의 신체의 유사성을 객관화된 나의 신체와 타인의 신체의 유사성으로 이해할 때, 우리는 얼마든지 이러한 비판을 비껴갈 수 있다. 그뿐만 아니라 슈츠는 조화로운 행동에 대한 이해가 언제나 타자를 전제한다고 하였지만, 나는 얼마든지 순전히 나의 행동에 입각하여 타자의 행동이 조화로운지를 알 수 있다. 즉 나는 나 자신이 영점이 되어 나의 원초적 규준에서 정상성 (Normalität)을 끌어낼 수 있는 것이다. 사실상 모든 정상성은 나의 본성에서 타자의 본성으로의 평행한 이동을 통해 도출된다.

마지막으로 타자 경험의 가능 근거는 신체적 현전이 아닌 의사소통에 있다는 주장 또한 「5성찰」의 분석에 대한 정당한 비판이 될 수 없다. 물론 우리는 의사소통을 통해 타자를 경험하며, 의사소통은 타인 경험의 매우 중요한 가능 근거다. 그러나 우리가 경험하는 모든 타인 경험이 의사소통을 통해 이루어지는 것은 아니며, 가장 원초적이고 단순한 타인 경험의 형태는 의사소통이 없는 직접적 대면을 통한 것이다. 후설의 「5성찰」의 분석은 이러한 가장 단순하고 원초적인 형태의 타인 경험의 가능 근거를 해명한 것으로서, 모든 타인 경험이 신체적 현전으로만 이루어진다거나 아니면 의사소통은 타인 경험에서 아무런 기능을 하지 않는다고 주장한 바가 없다. 게다가 직접적 대면이 있든 없든 의사소통이라는 것 또한 신체를 통한 발화와 청취, 신체를 통한 쓰기와 읽기에 기초하고 있다는 점에서 타인 경험에 있어서 신체의 역할은 그 무엇보다 우선적이고 근본적이라고 하지 않을 수 없을 것이다.


## 2. 하버마스

하버마스는 먼저 「5성찰」에 제시된 공동 세계의 구성이 관점의 상호 교차를 통해 설명되고 있다고 이야기한다.[70] 즉 후설은 '세계를 공동의 세계로 지각하는 것'을 타자의 위치를 취하는 능력, 그리

---

[70] J. Habermas, *On the Pragmatics of Social Interaction*, (B.Fultner, Trans.), Cambridge, MA:MIT Press, 2001, p.42 참조.

고 원리적으로는 모든 타자들의 위치를 취하는 능력을 요구하는 것으로 간주하고, 이러한 상호성 속에서 주체가 공동의 객관적 세계를 구성하며, 이러한 공동화하는 절차 속에서 초월론적 자아는 모든 타자와의 객관화하는 동일화를 겪고 유아론적 가상을 제거한다고 설명한다는 것이다. 그러나 하버마스는 상호성과 동일화를 통한 이러한 후설의 설명이 매우 문제가 있다고 비판한다. 하버마스에 따르면 후설은 나의 신체 중심의 경험의 "여기"와 타자의 신체 중심의 경험의 "저기"의 교환 가능성을 일깨움으로써 나는 그들의 경험을 마치 내가 저기 있는 것처럼 통각함으로써 타자와 의사소통한다. 여기에는 타자의 출현 이전에도 내가 실제로 모든 가능한 공간을 점유할 가능성이 전제된다. 하버마스는 후설의 이러한 상호주관성의 모델을 공간적 관점의 교환 가능성 모델이라고 부른다.

여기서 하버마스가 문제시하는 것은 이러한 공간적 관점의 교환 가능성 모델을 통해서는 둘 이상의 주관들의 관점 사이의 의미 있는 충돌, 갈등이 설명될 수 없다는 것이다. 후설의 모델은 비록 복수의 자아 간의 공간적 관점의 공동체를 허용하기는 하지만, 공간적으로 모든 가능한 관점은 객관적 세계의 하나의 공간적 지평 내부의 가능한 경험으로 아프리오리하게 양립가능하기 때문에 후설에서 모든 타 자아의 경험은 원본적 자아가 미리 기대하고 실제로 갖고 있는 공간적 관점의 전체성으로 동화된다. 이러한 이유로 하버마스는 후설이 결국 초월론적 공동체를 설명하지 못한다고 비판한다. 하버마스에 따르면 후설의 공동체는 불합리한 의미에서의 공동체, 즉 오직 "나에 대한" 공동체일 뿐이다.

이러한 이유에서 하버마스는 공동의 세계의 가능 근거를 타자의 관점, 즉 공간적 관점의 축적을 차지할 수 있는 능력이 아닌, 타자에 의해 제기된 타당성 주장을 이해할 수 있는 능력에서 찾는다. 하버마스에게 영점(Zero Point)은 주관의 신체가 아니라 특정한 담화 상황이다.[71] 그리고 후설의 타인 경험 모델에서의 물리적 공간은 사회적 공간으로 대체된다. 하버마스에게 상호주관성은 사회적 공간의 수준에서 확립된 상호주관성을 의미하며, 이러한 사회적 공간은 경쟁하는 타당성 주장의 공간이다. 여기서 주체들 사이의 의미 있는 충돌의 가능성이 발생한다. 그리고 이러한 종류의 사회적 상호작용은 타자의 공간적 관점을 실제로 점유할 가능성과는 아무런 상관이 없다. 그것은 오히려 인지적, 언어적 능력의 소유와 관계한다. 즉 타당성 주장과 관련하여 찬성이나 반대의 입장을 취하기 위해 요구되고, 발언을 이해하기 위해 요구되는 그러한 언어적 능력과 관계하는 것이다. 그래서 하버마스는 의사소통되고 다른 주체에 의해 공유되는 의미에 대한 개념이 없이는 엄밀한 의미에서 상호주관적으로 공동화되는 경험은 생각될 수 없다고 말한다. 상호주관성은 의사소통에 의존하고 의사소통은 언어의 구조와 언어 사용에 의존하며, 이러한 언어 구조, 언어 사용은 유아론적 주체의 창조물이 아니기 때문에 하버마스는 의사소통의 화용론뿐 아니라 기호적 질서를 설명해야 한다고 말하면서 비트겐슈타인의 규칙 따르기 모델을 끌어들인다. 이러한 언어적 규칙은 사적인 의식과 같은 개념을 피해 가는 것이므로 결국 하버마스는 우리가 자아론적 출발을 취하는 것을 포기해야 하며, 우리는 주체들 사이의 의사소통적 관계를 최

---

[71] J. Habermas, *On the Pragmatics of Communication*, Cambridge, MA:MIT Press, 1998, p.244

초의 것으로 취해야 한다고 주장하기에 이른다.[72] 언어적으로 매개되지 않은 상호주관성은 진정한 상호주관성이 아니라는 것이다.

이뿐 아니라 「5성찰」에 대한 하버마스의 또 다른 주요한 비판으로 상호주관성의 문제에 대한 후설의 자아론적 출발은 나와 타자와의 대칭적 관계를 설명하지 못하고, 초월론적 자아를 언제나 우선적이고 특권적인 지위에 남겨둔다는 비판이 있다. 하버마스에 따르면 후설의 타인 경험이론에서는 타자가, 내가 나의 지향적 대상으로서 타자들에게 갖는 관계와 동일한 관계를 나에 대해 가질 가능성이 원리적으로 배제된다.[73] 그래서 현상학적 태도에서는 언제나 나와 타자 사이의 관계는 비대칭적 관계이다. 하버마스는 후설이 데카르트주의적인 편견 때문에 자아와 타자를 비대칭적 관계로 남겨둠으로써 자아와 타자 사이의 올바른 관계를 파악하지 못한다고 비판한다. 하버마스에 따르면 타자에 대한 자아의 우선성은 자아와 타자의 참다운 관계를 반영하고 있지 못한다. 하버마스에 따르면 자아가 타자나 사회에 선행하는 것이 아니라 언제나 타자 혹은 사회가 자아에 선행한다.

---

[72] "따라서 주객 관계에 초점을 맞춘 의식 철학의 지향성 이론은 상호주관적 이해와 의사소통의 패러다임으로 대체되어야 한다. 상호주관성은 기호적으로 규제되는 상호작용의 문법적 규칙들, 그리고 의사소통의 과정과 함께 주어진다." J. Habermas, *Zur Logik der Sozialwissenschaften*, Frankfurt am Main: Suhrkamp,1985, p.401

[73] "자신의 주관성의 고독한 반성에서 시작하는 의식철학의 근본적인 방법론적 요구는, 원리적으로 나를 통해 그리고 나에 대해 구성되는 타자가 동시에, 내가 나의 지향적 대상으로서의 그들을 향하는 것처럼 나에게로 향하는 동일한 관계로 들어올 수 있다는 가능성을 배제한다. 오히려 나는 방법론적으로 정초하는 원초적 자아로서, 나의 세계의 상호주관성을 보증하는 다른 자아들에 대하여 나의 탁월함을 단언하도록 강요받는다." J. Habermas, *Vorstudien und Ergänzungen zur Theorie des kommunikativen Handelns*, Frankfurt am Main: Suhrkamp,1984, p.58

그러나 먼저, 상호주관성의 문제에 대한 자아론적 출발을 부정하고, 상호주관성의 문제를 오로지 언어적 의사소통을 통해서만 근거 지우려는 하버마스의 시도는 옳지 않다. 하버마스는 모든 상호주관적 공동화의 경험을 언어적인 것으로 간주하며, 선 언어적인 상호주관적 경험, 다시 말해 선 언어적인 상호주관적 명증을 부정하는데, 우리는 선 술어적인 지각 경험의 차원에서의 상호주관성의 문제와 술어적 담화 상황의 차원에서의 상호주관성의 문제를 구분하여야 한다. 하버마스는 우리의 주관적 경험이 가능한 것도 그 전에 우리가 언어 사용 규칙을 알고 있기 때문이라고 말하지만 언어 사용 규칙의 지배를 받지 않는 동물의 경험 예를 생각하면 언어 규칙이 먼저가 아니라 주관적 지각 경험이 먼저임이 분명해진다. 언어 규칙을 배우지 않은 동물들도 범주적 사고를 하고, 주어진 감각자료를 넘어서 의미 부여를 하는 초월론적 구성의 주체이다. 그뿐 아니라 동물의 세계를 관찰해 보면, 언어를 갖지 않은 동물들에도 선 언어적 차원에서의 상호주관적 경험이 존재함을 알 수 있다. 일반적으로 정상성의 범주에 속하는 성인 인간으로서의 초월론적 주관의 의미 부여작용에는 언제나 언어와 문화가 전제되고, 언어와 문화가 의미 부여를 위한 발생적 가능 조건이 되지만, 언어가 없는 동물의 의미부여 작용에도 언어와 문화가 전제된다고 말하는 것은 어불성설일 것이다. 언어와 문화가 없이도, 동물은 자신의 세계 내부에서 주어진 감각 자료를 초월하여 무언가를 '먹이'로, 무언가를 '장난감'으로 의미 부여한다.

그뿐 아니라 언어를 가진 인간에게조차도 모든 의사소통 이전에 신체를 매개로 한 지각 경험이 먼저 전제되어야 한다. 의사소통을 하기 위해서는 언어를 알아듣기 위해 소리를 들어야 하고 활자를 보아야 한다. 이것은 신체를 통해 가능하므로 언어적 의사소통은 언제나 신체를 전제한다. 결국 우리가 타자와 만나고 교섭하는 것, 그리고 세계를 향해 열려 있는 것은 오직 신체의 개방성을 통해서만 가능하며, 그런 의미에서 상호주관성의 문제에 있어서 더 우선적이고 근본적인 것은 언어적 의사소통이 아니라 신체이며 신체의 현상학인 것이다. 아기의 최초 의사소통 또한 전수된 언어적 규칙에 의한 것이 아니라 자극과 반응이라는 신체적 접촉을 통한 의사소통이다. 그러므로 우리는 여전히 신체를 매개로 하는 타인 경험 이론이 필요하며, 상호주관적, 의사소통적 출발이 아니라 자아론적 출발을 필요로 한다.[74]

다음으로 타자에 대한 자아의 우선성을 비판하고, 언제나 타자

---

[74] Russell은 진정한 상호주관성의 토대는 언어적으로 매개된 주관성이라는 하버마스의 입장에 동의하면서도, 하버마스의 의사소통 이론에 전제된 규범적 의미 공간의 발생을 추적하기 위해서는 신체를 매개로 한 선 언어적 차원의 공간적 관점 모델의 현상학적 전통으로 돌아가야 한다고 이야기한다. 왜냐하면 최초의 의미 작용은 선 언어적 차원의 몸짓인데, 이러한 몸짓을 통한 의미의 교환은 공간적 관점 속에서의 자신의 신체에 대한 객관화와 타인의 신체에 대한 지각을 전제하기 때문이다. 그리고 주체는 닫힌 주관성이 아니기 때문에 주체 철학은 하버마스의 의사소통 이론과 배치되는 것이 아니라 자신의 신체의 현상학을 통해 하버마스 이론에 전제된 의미 기호의 발생 해명에 기여함으로써 오히려 하버마스의 의사소통 이론을 보충해줄 수 있다고 말한다. M. Russell, "On Habermas's Critique of Husserl", *Husserl Studies* 27, 2011, 참조. 필자는 이렇게 하버마스의 의사소통 이론과 현상학적 전통의 분석이 상호보완적인 관계로 서로를 보충해줘야 한다는 러셀의 주장과 의견을 같이한다. 그러나 러셀은 세계가 초월론적 주관성의 산물이 아니라 언어와 문화에 뿌리박은 의미 체계로 이해되어야 한다는 통찰이 초월론적 자아의 우선성을 강조하는 후설 현상학의 주춧돌을 흔들리게 한다고 주장할 뿐 아니라, 자아의 우선성이 포기되지 않는 후설의 상호주관성의 현상학을 실패한 것으로 간주하는데, 필자는 상호주관성의 문제에 있어서 자아의 우선성이 갖는 정적 현상학적 의미를 포기하지 않고 적극적으로 인정한다는 점에서 러셀과는 입장을 달리한다.

혹은 사회가 자아에 선행한다는 하버마스의 주장도 옳지 않다. 우리는 상호주관성이라는 주제를 다양한 관점에서 고찰하고 분석해볼 수 있는데, 그러한 대표적인 관점들로 정적 현상학적 관점과 발생적 현상학적 관점을 구분해볼 수 있다. 후설의 초월론적 현상학은 그 주도적 이념과 관심 방향에 따라 정적 현상학과 발생적 현상학으로 나뉘는데, 정적 현상학은 사태의 타당성의 근원과 사태 간의 타당성 정초 관계의 탐구를 주도적 관심으로 하고, 발생적 현상학은 사태의 발생 근원과 사태 간의 발생적 정초 관계의 탐구를 주도적 관심으로 한다. 이렇게 두 가지 관점으로 나누어 상호주관성의 문제를 고찰해볼 때, 물론 발생적 현상학적 관점에서는 자아가 타자 혹은 사회에 선행하기도 하고 타자 혹은 사회가 자아에 선행하기도 한다. 발생적 관점에서 자아는 이미 탄생 시점부터 상호주관성 속에 발을 들여놓은 채 태어나며, 자아의 주관적 의식 체험들은 상호주관적으로 습득된 언어와 문화, 습성(Habitualität)[75] 체계들을 토대로 형성된다는 점에서 발생적 관점에서는 대개 타자, 그

---

[75] 습성(Habitualität)은 현상학의 주요 용어 중의 하나이다. 일상적으로 습성은 우리의 심리적 삶에서 동일하거나 유사한 행위를 다시 하려는 경향성, 즉 기질이나 성향 등을 의미한다. 이는 동일한 행위의 반복을 통해 형성되는데, 자연주의적 태도에서 습성은 자기의식이 결여된 자동적 메커니즘을 통해 일어나는 것으로 파악된다. 그러나 후설은 인격주의적 태도에서의 습성 개념과 더불어 초월론적 태도에서의 습성 개념을 발전시켰다. 인격주의적 태도에서의 습성은 지향적 동기 연관으로 파악되는 심리적 체험 연관 속에서 귀납적 규칙성을 띠는 기질이나 성향을 일컫는다. 그러나 초월론적 태도에서 습성은 초월론적 발생의 산물이면서 그것 자체가 또다시 새로운 지향적 체험의 초월론적 발생을 동기 짓는 구성적 역할을 갖는다. 초월론적 태도에서의 습성은 초월론적 자아의 인격적 존재 방식인 것이다. 이것은 의식 체험의 근원설립(Urstiftung), 침전(Sedimentierung), 반복(Wiederholung)의 과정을 통해 형성된다. 즉 습성은 최초에 설립한 행위가 반복되고 침전됨으로써 형성되는 것이다. 김기복, 『습성의 현상학』, 서울대학교 박사학위 논문, 2013 참조.

리고 상호주관성이 자아에 우선한다. 하지만 상호주관성의 근원 설립의 상황에서는 발생적 관점에서도 자아가 타자에 우선할 수 있다. 가령 최초의 단체, 혹은 사회의 발생적 토대는 그 사회를 구성하는 개별적 자아 주체들의 연대인 것이다.

그뿐만 아니라 정적 현상학적 관점에서 자아는 타자에 대해 절대적으로 우위에 있다. 즉 타당성 정초 관계라는 관점에서 볼 때, 자아는 가장 근원적인 개념이고 타자 및 사회는 파생적인 개념이다. 타자의 의식 체험은 현전의 양상으로 파악될 수 없고, 언제나 타자의 신체나 언어를 매개로 하여 파생 현전 될 뿐인 데 반해, 자아에 대한 반성적 인식은 의식 체험과 의식 대상이 자아의 의식 흐름 속에서 무매개적 통일을 이루어 현전의 양상으로 주어진다는 점에서 어떤 유형의 명증보다 고차적인 명증이며, 제일의 명증이기 때문이다.[76] 후설의 「5성찰」에서의 타인 경험 이론은 타당성의 관점에서 우리가 나에게 주어지는 타자에 대해 타자라는 의미를 부여하는 것이 어떻게 정당화될 수 있는가를 문제시하는 정적 현상학적 관점의 분석으로서 이러한 정적 관점, 즉 타당성의 관점에서는 언제나 자아가 우선시될 수밖에 없다. 그러므로 「5성찰」에 나타난 자아의 우선성에 대한 하버마스의 비판은, 정적 현상학과 발생적 현상학이 구분되며 이 분석에서 후설의 주요한 관심은 타당성의 문제였음을 간과했기에 가능했던 것이다. 게다가 발생적 관점에서도 상호주관적 경험의 근원 설립의 상황에서는 타자나 사회가 자아에 우선하는 것이 아니라 자아 주체들이 사회에 우선할 수 있다는 점을 고려해

---

[76] 이남인, 『후설의 현상학과 현대철학』, 풀빛미디어, 2006, p.99 참조.

볼 때 언제나 사회가 자아에 우선한다는 하버마스의 주장은 결코 타당한 주장이라고 말할 수 없다.

물론 하버마스가 잘 지적하고 있듯이, 선 언어적 차원에서도 자아는 사적인 것이 아니라 상호주관적인 존재이며, 공적인 존재이다. 그러나 오히려 그렇기 때문에 주체 철학의 패러다임 내에서도 상호주관성에 대한 이론이 가능한 것이다. 초월론적 자아의 내재, 의식 체험의 흐름조차 타자에 대한 지향이 녹아 있는 상호주관적 내재, 상호주관적 의식 체험임을 알게 될 때[77] 우리는 주체 철학의 내부에서 초월론적 자아의 철저한 분석은 결국에는 타자, 그리고 상호주관성을 지시하게 됨을 알게 된다. 그러나 철학적으로 반성하는 자로서 우리는 자아론적 출발 속에서만 철학적 엄밀함의 명증성 속에서 상호주관성의 문제에 접근할 수 있다. 상호주관성을 독단적으로 전제하고 들어가는 하버마스의 분석은 그러므로 엄밀학을 추구하는 현상학의 정신에 부합하지 않는다고 말할 수 있을 것이다.

## 3. 레비나스

레비나스는 후설의 타인 경험 이론은 타자의 타자성, 타자에 대한 책임의 문제를 올바로 분석할 수 없다고 비판한다.[78] 레비나스는

---

[77] 초월론적 자아의 순수 내재와 의식 체험 흐름은 상호주관적 환원을 통해 상호주관적 순수 내재, 상호주관적 의식 체험 흐름으로 드러나게 된다. 상호주관적 환원은 3부 1장에서 본격적으로 다루게 될 것이다.

[78] 후설에 대한 레비나스의 비판과 이에 대한 반박은 이남인, 「상호주관성의 현상학-후설과 레비나스」, 『철학과 현상학 연구』, 제18집, 2001. 참조.

후설의 분석이 표상적 지향성[79]에 대한 분석에 머물러 있기 때문에 타자를 동일자로 환원시킨다고 비판하는데, 레비나스에 따르면 참다운 의미의 타자는 자아로 환원되지 않는 절대적 타자다. 그래서 동일성을 지닌 자아의 영역으로 흡수되어 자신의 절대적 타자성을 상실한 타자와 자아의 관계는 엄밀한 의미에서 타자와의 참된 관계가 아니다. 레비나스는 이러한 관계가 지배하는 영역을 전체성의 영역이라고 부르고 타자와의 참다운 윤리적 관계가 가능한 영역은 이러한 전체성의 영역이 아니라 참다운 의미의 초월자로서의 절대적 타자를 가능하게 하는 무한의 영역이라고 말한다.

레비나스에 따르면 후설은 타자를 인식 주관의 통제 속에 놓이는 한갓 지향적 대상인 노에마로 환원시키고, 타자를 필증적 명증의 양상에서 자아에 의해 구성되고 인식되는 것으로 간주한다. 즉 후설은 「5성찰」에서 유비적 타인 경험 이론을 통해 타인을 진정한 타인으로 파악하는 것이 아니라 내가 마음대로 처분할 수 있는 대상, 객체로 다루며, 절대적 타자로서의 타인이 아니라 단순한 나의 복사물로 취급한다는 것이다. 그래서 후설의 현상학에서는 참다운 상호주관적 관계가 존재할 수 없다. 후설의 초월론적 주관은 다른 주관과는 단절되고 고립된 유아론적 주관으로 남을 수밖에 없다는 것이다.

---

[79] 레비나스에 따르면 표상적 지향성의 기능인 구성작용은 "그를 통해 외적 존재로서 대상이 가지고 있는 저항이 대상 안에서 사라지는바 사유하는 자아에 의한 사유 대상에 대한 제압"(E. Lévinas, *Totalité et Infini: essai sur l'extériorité*, The Hague: Martinus Nijhoff, 1961, p.129)을 의미한다. 이러한 점에서 구성 작용은 자아의 내부에서 수행되는 외적 유희에 불과하고 주체의 마음대로 대상을 만들어내는 "관념론적 창조"(Lévinas(1961), p.132)에 불과하다. (이남인, 「후설의 초월론적 현상학과 레비나스의 타자의 현상학」, 『철학과 현상학 연구』, 28집, 2006에서 재인용)

그러나 이남인은 이러한 레비나스의 분석이 상호주관성과 관련한 다양한 문제를 구분하지 못한 데서 연유한 잘못된 분석이라고 반박한다.[80] 상호주관성과 관련하여 우리는 다양한 문제들을 구분해볼 수 있는데, 상호주관성과 관련한 문제에는 타자의 소여방식의 본질 구조를 밝히는 존재론적 문제[81]가 있는가 하면, 타자 경험의 가능 조건을 분석하는 초월론적 문제가 있다. 그런데 「5성찰」은 타인 경험에 대한 초월론적 현상학이지 존재론적 현상학이 아니다. 즉 타인이 사물처럼 주어지느냐 어떠냐는 존재론적 현상학의 문제이지만, 「5성찰」에서 후설의 관심은 가장 단순한 형태의 타인 경험, 즉 언어적 의사소통 없이 신체만을 매개로 주어지는 타인 경험이 우리에게 가능한 근거가 무엇인가를 보이는 초월론적 현상학적 분석이었다는 것이다.

이남인이 지적한 바와 같인 타인이 절대적 타자로 주어지느냐 절대적 타자성을 상실한 상태로 주어지느냐 등의 문제는 존재론적 현상학의 관심사이지 초월론적 현상학의 관심사가 아니다. 따라서 레비나스의 비판은 적절한 비판이라고 할 수 없다. 타인 경험의 존재론적 현상학에서 타인은 매우 다양한 방식으로 경험될 수 있음을 알 수 있지만, 초월론적 현상학은 타인이 경험되는 방식에 관해서는 중립적이다. 결국 「5성찰」에 대한 레비나스의 비판은 상호주관성과 관련한 다양한 문제를 구별하지 않아서 생긴 오해에 불과한 것이다.

---

[80] 이남인, 「후설의 초월론적 현상학과 레비나스의 타자의 현상학」, 『철학과 현상학 연구』, 28집, 2006 참조.
[81] 이러한 문제를 해명하는 일은 현상학적 심리학의 과제이다.

그뿐만 아니라 후설이 타자를 동일자로 환원시켰다는 레비나스의 비판도 후설의 텍스트를 꼼꼼하게 해석하지 못한 오해에 불과하다. 후설에 의하면 타인 경험은 현전화 작용인데, 이것은 외부 사물이 현전화 작용 속에서 주어지는 것과는 차이가 있다. 외부 사물은 아무리 기억이나 예상 등 현전화 작용 속에 주어지더라도 원칙적으로 현전 작용 속에서 주어질 수가 있다. 그러나 타인의 심리 상태는 결코 현전 작용 속에서 주어질 수 없다. 오직 신체나 언어적 의사소통을 매개로 하여 현전화작용 속에서만 주어질 수 있는 것이다. 타인의 심리 상태가 원칙적으로 현전 작용 속에서 주어질 수 없다는 것은 후설에게서 타인은 결코 자아로 흡수될 수 없는 초월자임을 잘 보여준다. 그럼에도 불구하고 후설이 「5성찰」에서 상호주관성의 문제를 해명하기 위해 자아에 우선성을 두는 자아론적 출발을 취하는 이유는 모든 타당성 주장의 정당화는 반성적 자기의식에 호소해야 한다는 정적 현상학적 이념 때문이다. 레비나스의 비판은 결국 「5성찰」을 주도하고 있던 이러한 후설의 관심을 제대로 이해하지 못했기 때문에 생겨난 잘못된 비판이라고 할 수 있다.


## 4. 토이니센

토이니센은 후설의 상호주관성의 현상학은 나와 사물로서의 타자와의 관계인, '나'와 '그것'의 관계를 다룰 수 있을 뿐, 나와 인격적 타자와의 관계인, '나'와 '너'의 관계는 다룰 수 없다고 비판한다.[82] 토이니센에 따르면 후설은 초월론적 주관성의 절대성을 비사회성을 의미하는 절대성으로 규정하기 때문에 그의 상호주관성의 현상학은 성공적일 수 없다. 즉 후설의 초월론적 주관성의 절대성은 고독 속에 존재하고, 공동체에 대한 갈망으로부터 자유롭다는 것이다. 이렇듯 후설의 현상학은 자아를 고독한 존재로 규정하고 사회에 대한 어떠한 갈망도 없는 존재로 규정하기 때문에 그의 현상학은 유아론의 운명을 피할 수 없다.

그러나 이남인이 지적한 바와 같이[83], 후설의 상호주관성의 현상학이 오직 '그것'의 영역만 다룰 수 있고 '너'의 영역은 다룰 수 없다는 토이니센의 비판 역시 상호주관성과 관련된 다양한 문제가 있다는 것을 간과한 데서 연유한 잘못된 비판이다. 토이니센의 비판은 레비나스와 마찬가지로 상호주관성과 관련한 존재론적 문제와 초월론적 현상학적 문제를 혼동해서 생긴 결과로서, 상호주관성과 관련한 존재론적 현상학에서는 '너'로서의 타자뿐만 아니라 '그것'으로서의 타자 또한 자연적 태도 속에서 우리에게 주어질 수 있다. 상호주관성의 존재론적 현상학에서 타자는 나에게 다양한 방식으로 주어질 수 있음이 밝혀질 수 있으며, 상호주관성의 존재론적 현상학은 '너'로서의 타자의 본질 구조뿐 아니라 '그것'으로서의 타자의 본질 구조 또한 해명해야 하는 것이다.

이러한 상호주관성의 존재론적 현상학과는 달리 상호주관성의 초월론적 현상학에서는 타자 구성의 가능 조건의 문제를 다루어야 한다. 우리는 상호주관성의 존재론적 현상학의 결과로서 타자의 소여

---

[82] 후설에 대한 토이니센의 비판과 이에 대한 반박은 Nam-In Lee, "Problems of Intersubjectivity in Husserl and Buber". *Husserl Studies* 22, 2006. 참조.
[83] Nam-In Lee, 위의 논문.

의 본질 구조를 실마리 삼아서 타자에 대한 초월론적 현상학을 전개해 나갈 수 있는데, 후설이 「5성찰」에서 전개한 타인 경험 이론은 특정한 방식으로 주어지는 타인 경험을 실마리로 하여 타자 구성의 가능 근거를 묻는 초월론적 현상학이었다. 이러한 분석에서 우리는 타자가 어떻게 구성되는지를 보이기 위해 먼저 타자를 나의 의식 영역 내에서 배제하고 판단 중지해야 한다. 그리고 나의 의식 영역 내에서 타자를 가정적으로 배제했음에도 불구하고 나의 고유한 의식 영역에서 타자라는 의미가 어떻게 구성되는지를 보여야 한다. 이것이 후설이 「5성찰」에서 단행한 원초적 환원의 철학적 의미다. 결국 후설에 대한 토이니센의 비판 역시 「5성찰」의 고유한 과제와 목표를 혼동했기 때문에 발생한 잘못된 비판이었음을 알 수 있다.

## 5. 레인에르트

후설의 「5성찰」에 대한 여타의 비판 들 중 레인에르트의 비판이 있다.[84] 여기서 레인에르트는 「5성찰」의 분석이 나의 신체와 타인의 신체를 물리적 사물로 간주하는 것에서 출발하는 자연주의적 태도에 기반하고 있다고 말한다. 그리고 나의 신체와 타자의 신체의 유사성에 대한 인지로부터 나와 같은 심리-물리적 존재로서의 타자를 유추하는 것은 선결문제 요구의 오류를 범하고 있다고 비판한다. 왜냐하면 이러한 유사성의 전제는 나의 신체를 객관화할 것을

---

[84] Peter Reynaert, "Intersubjectivity and Naturalism-Husserl's Fifth Cartesian Meditation Revisited", *Husserl Studies* 17, 2001.

요구하는데, 나는 결코 원초적 영역 속에서 공간적 관점을 바꿔 (여기에서 저기로) 나의 신체를 객관화할 수 없으며, 만약 나의 신체에 대한 객관화가 일어났다면 이는 이미 상호주관성을 전제하는 것일 것이기 때문이라는 것이다. 그리고 원초적 영역 속에서 나는 결코 나의 신체를 물리적 신체로 경험하지 않기 때문에 유사성에 의한 이러한 짝짓기는 불가능하다고 말한다. 그래서 레인에르트는 타자에 대한 원본적 경험에서 보다 근본적인 역할을 하는 것은 이러한 자연주의적 태도가 아니라 인격적 태도에 기초하여 표현적 통일체로 타자를 경험하는 것이라고 이야기한다. 타자의 의식은 타자의 신체적 행동을 통해 표현적으로 통각되며, 이러한 표현적 통일체로서의 타자 경험이 물리적 신체로 타자 신체를 지각하는 것보다 우선적이며 근원적이라는 것이다.

그러나 먼저 「5성찰」이 자연주의적 태도에 기반하고 있다는 레인에르트의 분석은 문제가 있다. 왜냐하면 「5성찰」에 나타난 원초적 환원은 초월론적 환원에 후속하는 제2의 환원으로서 이미 초월론적 태도 속에서 전개되는 환원이기 때문이다. 그리고 자아론적 관점 속의 원초적 영역 속에서 결코 내가 나의 신체를 객관화할 수 없으며, 신체에 대한 객관화는 언제나 상호주관성을 전제한다는 분석도 틀렸다. 나는 내 신체가 저기 있다는 것을 가정하지 않고, 언제나 여기에 머물러 있으면서도 그리고 타자를 전제하지 않고서도 나의 신체를 객관화할 수 있다. 이것은 타자의 존재에 대한 가정에서 비롯되는 것이 아니라 나의 신체가 갖는 이중적 성격 때문이다. 나의 왼손이 나의 오른손을 만질 때 나의 오른손은 객관화된 신체일 수 있다. 그러므로 원초적 영역 내부에서 나는 얼마든지 나의 신체를 객관화할 수 있다.

또한 표현적 통일체로서의 타자 경험은 레인에르트가 후설 텍스트에서 발굴한 중요한 개념이지만, 이것이 「5성찰」의 분석을 무효화하는 것은 아니다. 왜냐하면 우리는 인격주의적 태도에서 표현적 통일체로 타자를 경험하기는 하지만 정적 현상학적 관점에서 이러한 표현적 통일체로서의 타자 경험이 우선하고 근원적인 것은 아니기 때문이다. 발생적 현상학이 발생적 근원과 발생적 정초관계의 해명을 목표로 하는 현상학인 데 반해, 정적 현상학은 타당성의 근원과 타당성 정초 관계의 해명을 목표로 한다. 타자 경험과 관련한 정적 현상학의 관심은 타자 경험이 실제로 어떤 양상으로 주어지는가를 해명하고자 하는 것이 아니라 우리가 타자를 타자로서 경험하는 것을 엄밀한 반성을 통한 근원적 명증 속에서 인식적으로 어떻게 정당화할 수 있는지를 해명하고자 하는 것이다. 발생적 관점에서 우리가 타자를 우선적으로 표현적 통일체로 경험한다고 해도 타자를 타자로서 경험하는 것을 정당화하기 위해서는 먼저 타자에 대한 모든 지향을 배제한 연후에, 그럼에도 불구하고 어떻게 내가 타자의 존재와 타자에 대한 경험을 구성해낼 수 있는지 해명해낼 수 있어야 한다. 그런데 이렇게 타자에 대한 지향성을 배제한 상태에서 타자 경험을 정당화해야만 하는 인식론적 관점에서 우리에게 먼저 주어지는 것은 물리적 사물로서의 타자의 신체일 수밖에 없다. 레인에르트 역시 상호주관성과 관련한 여러 가지 문제, 그리고 타당성 정초 관계를 해명하고자 하는 정적 현상학적 관심과 발생적 정초 관계를 해명하고자 하는 발생적 현상학적 관점의 차이를 혼동함으로써 「5성찰」에 대한 잘못된 비판을 전개했던 것이다.

# 5장. 초월론적 현상학과 상호주관성의 현상학의 관계

2부에서 지금까지 우리는 초월론적 현상학에 대한 오해를 바로 잡고, 상호주관성을 독단적으로 전제하지 않기 위하여 인식론적 관점에서 원초적 환원이 정당하게 요청되었음을 살펴보았다. 그리고 후설의 초월론적 현상학의 테두리 내에서 상호주관적 공동 경험의 가능 근거가 설명될 수 있으며, 「5성찰」에 대한 다양한 비판들은 주로 상호주관성과 관련한 다양한 문제들, 즉 상호주관성과 관련한 존재론적 문제와 초월론적 문제, 그리고 초월론적 현상학적 문제 중에서도 정적 현상학적 문제와 발생적 현상학적 문제를 구분하지 못했기 때문에 발생한 것임을 알게 되었다. 지금까지의 고찰은 초월론적 현상학과 상호주관성의 현상학이 양립 불가능하거나 서로 배척하는 관계에 있는 것이 아니라 밀접한 관계 속에서 서로가 서로를 요청하는 관계에 있음을 암시한다.

그렇다면 먼저, 초월론적 현상학은 왜 상호주관성의 현상학을 요청하게 되는 것일까? 초월론적 현상학은 대상 구성의 가능 근거, 즉 초월의 가능 근거를 탐구하는 현상학이다. 여기서 카가 제시하고 허치슨이 인용한 바 있는 '초월(Transzendenz)'의 두 가지 의미를 살펴보자.[85] 카에 따르면 가령 책상이 나를 초월하여 있다는 말은 두 가지 의미를 지닌다. 먼저 책상은 나의 현실적 가능적 작용들의 변화에도 자기 동일성을 유지하며, 내가 테이블 주위를 움직여

---

[85] David Carr, *Phenomenology and the Problem of History: A Study of Husserl's Transcendental Philosophy*, Northwestern University Press, 1974, p.97; Peter Hutcheson, "Solipsistic and Intersubjective Phenomenology", *Human studies* 4, 1981 참조.

도 동일한 책상이라는 점에서 나의 의식을 초월한다. 둘째, 책상은 그것의 아랫면이 내가 윗면을 보는 동안 동시에 보일 수 없을 것이라는 점에서 초월적이다. 나는 윗면을 보면서 동시에 아랫면을 볼 수 없고 오직 다른 주체만이 내가 윗면을 보는 동안 아랫면을 볼 수 있다. 그래서 카와 허치슨은 초월은 첫째, 나의 현실적 의식 작용으로 환원 불가능함을 의미하고 둘째, 나의 가능적 의식으로도 환원 불가능함을 의미한다고 이야기한다.

그런데 여기서 두 번째 의미의 초월은 명백히 다른 주체라는 의미를 요청한다. 언제나 지각적 대상을 자신의 관점적 한계 속에서 지각하는 주체는 이렇듯 대상 구성에서 가능적 작용으로 도달할 수 없는 관점 속에 암묵적으로 타자를 위치 지우는 것이다. 이러한 의미에서 먼저 대상 구성은 타자를 요청한다고 할 수 있으며, 대상 구성의 가능 근거를 탐구하는 초월론적 현상학은 상호주관성의 현상학을 요청한다고 할 수 있다.

그러나 첫 번째 초월의 의미와 관련해서도 대상 구성은 이미 타자, 언어, 문화 그리고 사회를 전제한다. 내가 나에게 주어진 감각 소여를 넘어서서 그것을 하나의 의미를 지닌 지향적 대상으로 파악해내는 것이 가능한 것은 우리가 상호주관적 언어 규칙을 알고 문화적 규범을 알기 때문이다. 그래서 우리의 사적인 의미 구성에서조차 모든 초월 작용은 이미 상호주관성을 전제한다. 그러므로 우리가 초월론적 현상학을 철저하게 전개해 나가게 되면 우리는 필연적으로 상호주관성의 문제에 직면하게 되고, 상호주관적 현상학을 요청하게 되는 것이다.

그렇다면 한편, 상호주관성의 현상학은 왜 초월론적 현상학을 요청하는가? 왜 상호주관성의 분석은 타자에서 시작하지 않고 자아론적 출발을 가져야 하는가? 그것은 우리가 상호주관성을 그저 독단적으로 전제해서는 안 되고, 상호주관성을 명증의 이념에 근거하여 엄밀한 철학적 반성 속에서 해명해 나가야 하기 때문이다. 현상학은 상호주관성의 존재론적 현상학에 만족해서는 안 된다. 근원과 토대를 묻는 철학적 작업으로서 그러한 상호주관성이 어떻게 가능한지 그 가능 조건이 탐구되어야 한다. 결국 상호주관성의 현상학 또한 그러한 상호주관성이 주관에 의하여 어떻게 구성되는지에 대한 해명을 필요로 하므로 초월론적 현상학을 요청하게 되는 것이다. 이상의 논의에서 살펴본 바에 따라 우리는 초월론적 현상학과 상호주관성의 현상학은 결코 양립 불가능한 것이 아니라 서로가 서로를 요청하는 불가분의 관계에 있음을 잘 알 수 있다.

EDMUND HUSSERL &

DIE WAHRHEIT

2부에서 우리는 타자가 나에게 존재한다는 것과 타자와의 상호
주관적 경험이 나에게 가능하다는 사실이 후설의 초월론적 현상학
의 테두리 내에서 어떻게 입증될 수 있는지를 살펴보았다. 지금까
지 살펴본 것이 나에 대해 타자와 상호주관적 경험이 존재함을 입
증하는 문제에 해당하는 것이라면, 이제 우리는 여기에 만족하지
않고 그러한 상호주관적 경험의 내용적 측면, 즉 상호주관적 경험
이 구체적으로 무엇을 의미하며 우리에게 어떻게 존재하는지, 그리
고 그러한 상호주관적 경험의 가능 근거들은 무엇인지를 살펴보아
야 한다. 그런데 우리가 1부에서 살펴보았듯이, 이러한 상호주관적
경험은 곧 상호주관적 명증을 뜻하기 때문에[86] 이러한 작업은 상호
주관적 명증의 의미와 존재 방식, 가능 근거들을 묻는 상호주관적
명증의 현상학적 분석에 해당한다.

앞서 우리는 후설의 명증 개념은 상호주관적 명증이라는 개념과
조화롭게 양립 가능하며, 초월론적 현상학이 필연적으로 상호주관

---

[86] 명증은 직관적 진리 경험이므로 더 엄밀히 말하면 상호주관적 명증은 곧 상호주관적
인 직관적 진리 경험을 뜻한다.

성의 현상학을 요청하듯이, 후설 현상학의 이념을 실현하기 위해서는, 후설의 명증 개념도 상호주관적 명증이라는 개념으로 확장되어야 함을 살펴보았다. 이렇듯 상호주관적 명증은 엄밀한 학문, 즉 사태에 적합하게 객관적으로 타당한 학문이 성립할 수 있기 위한 핵심적인 개념이다.[87] 그러나 후설은 그의 저작 어디에서도 상호주관적 명증이라는 개념을 체계적으로 분석하지 않았다. 다만 우리는 후설의 저작 곳곳에서 상호주관적 명증의 개념이 무엇인지를 암시하는 구절들을 발견할 수 있을 뿐이다. 이에 이러한 구절들을 단서로 하고, 후설 현상학의 근본 개념들을 도구로 하여 이 장에서는 상호주관적 명증의 현상학이 구체적으로 어떠한 모습으로 전개될 수 있는지 대략적인 윤곽을 그려볼 것이다.

우리가 이러한 작업을 하는 이유는 학문적 진리로서의 객관적 진리가 성취되는 구조를 이해하기 위해서는 개별적인 의식 주체와 관련하여 분석된 명증 이론에만 머물러서는 안 되고, 다수의 주체 간의 주관적 명증 간의 일치로서의 다양한 상호주관적 명증이 어떠한 본질 구조 속에서 주어지고, 또 어떠한 가능 조건들을 토대로 구성되는지가 해명되어야 하기 때문이다. 상호주관적 명증의 현상학이 수행해나갈 이러한 작업은 모든 학문적 인식의 발생과 타당성의 토대를 묻는 작업으로서 학문적 인식과 관련한 인식 정당화의 원천을 밝혀내기 위해 필수적으로 요청되는 작업이다.

그러나 모든 학문적 인식의 뿌리는 선 학문적 생활 세계에 있으

---

[87] 이러한 학문적 인식뿐 아니라 생활 세계적인 인식적 삶에서도 상호주관적 명증은 핵심적인 역할을 담당한다. 상호주관적 명증은 타인들과 더불어 살아가는 생활 세계적 삶을 지탱시켜주는 핵심적인 인식적 원리로서 우리들의 사회적 삶의 근본적 가능 조건이라고도 말할 수도 있을 것이다.

므로 우리는 선 학문적 생활 세계 내에서 주어지는 상호주관적 명증의 구조에서 시작해야 한다. 또한, 우리는 학문적 인식의 전제로서 언어적 의사소통을 통한 상호주관적 명증을 분석하기 이전에 우선 언어적 의미의 발생 근원으로서의 선 언어적 상호주관적 명증을 분석할 수 있어야 한다. 그래서 상호주관적 명증의 현상학은 선 언어적 상호주관적 명증, 선 학문적 언어적 상호주관적 명증, 학문적 언어적 상호주관적 명증의 본질 구조와 가능 조건 모두를 해명해야 할 과제를 갖는다.

그런데 이러한 과제를 수행하기 위해서는 먼저 상호주관적 명증의 현상이 우리의 인식에 현상학적 분석의 대상으로 주어질 수 있어야 한다. 그래서 우리는 인식의 대상으로서의 상호주관적 명증의 영역에 도달하기 위한 특정한 방법적 통로가 필요하다. 1장에서는 이러한 방법적 통로로서 후설의 저작에서 언급된 상호주관적 환원의 의미를 해명한다. 그리고 2장과 3장에서는 이러한 상호주관적 환원이 개시해준 다양한 상호주관적 명증의 현상들을 토대로 이러한 상호주관적 명증이 어떠한 의미를 지니고 또 어떠한 본질 구조 속에서 주어지는지를 분석한다. 이러한 분석은 상호주관적 명증에 대한 현상학적 심리학적 연구[88]이다. 4장에서는 주관적 명증과의 관

---

[88] 후설의 현상학은 기술적 현상학인 현상학적 심리학에서 초월론적 현상학으로 발전하였다. 우리는 현상학적 분석을 크게 현상학적 심리학적 분석과 초월론적 현상학적 분석으로 나눌 수 있다. 현상학은 대상과 의식의 지향적 상관관계에 주목하면서 대상을 지향하는 심리적 작용인 의식 체험을 주제화하기 때문에 우선은 순수 심리학이다. 여기서 현상학이 '순수' 심리학인 것은 현상학이 의식체험이라는 심리 작용을 분석하면서도 사실적인 개별적 의식체험을 탐구하는 것이 아니라 본질 직관을 통해 의식 체험의 본질을 탐구하기 때문이다. 의식 체험의 유형과 본질 구조 등을 탐구하는 이러한 현상학적 심리학적 분석은 세계에 대한 존재 정립을 판단 중지 하는 초월론적 현상학적 환원을 거치기 이전 단계에서 자연적 태도 속에서 수행된다. 그러나 우리는 일상

계 속에서 상호주관적 명증이 발생과 타당성의 관점에서 각기 어떻게 구성될 수 있는지 그 초월론적 가능 조건들을 분석한다. 5장에서는 6장 학문적 인식의 성립과 발생에 대한 해명 작업에 앞서 학문적 인식의 전제 조건으로서의 언어적 의사소통의 문제를 다룰 것이다. 상호주관적 차원에서의 인식적 합리성은 언어적 의사소통을 통해 성취되는데, 우리는 언어적 의사소통 속에서 발생하는 인식 주체들 간의 일치와 불일치의 가능 조건들은 무엇인지, 또 그러한 일치와 불일치의 문제가 인식 합리성과는 어떠한 관계 속에 놓여 있는지를 해명할 것이다. 그리고 6장에서는 객관적 진리를 담지 하고자 하는 학문적 인식이 주관적 차원의 근원적 명증을 발생적 토대로 하여 어떻게 성립될 수 있는지 살펴볼 것이다. 2장과 3장의 분석이 상호주관적 명증에 관한 현상학적 심리학적 분석이었다면, 4장, 5장, 6장의 분석들은 상호주관적 명증의 성립을 위한 가능 조건들을 다룬다는 점에서 상호주관적 명증에 대한 초월론적 현상학

---

적인 자연적 태도에서 언제나 우리들의 의식 체험을 주제화하기보다 의식 대상에 주의를 기울이고 있기 때문에 이러한 현상학적 심리학적 분석을 수행하기 위해서도 의식 대상으로부터 의식 체험으로 우리들의 시선을 전환하는 현상학적 심리학적 환원이 필요하다. 더 나아가, 이제 의식 체험의 유형과 본질 구조를 탐구하는 것에 그치지 않고 의식의 초월 작용, 즉 대상 구성 기능을 탐구하기 위해서는 자연적 태도에서 초월론적 현상학적 태도로의 전환이 필요하다. 이러한 전환을 가능하게 하는 것이 바로 초월론적 현상학적 환원이다. 이러한 초월론적 태도 속에서 세계는 초월론적 주관의 의미 구성의 산물인 의미의 총체라는 현상이 된다. 그리고 초월론적 현상학은 이러한 태도 속에서 의식 작용의 초월(구성) 작용, 대상과 세계의 초월론적 가능 조건 등을 탐구한다. 현상학적 심리학적 분석의 주요 과제가 의식 체험의 유형과 소여 방식의 본질 구조 등을 탐구하는 것이라면 초월론적 현상학적 분석의 주요 과제는 의식 체험의 구성(초월) 작용의 초월론적 가능 조건을 탐구하는 것이다. 그래서 이 책도 상호주관적 명증의 현상학적 분석 작업을 상호주관적 명증에 대한 현상학적 심리학적 분석(2장, 3장)과 상호주관적 명증에 대한 초월론적 현상학적 분석(4장, 5장, 6장)으로 나누어 서술하였다.

적 연구라고 할 수 있다. 마지막으로 우리는 7장에서 지금까지 우리가 전개해 나간 상호주관적 명증의 현상학이 암시하는 인식 정당화 모델의 구체적인 윤곽을 제시해 보이면서 3부를 끝맺을 것이다.

# 1장. 상호주관적 명증의 현상학에 이르는 길
## – 상호주관적 환원[89]

    우리는 상호주관적 명증의 현상학을 본격적으로 전개해 나가기에 앞서 먼저 분석의 대상인 상호주관적 명증이라는 현상에 학문적으로 접근할 수 있는 방법적 통로를 마련해야 한다. 『이념들 I 』에서 후설은 엄밀학으로서의 철학이 확보해야 할 명증의 절대적 시초를 획득하기 위해 데카르트적인 길을 통한 초월론적 현상학적 환원을 통해 순수 내재의 영역에 도달했다(Hua III/1, 61~69). 자연적 태도의 일반정립을 판단 중지하고, 우리의 시선을 의식 체험 자체로 돌림으로써 획득한 순수 내재의 영역은 초월론적 태도에서의 주관적 명증의 영역이었다. 또한 보편적 현상학적 심리학적 환원 내부에서 단행되는 자아론적 환원은 자연적 태도에서의 주관적 명증의 영역을 개시해 준다. 이제 우리가 상호주관적 명증의 영역에 이르기 위해서도 마찬가지로 이러한 영역에 도달할 수 있는 방법적 통

---

[89] 이 장은 필자가 2016년 『철학사상』 (61권)에 발표한 「후설 현상학의 이념과 상호주관적 명증의 문제」 3장의 내용을 심화, 발전시킨 것이다. 그래서 일부 내용이 이 논문에서 이미 서술한 내용들과 중복됨을 밝힌다.

로가 마련되어야 한다.

물론 우리는 2부에서 자아론적 환원인 원초적 환원을 경유하여 초월론적 현상학 내에서 상호주관성의 문제에 도달했다. 그러나 상호주관성에 이르는 데카르트적인 길[90]이라고 명명할 수 있을 이러한 길은 우리에게 타자가 존재한다는 사실, 그리고 우리에게 상호주관적 경험, 즉 상호주관적 명증이 가능하다는 사실을 입증해준 것에 그쳤다. 이제 그러한 상호주관적 경험(명증)의 내용적 측면을 보다 상세히 분석하기 위해서는 상호주관성의 존재를 형식적으로 입증하는 것에 만족하지 않고, 상호주관적 경험(명증)의 문제에 보다 구체적으로 접근해야 한다. 이렇게 상호주관적 경험(명증)의 내용적 측면을 보다 풍부하게 분석하기 위해 자아론적 환원을 경유하지 않고 상호주관성에 직접 이를 수 있게 해주는 것[91]이 상호주관성에 이르는 비 데카르트적 길로서의 상호주관적 환원이다.

후설은 1910~11년 「현상학의 근본 문제」[92]라는 강연을 위한 연구수고에서 심리학적 순수 상호주관성으로의 환원으로서 상호주관적 환원이라는 개념을 처음 도입하였다. 그러나 이미 1910/11년 강연에서 후설은 상호주관적 환원이라는 개념을 현상학적 심리학적 차원에 국한하지 않고, 초월론적 현상학의 개념으로 확장했는데,

---

[90] 엄밀한 철학적 반성 속에서 자아론적 환원을 거쳐 상호주관성에 도달하는 이러한 길을 데카르트적 길이라고 명명할 수 있는 이유는 이러한 길을 주도하는 근본 동기가 엄밀한 명증적 인식을 찾고자 대상과 세계로부터 주관으로 소급해 들어갔던 데카르트적 동기와 흡사하기 때문이다.

[91] Schnell도 상호주관적 환원을 상호주관성을 '직접적으로' 드러내 주는 환원으로 묘사한다. A. Schnell, "Intersubjectivity in Husserl's work", in *Herum, Phen., and Pract. Philosophy- II (1)* , 2010 참조.

[92] Hua XⅢ, pp.77~194

그것은 초월론적 주관성이 그저 자아론적 주관성만을 의미하는 것이 아니라 초월론적 현상학의 전개 과정에서 필연적으로 복수의 모나드 복합체로서의 초월론적 상호주관성을 의미하는 개념으로 확장되기 때문이다.[93]

한편, 후설은 1929년~30년경에 작성한 한 연구 수고에서는 내재와 내재적 시간이 갖는 이중적 의미[94]에 대해 이야기하며, 상호주관적 환원을 통해 우리는 새로운 의미에서의 내재적 영역과 내재적 시간 형식을 획득하게 된다고 이야기한다(HuaXV, 69). 우리는 즉자적으로 존재하는 세계를 괄호치고, 모든 개별 주체들을 포함하는 상호주관적인 것의 총체로의 상호주관적 환원을 수행할 수 있는데, 이러한 환원을 통해 우리는 상호주관적으로 궁극적으로 구성하는 삶, 상호주관적인 "체험 흐름"의 영역에 도달하게 된다는 것이다.

비슷한 시기에 작성된 브리태니커 백과사전의 〈현상학〉 항목에서도 "상호주관적 환원"이라는 표현이 등장한다.

"계속해서, 공동체 경험 속에서 경험된 공동체는 영혼적으로 개별화된 지향적 영역뿐 아니라, 자신의 현상학적 순수성 속에서 그것들 모두를 결합하는 상호주관적 공동체 삶의 통일성으로 환원된다.(상호주관적 환

---

[93] N.-I. Lee, "Egological Reduction and Intersubjective Reduction", presented at the conference on "Phenomenology, Empathy, Intersubjectivity: New Approaches," Dublin, May 3–5, 2017. 참조.

[94] 순수 내재의 영역은 우선은 초월론적 주관의 의식 체험 흐름의 영역을 뜻한다. 그리고 이때의 의식 체험 흐름의 영역은 주관적인 의식 체험 흐름의 영역이다. 그러나 상호주관적 환원을 통해 순수 내재는 초월론적 상호주관성의 상호주관적 의식 체험 흐름이라는 새로운 의미를 획득한다. 이에 따라 내재와 내재적 시간 형식도 주관적 차원과 상호주관적 차원의 이중적 의미를 갖게 된다.

원) 그래서 '내적 경험'이라는 진정한 심리학적 개념의 완전한 확장이 일어난다." (HuaIX, 283)

그렇다면 이러한 상호주관적 환원이 뜻하는 바는 구체적으로 무엇이며, 환원을 통해 배제되는 것과 획득되는 것은 무엇인가? 다음의 구절을 살펴보자.

"위에서 기술한 첫 번째 현상학적 환원은 자아론적인 환원이다. 그래서 현상학도 우선은 나만의 원본적인 직관적 자아의 본질필연성의 현상학(자아론적 현상학)이다. 그러나 타인 경험의 현상학은 [⋯] 순수한 상호주관성으로의 환원이라는 현상학적 환원의 확장으로 이끈다. 순수 심리학적으로 구성된 공동체의 본질 이론은 완전히 순수 심리학적인 현상학으로 생겨나는데, 그러한 공동체의 상호주관적으로 얽힌 작용들(공동체 삶의 작용들) 속에서 '객관적' 자연으로서의 '객관적' 세계(모두에 대한 세계)는 문화 세계로서, 그리고 '객관적'으로 존재하는 공동체의 세계로서 구성된다."(HuaIX, 246)

일상적으로 우리는 우리를 둘러싼 세계를 즉자적으로 존재하는 하나의 객관적 자연으로 간주한다. 그러나 이때 우리는 세계가 초월론적 상호주관성의 구성 작업에 의해 형성된 의미의 총체로 존재함을 망각하며 살아간다. 우리는 세계 속의 우리들을 세계에 속해 있는 부분들로 간주할 뿐, 우리가 세계를 가능하게 하는 세계 형성의 주체들로 존재함을 잊은 채로 살아가는 것이다. 상호주관적 환원을 통해 우리는 일상적 태도 속에서 즉자적으로 존재한다고 여기던 객관적 자연을 괄호 속에 넣고, 후설이 말한 새로운 의미에서의 내재적 영역, 즉 상호주관적인 순수 내재의 영역으로, 상호주관적인 체험 흐름의 영역으로 귀환한다.

이러한 상호주관적 환원은 자아론적 환원과 함께 보편적 현상학적 환원의 내부에서 단행될 수 있는 방법적 조치로서 자아론적 환원이 자아론적 현상학을 위한 방법적 통로라면, 상호주관적 환원은 상호주관성의 현상학에 이르기 위한 방법적 통로이다. 그리고 상호주관성의 현상학이 자연적 태도 속에서 현상학적 심리학으로도 전개될 수 있고, 초월론적 태도 속에서 초월론적 현상학으로 전개될 수도 있듯이, 상호주관적 환원도 보편적 현상학적 심리학적 환원에 후속하여 자연적 태도 속에서 수행될 수도 있고, 보편적 초월론적 환원에 후속하여 초월론적 태도 속에서 수행될 수도 있다. 그러나 자연적 태도의 상호주관적 환원이든 초월론적 태도 속에서의 상호주관적 환원이든, 모든 상호주관적 환원은 상호주관성에 직접적으로 접근할 수 있게 해 주면서도 언제나 타인 경험의 명증 형식 속에서 수행되기 때문에 정적 현상학적 관점에서는 그 타당성의 이론적 토대로서 자아론적 환원을 전제한다. 「5성찰」에서 우리가 우선 자아론적 출발 속에서 원초적 환원이라는 자아론적 환원을 경유하여 상호주관성에 이른 것은 상호주관성과 관련한 풍성한 실질적 내용을 분석하기에 앞서 선결되어야 할 문제, 즉 타당성의 관점에서 상호주관성의 가능성에 대한 이론적 토대를 마련하기 위함이었던 것이다.

"일치하는 타인 경험의 명증 형식 속에서 타당성 정립 속의 나의 현실적이고 가능적인 '다른' 영혼 삶으로의 현상학적 환원을 수행함이 상호주 관적 환원이다. 그것[상호주관적 환원]은 자아론적 환원의 토대 위에서 자신 안에서 근원적으로 확증되는 다른 영혼 삶을 그의 순수 심리학적 연관 속에서 접근할 수 있게 만든다." (HuaIX, 263)

그런데, 다른 영혼 삶으로의 환원에 있어서 타당성의 이론적 관점에서는 언제나 자아론적 환원이 전제되는 이유는 상호주관적 환원은 언제나 타인 경험의 토대 위에서만 수행될 수 있는데, 타인 경험은 반성을 통해 이르게 되는 자기의식에 대한 자각이 없이는 결코 성취될 수 없는 지각 작용이기 때문이다. 타인 경험은 나와 타인 사이의 유사성에 대한 전제를 기반으로 하여 나의 자기의식에 대한 이해를 발판으로 타인에 대한 이해에 이르는 해석 작용이다. 그러므로 우리는 타당성을 관심으로 하는 이론적 태도 속에서는 자아론적 환원을 통해 도달한 자기에 대한 이해를 거쳐서야 비로소 타인에 대한 이해, 그리고 타인 경험에 도달할 수 있다. 그리고 이러한 타인 경험 속에서 타인 경험되는 의식의 흐름은 타인 경험하는 의식의 흐름과 하나의 동일한 흐름 속에 있는 것이 아니라 서로 분리된 흐름 속에서 존재한다(HuaXIII,189). 나의 의식 체험 흐름과 타인의 의식 체험 흐름은 언제나 서로 영향을 주고받으며 얽혀 있지만, 그럼에도 불구하고 분리된 공간을 점유하는 각자의 신체 속에 구현되는 의식 체험 흐름이라는 점에서 서로 함께 속해 있는 것이 아니라 분리된 흐름으로 존재하는 것이다. 그러나 상호주관적 환원은 타인의 영혼 삶에 접근할 수 있는 통로를 제시해 준다. 그리고 이러한 상호주관적 환원은 현상학적 심리학적 차원의 상호주관적 환원과 초월론적 현상학적 차원의 상호주관적 환원으로 구분될 수 있다.

현상학적 심리학적 차원에서의 상호주관적 환원을 통해 우리는 타인 경험의 노에마로서의 상호주관성을 발견하게 되는데[95], 이러한 상호주관성은 또다시 그 자신의 측면에서 노에마로서의 상호주관적 세계를 열어주면서 노에시스로서의 상호주관적 작용들, 즉 자연적 태도에서의 상호주관적 명증의 영역을 개시해준다. 우리는 현상학적 심리학적 차원에서 단행된 상호주관적 환원을 통해 상호주관적 명증의 현상학적 심리학을 수행할 수 있는데, 상호주관적 명증의 현상학적 심리학은 상호주관적 환원이 열어 보여 준 자연적 태도의 상호주관적 명증을 실마리로 하여, 이러한 다양한 상호주관적 명증이 어떠한 본질 구조 속에서 주어지는지를 탐구한다. 우리는 현상학적 심리학적 상호주관적 환원이라는 이러한 방법적 통로를 통해 이제 2장(상호주관적 명증의 유형과 의미)과 3장(상호주관적 명증의 소여방식의 본질 구조)에서 상호주관적 명증의 현상학적 심리학을 전개해나갈 수 있다.

한편 초월론적 차원에서의 상호주관적 환원을 통해서는 우리는 초월론적 타인 경험의 노에마로서 초월론적 상호주관성을 발견하게 된다. 초월론적 상호주관성은 세계의 의미를 구성하는 세계 형성의 주체로서 또다시 그 자신의 측면에서 노에마로서의 상호주관적 의미의 세계를 열어주면서 노에시스로서의 초월론적 상호주관적 작용들, 즉 초월론적 태도에서의 상호주관적 명증의 영역을 개

---

[95] 타인 경험의 노에마는 우선은 타인이지만, 우리는 타인 경험을 통해 동시에 상호주관성을 경험할 수 있기 때문에 상호주관성도 타인 경험의 노에마라고 말할 수 있다.

시해준다. 우리는 초월론적 현상학적 차원에서 단행된 상호주관적 환원이라는 이러한 방법적 통로를 통해 이제 4장(상호주관적 명증의 구성과 가능 조건), 5장(언어적 의사소통과 합리성), 그리고 6장(학문적 인식의 근원과 발생)에서 상호주관적 명증의 초월론적 현상학을 전개해나갈 수 있다.

그런데 초월론적 태도에서의 상호주관적 명증의 영역은 후설이 말한 상호주관적 내재의 영역에 다름 아니다. 이러한 상호주관적 내재의 영역 속에서 우리는 모든 의미 형성의 주체로서의 초월론적 상호주관성을 발견하게 되고, 세계는 이러한 초월론적 상호주관성에 의해 구성된 의미의 총체로 드러나게 된다. 이때 세계는 한갓 객관적 자연이 아니라 의미 형성물의 총체로서의 문화세계로, 그리고 "객관적"으로 존재하는 공동체의 세계로서 존재한다. 후설은 보편적 초월론적 현상학적 환원의 내부에서 자아론적 환원을 상호주관성으로의 환원으로 확장함으로써 세계가 한갓 나에 대한 의미의 총체임을 넘어 우리 모두에 대한 의미의 총체로 존재함을 드러내고자 했던 것이다.

후설이 상호주관적 환원과 상호주관적 명증이라는 두 개념을 명시적으로 연결해 설명한 대목은 없지만, 우리는 타인 경험의 기반 위에서 상호주관적 환원을 통해 획득되는 상호주관적 체험 흐름이 다름 아닌 상호주관적 명증의 영역임을 어렵지 않게 간파해낼 수 있다. 이제 상호주관적 명증의 현상학에 이르는 방법론적 통로는 확보되었다. 그렇다면 이제 이러한 상호주관적 명증의 현상학의 구체적인 모습이 무엇인지를 밝혀내는 일이 남았다.

## 2장. 상호주관적 명증의 유형과 의미

상호주관적 명증의 현상학을 전개해나가기 위해 우리는 먼저 상호주관적 명증의 의미와 함께 상호주관적 명증의 다양한 유형들을 제시해볼 수 있어야 한다. 앞서 1부에서 우리는 학문적 인식의 성립이 주관적 명증의 상호주관적 공유를 통해 가능함을 살펴보았다. 주관적 명증의 상호주관적 공유가 객관적 진리 획득에 중요한 요소가 되는 것은 오직 타당한 이념적 대상성(ideale Gegenständlichkeit)[96]만이 그것의 타당성 승인의 무제한적 반복을 허용하기 때문이다. 타당하지 않은 이념성도 그 이념적 의미 자체는 다수 주관의 의식 속에서 상호주관적으로 반복될 수 있으나 이것은 결국 사실적 제한에 봉착함으로써 그 타당성이 초시간적인 무제약적 반복 속에서는 승인될 수 없다. 그러므로 어떠한 인식이 절대적이고 객관적인 진

---

[96] 여기서 이념적 대상성은 진리 경험으로서의 명증이라는 의식 체험의 대상적 상관자에 속한다. 우리가 경험하는 대상의 의미는 대상의 본질이라는 점에서 사실성이 아니라 이념성을 띤다. 이렇게 의미, 본질로서의 대상들이 이념적 대상들이다. 이러한 이념적 대상들의 의미와 본질은 다수의 심리 작용 속에서 다양하게 경험될 수 있음에도 그 자체는 언제나 동일성을 지닌다. 의미의 이념적 동일성이 전제되지 않는다면, 우리는 그러한 이념성에 대한 경험을 다양한 심리작용 속에서 되풀이하여 경험할 수도 없을 것이고, 그러한 경험을 타인과 공유할 수도 없을 것이다.

리와 관계한다면, 그것은 오랜 세월 동안 세대를 거쳐 반복될 것이며 원리적으로는 영원히 반복될 수 있을 것이다. 역으로 잘못된 인식이나 환각과 같은 경험은 결코 다수 주관에 의해 반복될 수 없다.

이처럼 다수 주관에 의해 반복되어 일치에 이르는 진리 경험이 상호주관적 명증이다. 달리 말하면, 상호주관적 명증이란 상호주관적으로 공유된 진리체험에 다름 아니다. 즉 상호주관적 명증은 언어적이든 선 언어적이든 둘 이상의 주관적 경험이 서로 합치하는 그러한 상호주관적 진리 경험을 뜻한다. 주관적 명증은 우선 자신과 부합되고 일치하는 타인의 경험을 상호주관적 명증으로 인수하지만, 다양한 상호주관적 명증에는 나의 주관적 명증과 일치하지 않는 것들도 있다. 그것은 나 이외의 둘 이상의 주관들의 합치에 근거한 상호주관적 경험인데, 이러한 경험들은 이와 합치하지 않는 나의 주관적 경험에 대한 확신을 변양시킬 수 있다.[97]

주관적 명증에 다양한 유형이 있는 것과 마찬가지로 상호주관적 명증에도 다양한 유형이 존재하며, 그것들은 각각 고유한 인식론적 의의를 지닌다. 우리가 1장에서 살펴본 현상학적 심리학적 상호주관적 환원은 다양한 상호주관적 명증의 종류와 더불어 그것들이 우

---

[97] 이러한 상호주관적 명증은 타당성의 평가 대상이 되어 주관적 명증의 확증과 폐기를 돕는다. 한편, 발생적 관점에서는 상호주관적 명증은 주관적 명증의 발생에 암묵적 지평의 기능을 담당하면서 주관적 명증의 발생적 토대로 기능한다. 이것은 우리의 경험의 발생은 우리 혼자의 힘으로 형성되는 것이 아니라 사회적 학습이나 문화적 영향들, 혹은 역사적으로 전수된 상호주관적 습성들과 전통에 의해 비로소 가능해짐을 의미한다. 후설은 다음과 같이 말한다. "그래서 인간들은 동일한 일반적 의미에서 서로에게 '직접적인' 인격적 영향들, 직관적 영향들을 행사한다. 즉 인간들은 서로에 대해 '동기부여 하는 힘'이 있다."(HuaIV, 192) 이는 나의 주관적 경험에 대한 확증이 타인의 경험에 영향받는다는 것을 의미한다. 그것은 인간들은 서로에 대해 동기부여 하는 힘이 있기 때문이다.

리에게 어떠한 본질 구조 속에서 주어지는지를 드러내 준다. 주관적인 직관적 진리 경험에 지각, 기억, 예상이라는 대표적인 지향적 체험이 존재하는 것과 나란히 상호주관적 명증에는 대표적으로 상호주관적 지각, 상호주관적 기억, 상호주관적 예상이 존재하며 이것들은 명증으로서의 각각의 고유한 성격과 의의를 지닌다. 이제 우리는 우선 이러한 다양한 유형의 상호주관적 명증이 의미하는 바가 무엇인지를 살펴보기로 하자.

## 1. 상호주관적 지각

지각(Wahrnehmung)은 그 속에서 대상이 원본적으로 제시되는 직관 작용이다. 외부 사물을 지각할 때, 그 사물은 특정한 관점 속에서 언제나 음영지어 주어지며, 우리에게 소여되는 것은 사물의 특정한 단면일 뿐이지만 우리는 언제나 소여되지 않는 그 사물의 내적, 외적 지평을 함께 지향함으로써 그 사물을 의미를 입은 하나의 통일체로서 지각한다. 내가 내 앞에 놓인 책상을 바라볼 때, 당장 나에게 주어지는 것은 책상의 앞면이다. 아직 내가 책상의 뒷면을 보지 못했더라도 나는 빈 지향으로서의 책상의 뒷면의 모습을 예상하면서 하나의 통일체로서 책상을 지각한다. 그 후에 내가 몸을 움직여서 책상의 주위를 돌면서 뒷면을 관찰하는 경우, 책상의 전체적인 모습에 대한 나의 지각은 확증될 수도 있고, 변양될 수도 있다. 어쨌든 주관적 차원에서의 지각적 경험에서도 사물은 나에게 다양한 현출을 통해 주어지며, 그러한 현출의 현실적 혹은 가능적 종합을 통해 나는 하나의 통일체로서의 사물을 지각하게 된다.

주관적 차원의 지각 경험에 주어지는 이러한 현출의 변화는 언제나 신체적 움직임에 의해 동기부여 된다. 지각 경험에서 관점의 변화와 교체는 우리가 신체를 자유롭게 움직임으로써 가능해지는 위치의 변화에 의해 동기 지워지기 때문이다. 우리는 신체의 운동을 통해 사물을 감각하는데, 이러한 감각과 운동의 불가분의 통일태가 운동 감각, 즉 키네스테제(Kinästhese)이다. 나에게 주어지는 사물의 다양한 현출의 변화는 운동감각에 의해 동기 지워지며, 이것은 우리의 신체가 구성적 기능을 지님을 보여준다. 우리는 키네스테제적인 신체의 움직임을 통해 사물을 하나의 연속적 통일체로 구성할 수 있는 것이다.

이러한 주관적인 지각 작용은 주관적 명증의 지위를 갖는데, 상이한 인식 주체들 간의 이러한 주관적 지각 작용은 그 주체들이 처해 있는 공간적 관점의 상이함에 따라, 혹은 지각 경험 속의 의미 부여작용의 토대로서의 생활 세계의 상이함에 따라 서로 일치하지 않고 충돌할 수 있는 상대적 성격을 지닌다. 또한 주관적 명증은 그러한 명증의 주체가 속해 있는 사회의 언어, 문화, 전통 등과 더불어 그 주체가 속해 있는 생활 세계의 역사성에 토대하여 발생하기 때문에 주관적 명증은 언제나 관점적인 영향 속에서 사회적, 역사적 성격을 지닌다.

그런데 어떤 의미에서 우리들의 지각 경험에는 이미 상호주관적 차원이 전제되어 있다고 말할 수 있다. 왜냐하면 우리가 어떤 대상을 지각할 때, 앞서 상술한 바와 같이 우리는 우리에게 나타나는 특정한 음영만을 지향하는 것이 아니라 우리에게 현전하지 않는 대상의 지평 전체를 포함하는 전체로서의 통일체를 대상으로 지향하며, 이렇게 우리에게 현전하지 않는 음영들과의 종합은 오직 보이지 않는 부분을 지각할 수 있는 타인들의 지향을 전제해야만 가능하기 때문이다.

이렇게 주관적 지각 작용 속에 암묵적으로 전제된 타인들의 가능적 지향 뿐 아니라 우리는 일상적 경험 속에서 언제나 현실적으로 내가 지향하는 사물들에 대한 타인의 현실적 지향을 상호주관적으로 공유한다. 상호주관적 지각이란 이렇게 특정한 대상을 나와 타인이 동일한 지향적 대상으로 정립하는 상호주관적 경험이다. 그렇다면 이러한 지각 경험의 일치가 뜻하는 바는 무엇일까? 타인과 나는 동일한 지점에 위치할 수 없음으로 인해서 주어진 대상에 대해서 동일한 현출을 가질 수는 없다. 나와 타인은 동일한 사물에 대해서 각자 서로 다른 관점, 서로 다른 측면, 서로 다른 조망을 갖는다.

"[…] 각각의 사람은 동일하게 경험된 사물에 대해 서로 다른 관점, 서로 다른 측면, 조망 등을 갖지만, 그러나 이것들은 언제나 각자가 (동일한 사물의 현실적 경험 속에서) 동일한 사물로서 부단히, 이 사물의 가능한 경험의 지평으로서 의식하고 있는 다양체들의 동일한 전체 체계로부터의 것이다."(HuaⅥ, 167)

그래서 타인과의 지각 경험의 일치는 주어진 대상의 현전하는 음영들의 일치로 이해되어서는 안 된다. 서로 다른 두 주체는 언제나 신체적으로 서로 다른 공간 속에 있으므로 결코 동일한 사물의 동일한 현출을 공유할 수 없기 때문이다. 그러나 나는 타인과의 장소 바꿈을 통해서 타인과 동일한 현출 방식 속에서 그 물체를 볼 수도 있다.

"타인 경험 속에서 현출 체계들은 동일화된다. 이와 상관적으로 동일한 것의 통일체들도, 그때그때의 동일한 물체들도 동일화된다. 모두는 자신의 현출 방식 속에서 동일한 물체를 갖고 있다. 마치 내가 상이한 주관적 시간에, 그 물체가 나에게 지속하는 동안, 동일한 것을 상이한 현출 방식 속에서 경험하듯이 말이다. 그 물체가 계속해서 지속하면서 변하지 않은 채로 남아 있게 될 때, 나와 타인이 상응하는 키네스테제적 변경, 즉 장소 바꿈을 수행하면, 나는 그 동일한 물체를 다른 사람과 동일한 현출 방식 속에서 보게 된다."(HuaXV, 527)

주관적 차원의 지각 경험에서 나에게 당장 현출되지 않았던 국면이 장소 이동을 통해 현출로 주어질 수 있듯이, 상호주관적 차원의 지각 경험에서도 나에게 당장 현출되지 않았던 타인에게 주어진 현출이 장소 바꿈을 통해서 나에게 현출로 주어질 수 있다. 그러나 우리는 현실적으로 장소를 바꾸어 타인의 현출을 직접 경험하지 않고서도 서로 다른 현출 속에서도 타인과 일치하는 동일한 지향적 대상을 가질 수 있다. 주관적 차원의 지각 경험에서 내가 책상의 모든 면의 현출을 다 경험하지 않고서도 하나의 종합적 통일체로서 그 책상에 책상이라는 의미를 부여할 수 있듯이, 상호주관적 차원의 지각 경험에서도 내가 타인의 현출을 직접 경험하지 않고서도 주어진 대상을 타인과 내가 동일한 지향적 대상으로 정립했는지 알 수 있는 것이다. 이때, 이러한 알아차림은 타인 경험을 통해서 가능하며, 타인의 신체를 매개로 이루어질 수도 있고, 타인과의 언어적 의사소통을 매개로 이루어질 수도 있다.

그러나 나의 동일한 사물에 대해서 나의 지각 경험과 타인의 지각 경험이 일치하지 않을 수도 있다. 이때 나의 지각 경험과 일치하는 타인의 지각 경험은 나의 지각 경험의 명증도를 높여주고, 나의 지각 경험과 일치하지 않는 타인의 지각 경험은 나의 지각 경험을 회의하게 하거나 폐기[98]하게 할 수도 있고, 때로는 나에게 새로운 지각 경험을 갖도록 동기부여 하여, 기존의 지각 경험이 더 상세하고 풍부하게 보충될 수 있도록 도울 수도 있다[99] 그래서 상호주관적 지각 경험의 명증도는 동일한 지각 경험을 가진 주체들이 많을수록 높아지게 된다. 이러한 상호주관적 지각의 명증은 상호주관적 기억이나 상호주관적 예상이 성립하기 위한 토대가 된다는 점에서 가장 근원적인 차원의 상호주관적 명증이다.

한편, 상호주관적 지각 경험이란 타인의 지각 경험과 일치된 나의 지각 경험을 뜻하기 때문에 여기에는 타인과 내가 동일한 지각 경험을 가졌는지의 여부에 대한 알아차림이 필요하다. 이러한 알아차림은 앞서 말했듯이 신체를 매개로 하여 선 언어적 차원에서 이루어질 수도 있고, 언어적 의사소통을 통해 언어적 차원에서 이루

---

[98] 주관적 차원에서 주어진 지각이 환각인지, 진짜 지각인지는 우선 주관적 차원에서 다른 경험들과의 조화, 일치 반복에 의해 어느 정도 확정될 수 있다. 그러나 환각과 지각의 보다 엄밀한 구분은 상호주관적 차원의 지각적 명증을 전제해야 한다. 나와 동일한 지각을 타인도 함께 갖고 있을 때, 나의 지각은 환각이 아니라 진짜 지각으로 승인될 수 있을 것이다.

[99] 이렇게 나와 일치하지 않는 지각 경험이 나의 지각 경험을 더 상세하고, 풍부하게 규정해 줄 수 있는 새로운 지각 경험에 대한 동기부여의 역할을 할 수 있는 것은 실재의 입체성 때문이다. 상호주관적 지각을 통해 사물, 혹은 사태가 다양한 관점으로부터 종합되어야 우리는 그러한 사물 혹은 사태에 대한 더 완전한 인식에 이를 수 있다.

어질 수도 있다. 선 언어적, 언어적 차원이라는 이러한 각각의 차원에서 상호주관적 지각 경험이 어떤 구조 속에서 주어지게 되는지는 3장에서 보다 상세하게 분석할 것이다.


## 2. 상호주관적 기억

기억(Erinnerung)은 지각의 명증에서 그 정당성의 원천을 갖는 파생적 명증이지만, 기억도 명증으로서의 성격을 갖는다. 만약 우리가 기억에 명증의 자격을 부여하지 않는다면, 우리는 현재 순간의 체험에만 인식 타당성을 부여할 수 있을 것이며, 인식의 축적은 가능하지 않을 것이다. 오히려 기억은 인식의 축적을 가능하게 하기에 지식과 학문의 성립에 결정적인 기여를 하는 중요한 인식 작용이다. 그러나 기억은 기억 대상이 지각된 현재 시점과의 시간적 간격 등의 차이에 따라 다양한 명증도를 갖게 된다. 다음의 구절은 기억의 명증이 갖는 성격을 잘 보여준다.

"모든 명석한 기억은 어떤 방식으로는 근원적인, 직접적인 권리를 갖는다. […] 그러나 기억은 단지 상대적이며 불완전한 권리를 가질 뿐이다 기억이 현전화하는 것-우리는 이것을 지나간 것이라고 말한다-에 관해서, 기억에는 현실적 현재와의 관련이 놓여 있다. 기억은 지나간 것을 정립하며, 비록 모호하고 희미하며 규정되지 않은 방식이더라도, 필연적으로 어떤 지평을 함께 정립한다. 명석함과 정립적 판명함 속으로 가져와지려면, 기억은 현실적 지각, 현실적 '지금 그리고 여기에'로 끝나게 될,

정립적으로 수행된 기억의 연관들 속에서 설명되어야만 한다."(HuaⅢ
/1, 326~327)

후설은 기억(Erinnerung)을 일차적 기억과 이차적 기억으로 구분
하는데, 일차적 기억은 가까운 기억으로 현재의 지각장의 구성에
참여하는 파지(Retention)이고, 이차적 기억은 먼 기억으로 일정한
시간 간격 이후에 지각되었던 것을 재생산하는 회상(Wiedererinne-
rung)이다. 파지와 같은 일차적 기억은 명석한 기억으로서 그 자체
로 명증으로서의 근원적인 권리를 갖는다. 그러나 이차적 기억의
경우, 지각된 것과의 시간 간격이 증가함에 따라 기억은 희미해질
수 있고, 그래서 명증으로서 상대적이며 불완전한 권리만을 가질
뿐이다. 이차적 기억, 즉 재생산적 회상에서 기억은 지각된 것의 단
순한 재생이 아니라 현재 시점의 현재 관심이 반영된 지각된 것의
재구성이다. 그래서 회상 속에는 '실제로 기억된 것'과 기억되지 않
은 것이 한데 섞일 수 있으며, 상이한 기억들이 침투하거나 기억의
심상이 파열되어 서로 양립할 수 없는 다수의 기억직관들로 흩어질
수도 있다.(HuaⅢ/1, 327) 그래서 이러한 의미에서 후설은 회상도
독특한 종류의 자신의 비충전성을 갖는다고 말한다.(HuaⅢ/1, 327)
지각 경험에서 지각되는 대상이 우리들의 관점에 따라 음영지어 주
어지는 것과 마찬가지로 회상에서도 회상되는 대상은 온전히 통째
로 주어지는 것이 아니라 현재의 관심이나 욕구에 따라 음영 지어
져서 부분적으로만 재생되거나 재구성되는 것이다. 이렇게 파열되
고 흩어져 있는 기억 직관들은 높은 명증도를 갖기 힘들다. 흩어져
있는 기억 직관들이 기억의 연관 속에서 상호적으로 서로를 지지하

고 조화를 이룰 때, 기억의 명증도는 증가하게 된다.

상호주관적 기억은 두 주체 간의 일치된 기억을 뜻하는데, 상호주관적 기억의 명증은 언제나 상호주관적 지각 경험을 전제로 한다. 두 주체가 동일한 지각적 경험을 갖지 않았다면, 그 두 주체는 결코 동일한 기억을 가질 수 없을 것이기 때문이다. 그러나 두 주체가 동일한 지각적 경험을 가졌다고 해서 언제나 두 주체 간의 기억 일치가 보증되는 것은 아니다. 앞서 설명한 바와 같이 기억은 단순히 과거를 비추는 거울이 아니고, 기억 주체의 현재 관심과 욕구가 반영된 과거의 재구성이기 때문이다.[100] 또한 기억은 그 이면에 개개인이 속한 집단의 세계관, 가치, 시공간 개념, 문화 등이 작용하는 사회적 성격을 가진다.[101] 그러나 이념적으로 기억을 통해 지각된 것의 완전한 재생이 가능하다고 상정해 볼 때, 기억의 명증은 기억된 것이 지각된 사태 자체에 접근할수록 높은 인식 정당성을 가질 것이다. 그래서 주관적 차원에서 기억 연관 속에서 다양한 기억 직관들의 조화가 기억의 명증도를 높여주듯이, 상호주관적 차원에서도 여러 주체 간의 기억들이 하나의 기억 연관 속에서 일치, 조화

---

[100] 이진우·김민정 외 지음,『호모 메모리스』, 책세상, 2014 p.35, p.291, p.296 참조.
[101] 기억의 사회성은 알박스(Halbwachs)에 의해 주장되었다. 알박스에 의하면 기억은 사회 집단의 영향을 받는데, 우리가 속해 있는 사회 집단이 무엇인가에 따라 무엇을 기억할지, 그리고 그것을 어떻게 회고할지가 규정된다. 알박스에 의하면 사회집단에 따라 우리는 서로 다른 기억을 갖게 된다. 국가 등 사회 집단은 과거에 대해 서로 동의할 수 있는 부분을 강화해가는 과정에서 자신들의 고유한 세계관을 형성한다. 그리고 이러한 집단 성원 간의 교류를 통해 세상에 대한 관점, 시각뿐만 아니라 사고방식이나 기억까지도 공유해간다. 사회 집단에 따라 시간과 공간 관념이 다르고 문화적 틀도 다르기 때문에 집단의 성향이 기억의 형성, 보존, 회고 등 일련의 과정에 영향을 미치게 되는데 이러한 사실은 개인의 기억의 사회적 성격을 잘 보여준다. 권귀숙,『기억의 정치』, 문학과 지성사, 2006 p,113, 149. 참조.

속에 통일적으로 종합될 수 있을 때, 각 주체의 기억의 명증도는 증가한다. 주관적 기억이 타인의 기억과 일치하여 상호주관적 기억으로 승격될 때, 그 주관적 기억은 보다 높은 명증도와 인식 정당성을 갖게 되는 것이다.

이러한 상호주관적 기억은 특히 역사라는 형식 속에서 일종의 집단적 기억으로 기능한다.[102] 생동하는 의식의 파지 능력은 유한하지만 이러한 개인적 의식은 공동체 속에서 상호주관적 기억이나 문서화를 통해 상호주관적인 것으로 침전될 수 있다. 이러한 공동체적 파지와 침전을 통해 개인적 의식에서 발생한 근원적 명증은 문화나 역사, 전통과 같은 형태로 세대를 통해 전수된다. 학문의 진보는 세대를 걸친 상호주관적 기억의 축적을 전제하는 것이다.

한편, 상호주관적 기억 경험 또한 타인의 기억 경험과 일치된 나의 기억 경험을 뜻하기 때문에 여기에는 타인과 내가 동일한 기억 경험을 가졌는지의 여부에 대한 알아차림이 필요하다. 상호주관적 기억의 경우에도 이러한 알아차림은 신체를 매개로 하여 선 언어적 차원에서 이루어질 수도 있고, 언어적 의사소통을 통해 언어적 차원에서 이루어질 수도 있다. 선 언어적, 언어적 차원이라는 이러한 각각의 차원에서 상호주관적 기억 경험이 어떤 구조 속에서 주어지게 되는지는 3장에서 보다 상세하게 분석할 것이다.

---

[102] 후설은 역사를 공동체의 기억으로 간주한다. (HuaVI, p.213)

## 3. 상호주관적 예상

　지각과 기억이 사태 자체를 우리에게 제시하는 것과 달리 예상
(Vorerinnerung)은 이러한 자체 부여함(Selbstgebung)이 없이 아직
존재하지 않았던 것, 그러나 다가올 것을 우리에게 제시한다. 그러
나 예상 역시 우리로 하여금 사태를 미리 만나게 해준다는 점에서
명증으로서의 성격을 가진다. 우리가 만약 예상이라는 직관 작용에
어떠한 인식적 정당성도 부여하지 않는다면, 미래에 대한 합리적인
대비와 계획이라는 말은 애당초 성립할 수도 없을 것이다. 그러나
우리는 학문적 인식에서뿐만 아니라 일상적인 삶 속에서 무수한 예
상들을 통해 우리의 삶을 일구어 나간다. 예상은 그 인식적 정당성
의 원천을 지각 경험 속에서 갖는 파생적 명증으로서 우리들의 삶
의 실천적이고 실용적인 행위를 위해 없어서는 안 될 필수적인 인
식 기능인 것이다. 후설 역시 예상(추측)을 그 자체로 이성적인 것
으로 특징짓는다.

　　"추측(Vermutung)은 그 자체로 이성적인 것으로 특징지어질 수 있다.
　　만약 우리가 추측 속에 놓여 있는, 상응하는 근원 신념으로의 소급지시를
　　따라가면, 또 만약 우리가 이 근원신념을 '최초정립'의 형식 속에서 우리
　　것으로 만든다면, '이것을 위해 무언가가 말한다.' 믿음 자체는 그것이
　　비록 이성에 관여하더라도 단적으로는 이성적인 것으로 특징지어지지
　　않는다. 여기서 우리는 계속 이성 이론적 구분과 그와 관련된 탐구가 필
　　요하다는 사실을 보게 된다." (Hua Ⅲ/1, 322)

기억이 일차적 기억으로서의 파지와 이차적 기억으로서의 회상으로 구분되듯이, 예상(Vorerinnerung)도 일차적 예상으로서의 예지(Protention)와 이차적 예상으로서의 기대(Erwartung)로 구분될 수 있다.[103] 예지는 현재의 지각장의 구성에 참여하는 미래 지향으로 곧 다가올 근원 인상을 앞서 가지면서 다가올 근원 인상에 의해 끊임없이 충족될 수 있는 미래지향이라는 점에서 지각의 원본성에 가까운 높은 명증도를 지닌다. 그러나 이차적 예상으로서의 기대는 과거의 지각 경험을 토대로 하여 지각장 너머의 미래의 사태를 미리 그려보는 것이라는 점에서 지각이나 기억, 예지에 비해 약한 명증도를 지닌다. 그럼에도 불구하고 기대는 그에 상응하는 근원 신념으로부터 파생된 것이기에 인식적 정당성을 갖는다. 후설은 원본적인 직관적 경험이 어떻게 기대라는 예상으로 이행해 가게 되는지를 다음과 같이 설명한다.

> "또한, 우리는 자유로운 상상들을 끌어낼 수 있고, 원본적으로 주어진 것과 유사하게 주어진 것을 관련시키거나, 전적으로 변양 속에서 종합들을 수행할 수 있으며, 그렇게 의식된 것을 '출발점'으로 변경시켜서, 가설들을 '형성하고', 거기서 '귀결을 끌어낼 수 있다.' 또는 비교와 구별을 수행할 수 있고, 이 비교와 구별 속에 주어진 동등함이나 차이 자체를 다시 종합적 조작들에 종속시키고, 이 모든 것과 이념화 작용, 본질 정립을 결합할 수 있으며, 무한히 그렇게 할 수 있다."(Hua Ⅲ/1, 357)

---

[103] 일차적 예상으로서의 예지와 이차적 예상으로서의 기대의 구분, 그리고 각각의 현상에 대한 보다 상세한 현상학적 분석은 홍성하, 「미래 의식으로서 기대에 대한 현상학적 고찰」, 『철학과 현상학 연구』 제7집, 1999 참조.

예상은 사태 자체를 미리 만난다는 점에서 직관 작용이지만, 지각, 혹은 기억으로부터 기대로 이행해 가는 과정은 하나의 추론에 해당하며, 이러한 추론 형식의 대표적인 예는 귀납이다. [104]

"모든 삶은 예견(Voraussicht), 혹은 […] 귀납에 토대를 두고 있다. 모든 단적인 경험의 존재 확실성은 이미 가장 원초적인 방식으로 귀납을 한다. '보인' 사물은 언제나 이미 우리가 그것들에 대해 '실제로 그리고 본래적으로' 보는 것 이상이다. […] 이 앞서 가짐(Vorhaben)과 더불어 모든 실천적 귀납들을 함축하며, 일상적인, 명백히 형식화되고 확증된 귀납적 인식들(예견들)은, 갈릴레이 물리학의 방법에서 그 작업수행을 무한히 증가시킬 수 있는 기술이 풍부한 '방법적' 귀납들과 비교해볼 때, 단지 '기술이 없다'는 점만을 함축할 뿐이다."(HuaVI, 51)

위 구절들이 잘 이야기해주고 있듯이, 우리들의 모든 실천적 삶은 귀납을 통한 예상에 토대하고 있으며, 귀납을 통한 예상이 인식적 정당성을 가질 수 있는 이유는 우리의 세계가 불변적인 보편적 양식을 갖고 있기 때문이다.

"우리는 직관적 세계가 총체적인 경험의 흐름 속에서 머물고 있는 불변

---

[104] 신호재가 『정신과학의 철학』에서 이야기해준 바와 같이, 우리들의 일상적 삶 속의 대부분의 예상에 작동하는 경험적 귀납은 분리된 여러 항의 매개를 갖는 고차적인 귀납 추론이라기보다 더 낮은 삶의 차원에서 작동하는 무 매개적 의식 체험이다.(신호재, 『정신과학의 철학』, 이학사, 2017 p.370 참조.) 우리들의 일상적인 지향적 체험으로서의 예상에 작동하는 귀납 추론은 능동적으로 언표되는 추론이라기보다는 수동적 차원에서 우리가 가지고 있는 습성에 근거한 선 술어적 추론이라고 할 수 있을 것이다.

의 보편적 양식을 주제로 삼을 수 있다. […] 일반적으로 사물들과 사물들의 사건들은 임의적으로 나타나고 경과하는 것이 아니라, 이러한 양식에 의해 즉 직관적 세계의 불변하는 형식에 의해 '아프리오리하게 결합되어 있다.' 다른 말로 하면, 보편적 인과 규칙을 통해서 세계 속에 함께 존재하는 모든 것은 일반적으로 직접적으로 혹은 간접적으로 함께 속하고, 거기서 세계는 한갓된 집합체가 아니라 단독체, 즉 (비록 무한하긴 하지만) 하나의 전체이다. […] 직관적 환경 세계의 이러한 보편적 인과 양식이 그 속에서 가설을 형성하고, 귀납을 형성하며, 현재, 과거, 그리고 미래에 알려지지 않은 것에 관해 예견할 수 있게 해준다."(HuaⅥ, 29)

그러나 예상은 언제나 틀릴 수 있고, 우리는 잘못된 예상을 할 수 있다. 그래서 예상의 명증도 또한 각기 상이한 수준을 갖게 된다. 주관적 차원에서 특정한 예상의 명증도는 현재의 지각적 경험과 조화될수록 높아지고, 현재의 지각적 경험과 조화되지 못하거나 대립할수록 낮아진다.

한편, 다양한 인식 주체들은 하나의 동일한 세계를 갖고 있음으로써 상호주관적 예상을 가질 수 있다. 상호주관적 예상이란 둘 이상의 주체들 간의 일치된 예상을 뜻하는데, 그러나 상호주관적 기억과 달리 서로 다른 주체들 간의 상호주관적 예상은 그들 간의 일치된 상호주관적 지각 경험을 전제하지 않는다. 두 주체는 상이한 지각적 경험으로부터 동일한 사태를 예상할 수 있다. 가령 두 주체가 가깝지만 서로 다른 위치에서 서로 다른 형태의 먹구름을 지각했음에도 두 주체는 그 지역에 비가 내릴 것이라는 동일한 예상을 할 수 있는 것이다.

이렇게 주관적 차원의 예상이 타인과의 예상과 일치됨으로써 상호주관적 예상으로 승격되면 더 높은 명증도와 인식 정당성을 갖게 된다. 상호주관적 예상은 상호주관적 지각, 상호주관적 기억과 함께 지식과 학문의 성립에 중요한 기능을 한다. 상호주관적 예상이 없다면, 지식과 학문은 미래를 위한 실천적 힘을 잃어버리게 됨으로써 자신의 존재 가치와 의의를 상실하게 될 것이다.

한편, 상호주관적 예상 또한 타인의 예상과 일치된 나의 예상을 뜻하기 때문에 여기에는 타인과 내가 동일한 예상을 가졌는지의 여부에 대한 알아차림이 필요하다. 상호주관적 예상의 경우에도 이러한 알아차림은 신체를 매개로 하여 선 언어적 차원에서 이루어질 수도 있고, 언어적 의사소통을 통해 언어적 차원에서 이루어질 수도 있다. 선 언어적, 언어적 차원이라는 이러한 각각의 차원에서 상호주관적 예상이 어떤 구조 속에서 주어지게 되는지는 역시 3장에서 보다 상세하게 분석할 것이다.

## 3장. 상호주관적 명증의 소여방식의 본질구조

　우리는 앞서 상호주관적 명증의 유형과 의미를 살펴보았다. 이 장에서는 그러한 상호주관적 명증이 어떤 소여 방식 속에서 주어지는지 그 소여 방식의 본질 구조를 살펴보고자 한다. 상호주관적 명증도 주관적 명증과 마찬가지로 지향-충족의 구조 속에 성취된다. 의미의 측면에서 지시된 형성물들, 즉 판단들 자체에서 일어나는 의미지향이, 개인의 근원적 경험 활동 속에서 직관 되어 충족되면 주관적 명증이 확립된다. 여기에 더하여 이렇게 충족된 판단은 그것의 상호주관적 타당성 확립을 위해 또 다른 충족을 요구하는 지향을 갖는다. 이러한 빈 지향을 충족시키는 것은 타인의 주관적 명증이다. 나의 주관적 명증이 확립되고, 타인의 주관적 명증이 확립되어도 타인의 주관적 명증이 나와 일치함을 내가 알아차리지 못한다면 나의 주관적 명증은 상호주관적 타당성을 얻지 못한다. 그래서 타인의 주관적 명증이 나의 주관적 명증과 일치하여 상호주관적 타당성 확립을 위한 빈 지향을 충족시킴을 알아차릴 수 있어야 하는데, 이러한 알아차림을 가능하게 해주는 것이 바로 타인 경험 (Einfühlung)이다. 그런데 이러한 타인 경험은 언어적 의사소통에

154

근거할 수도 있지만, 타자의 신체를 매개로 선 술어적으로 이루어질 수도 있다.

후설의 저작 곳곳에는 순수한 선 술어적 차원에서의 상호주관성에 대한 언급이 있다.(HuaⅨ,431/HuaⅩⅣ, 289/ HuaⅩⅣ, 390/HuaⅩⅦ, 243/ HuaⅥ, 469) 이는 언어와 독립된 의미나 진리를 부정하는 하버마스의 입장과 뚜렷이 대조된다. 하버마스는 선 언어적인 의미는 없으며, 의미는 언제나 언어적 의미로 이해되어야 한다고 말한다. 의미는 경험에 묶여 있는 것이 아니라 일상어의 의사소통에 묶여 있으므로 의미는 결코 사적일 수 없다는 것이다.[105]

그러나 이렇게 주장하는 것은 언어를 사용하지 못하는 동물들은 의미의 세계에 살고 있지 않다고 주장하는 것과 같다. 동물들 역시 의미의 세계에 살고 있으며, 이들에게서 의미의 근원적 발생은 선 언어적 경험 속에 있다. 가령 어떤 고양이가 어떤 물체를 '먹을 것', 혹은 '가지고 놀 것'으로 의미 부여하는 것은 어떠한 언어적 의사소통과도 관련이 없다. 이때의 의미 부여는 언어 이전의 사적 차원에서 행해지는 것이다. 동물도 사물을 범주화한다. 이러한 범주화는 선 언어적 차원의 의미이다. 그뿐만 아니라 동물은 자신이 부여한 이러한 의미를 밖으로 표출하여 다른 동물과 공유할 수 있다. 가령 멍멍이는 자기 앞에 놓인 어떤 물체를 자신이 먹고자 하는 먹이로 의미 부여함을 자기 앞에 서 있는 돌돌이에게 신체적 표현을 매개로 하여 전달할 수 있다. 이렇게 동물들도 선 언어적 차원에서 상호주관적 경험을 공유한다. 동물들의 의미는 개개의 사물들을 특정한

---

[105] J. Habermas, *Zur Logik der Sozialwissenschaften*, Frankfurt am Main: Suhrkamp, 1985, p.417

관심에 따라 묶고 분류하는 행위를 통해 형성된다. 인간의 언어의 뿌리는 이러한 동물적 차원의 선 언어적 의미의 형성에 있다. 의미의 발생은 주어진 다양한 감각적 소여들을 특정한 관심에 따라 묶는 실천적 행위에서 비롯된다. 인간은 이러한 동물적 차원의 의미를 기호화시켜서 언어를 창조했다. 그러므로 의미는 반드시 언어체계와 문화를 전제하는 것이 아니라 언어 체계 속의 의미가 선 언어적 감각적 경험의 분류로부터 발생하는 것이다.[106]

또한 하버마스는 모든 상호주관성은 언어를 전제한다고 말하지만, 주체는 이미 선 언어적 차원에서 상호주관적이다. 현상학은 상호주관성을 언어적 차원에 한정시키지 않는다. 언어적 상호주관성은 수많은 선 언어적인 뿌리를 갖고 있다. 그런 의미에서 언어적 상호주관성은 선 언어적 상호주관성보다 덜 근본적인 것이다. 언어적 지향들은 선 언어적 경험에 정초 된 지향성이기 때문이다.

---

[106] 의미의 발생을 논할 때, 우리는 물론 초월론적 발생과 경험적 발생의 문제를 구별해야 한다. 경험적 차원에서 의미의 발생과 습득 과정은 유아의 언어습득 과정을 통해 잘 이해될 수 있다. 경험적 차원에서 의미의 발생에서 유아에게 먼저 주어지는 것은 개별적이고 구체적인 감성적인 것들의 다발이 아니고 보편적 개념으로서의 언어이다. 그러니까 의미의 발생이 실천적 관심에 따른 사물의 분류에서 비롯된다는 말은 철저히 초월론적 발생의 차원의 문제다. 유아의 정신에 의미라는 것이 생성될 때 유아에게 먼저 주어지는 것은 엄마에게서 들려오는 보편적 개념으로서의 언어이지, 그러한 보편적 개념이 포괄하는 다수의 구체적이고 개별적인 사물들이 아닌 것이다. 유아는 태어나면서 이미 존재하는 언어체계에 발을 들여놓은 채 어머니로부터 언어적 개념들을 먼저 접한 후, 다양한 실천적 의사소통 행위 속에서 맥락적으로 언어의 의미를 이해하고 습득해 나간다. 그래서 의미의 발생이 신체적 조건 속에 제약된 사물들의 분류에 있다는 말은 경험적 차원의 발생과 관계하는 것이 아니라 태어날 때부터 아무런 언어체계가 주어져있지 않았던 최초의 인간의 원초적 상황과 관계한다. 의미의 초월론적 발생이란 태초의 원초적 상황 속에서 인간에게 있어서 의미의 발생이 본질적으로 어떻게 가능했을까 하는 물음, 그러니까 의미의 초월론적 본질적 가능 조건을 묻는 일인 것이다.

이러한 선 언어적 경험이라는 개념은 모든 의미가 본성상 언어적이라는 언어-철학적 가정과는 배치되는 입장이다. 그러나 이러한 언어-철학적 가정에 대해 자하비는 "지각된 것이 어떻게 언어적 기술에 대한 길잡이로 기능할 수 있는지를 이해할 수 없도록 만드는 지성주의적인 추상적 관념의 산물일 뿐"[107]이라고 말한다. 즉 우리가 대상의 지각적 소여와 그것의 술어적 표현 사이의 연속성을 부정한다면, 개념적 사유와 지각 사이의 관계는 이해할 수 없는 것이 되어버리거나 아니면 다만 우연적인 것이 되어버려서 우리는 결코 언어 습득의 과정을 이해할 수 없게 된다는 것이다. 우리가 의미(Sinn)의 발생을 감성(Sinnlichkeit)에 정초시킬 때, 비로소 언어와 존재의 관계가 온전히 해명될 수 있다. 물론 후설은 학문적 지식의 가능성을 위해 언어가 필수적임을 기꺼이 인정하고 강조한다(Hua XIX, 7~8). 그럼에도 언어는 발생적으로 우리들의 선 언어적 지각 경험 속에 뿌리를 두고 있음을 간과하지 않는다.[108]

이제 우리는 상호주관적 경험, 다시 말해서 상호주관적 명증이 선 언어적 차원과 언어적 차원이라는 서로 구별되는 두 가지 차원으로 주어질 수 있음을 알게 되었다. 그런데 선 언어적 상호주관적 명증과 언어적 상호주관적 명증은 소여 방식에 있어서 서로 다른 본질 구조를 갖는다. 이제 이 두 가지 유형의 상호주관적 명증이 어떠한 본질 구조 속에서 주어지는지를 차례로 살펴보기로 하자.

---

[107] 단 자하비, 『후설의 현상학』, 박지영 옮김, 한길사, 2017, p.57 참조.
[108] 인간 주체의 선 언어적 삶과 관련하여 후설은 다음과 같이 말한다. "인간은 모든 영혼 삶을 언어로 표현하지는 않으며, 언어를 통해 표현할 수도 없다."(Hua XVII, p.26)

## 1. 선 언어적 상호주관적 명증

상호주관적 명증은 언제나 타인 경험(Einfühlung)을 통해 확인된다. 즉 모든 종류의 상호주관적 명증을 위해 전제되어야 할 것이 바로 타인 경험이다. 왜냐하면 내가 어떤 경험을 상호주관적 경험으로 인수하려면 타인도 나와 동일한 경험을 하고 있다는 것을 알 수 있어야 하는데, 이러한 알아차림을 가능하게 하는 것이 바로 타인 경험이기 때문이다. 후설은 이미 『이념들 I』에서 타인 경험을 통해 상호주관적 경험이 성취됨을 언급한 바 있다.

> "그렇다면 바로 다음의 더 높은 단계는 상호주관적으로 동일한 사물, 즉 더 높은 질서의 구성적 통일체다. 이러한 통일체의 구성은 '의견일치 (Einverständnis)'의 관계에 있는 주체들의 개방된 다수와 관련된다. 상호주관적 세계는 상호주관적 경험, 즉 '타인 경험'을 통해 매개된 경험의 상관자이다. 그래서 우리는 많은 주체에 의해 이미 개별적으로 구성된 다양한 감각사물통일체들을 지적했고, 계속해서 이에 상응하는, 상이한 자아주체들과 의식흐름들에 속하는 지각의 다양체들을 지적했다. 그러나 무엇보다도 […] 타인 경험이 어떻게 '객관적' 경험 속에서 구성하는 역할을 수행하며, 저 분리된 다양체들에 통일성을 부여하는가 하는 물음을 지적했다."(Hua III/1, 352)

그런데, 이러한 타인 경험은 신체를 매개로 주어질 수도 있고, 언어를 매개로 주어질 수도 있다. 먼저 언어적 의사소통이 없는 상태에서 신체만을 매개로 하여 주어지는 상호주관적 명증에 대해 살펴

158

보도록 하자.

먼저 선 언어적인 상호주관적 지각이 있다. 가령 나는 내 앞에 놓인 대상 혹은 사태에 대한 상대방의 신체적 반응을 보고, 나와 타인이 주어진 대상 혹은 사태에 동일한 의미 부여를 했는지 상이한 의미 부여를 했는지 알 수 있다. 신체적으로 주어지는 상대방의 표정이나 몸짓은 상대방이 주어진 대상 혹은 사태에 대해 어떤 의미 부여를 하였는지를 해석할 수 있게 해주는 기호, 내지는 텍스트로 작용한다.[109] 이때 현전적 지각 작용 속에서 주어지는 타인의 표정이나 몸짓은 어떤 특정한 의미를 파생 현출시킨다. 그리고 우리는 해석 작용을 통해 그러한 파생 현출하는 의미를 파악해낸다. 예를 들어 찡그리는 표정을 보고 나는 상대방이 내 앞의 물체를 '싫은 것', 혹은 '더러운 것'으로 의미 부여한다고 해석할 수 있으며, 무서워하는 표정을 보고 상대방이 내 앞의 물체를 '두려운 것'으로 의미 부여한다고 해석할 수 있다. 또한 웃는 표정은 앞에 놓인 물체를 '좋은 것', '혹은 아름다운 것'으로 의미 부여한다고 해석할 수 있는 징

---

[109] 후설은 『논리연구』에서 기호를 표현(Ausdruck)과 표지(Anzeige)로 나누고, 표정이나 몸짓은 말뜻의 전달과 관계하는 표현으로부터 배제했다. 후설은 우리가 그것을 해석하는 한에서 표정이나 몸짓이 무언가를 뜻함(bedeuten) 수도 있다고 말하면서도, 후설은 이러한 뜻함은 언어적 기호와는 다른 차원의 것으로 한갓 표지라는 의미에서의 뜻함이라고 생각했다.(HuaXIX/1, pp.37-38). 그러나 정말로 해석 작용 없이는 표정이나 몸짓과 같은 신체적 움직임 자체가 아무런 표현적 의미도 가질 수 없는 것일까? 가령 우리는 긍정의 표현으로 고개를 끄덕이고, 부정의 표현으로 고개를 가로 젓는다. 따라서 표정이나 몸짓이 정말로 표현 작용에서 배제되어야 하는지는 의심스럽다. 후설은 표정이나 몸짓에는 말뜻을 전달하려는 의도가 개입되지 않는다는 이유로 이것들을 표현에서 배제했는데, 의사 전달의 의도가 없는 수동적인 표정이나 몸짓도 있지만 무언가 의사를 전달하기 위한 능동적인 표정이나 몸짓도 있다. 우리는 이러한 능동적 표정이나 몸짓은 표현의 범주에 포함시킬 수 있을 것이다. 또한 때때로 몸짓에 보다 적극적인 언어적 의미가 담길 수도 있는데, 가령 우리는 이것을 수화와 같은, 몸짓을 통한 의사소통에서 발견할 수 있다.

표가 될 것이다.

타인의 신체를 통한 해석 작용은 타인의 신체적 반응과 나의 신체적 반응의 유사성을 전제한다. 또한 신체를 통한 이러한 표현 중의 일부는 특정한 생활 세계 내에서 사회, 문화적으로 형성된 유형화된 표현 양식을 통해 특정한 의미를 표출한다. 정상성(Normalität)의 범위 내에서 모든 인간 주체들[110]은 비슷한 생물학적 구조와 인지적 구조를 가졌으며, 동일한 생활 세계의 일원은 동일한 상호주관적 습성(Habitualität)을 가지면서 동일한 사회, 문화적 환경 속에 거주하기 때문에 우리는 타인의 신체적 표현을 해석할 수 있으며, 비록 이러한 해석 작용은 결코 충전적일 수 없고 또 파생 현출 작용이긴 해도, 인식적으로 정당화될 수 있는 명증의 영역에 속한다. 그러나 신체적 반응을 매개로 한 타인 경험에 대한 해석은 언제나 틀릴 수 있다. 정상성의 범위에 포섭될 수 없는 타인과 나는 서로 다른 신체적 구조를 가짐으로써 서로 다른 지각 경험을 가질 수 있으며, 정상성의 범위에 속한 공동의 생활 세계 내의 타인이라고 하더라도 타인과 나는 표정이나 몸짓의 표현 방식에 있어서 서로 다른 개별적 습성을 지닐 수 있기 때문이다.

한편, 상호주관적 기억의 차원에서도 선 언어적인 상호주관적 명증이 가능하다. 가령 새 학기 첫 수업 시간에 나와 다른 학생이 같은 선생님을 처음으로 만난 이후, 우연히 길에서 그 선생님을 마주쳤을 때, 다른 학생이 그 선생님께 목례를 했다고 하자. 학생의 이

---

[110] 여기서 정상성의 범위 내에 있는 인간들이란 성숙하고 건강한 이성적인 사람들을 뜻한다. 이에 대해 정상성의 범위 밖의 사람들은 유아나 병자, 장애를 가진 사람들을 지칭한다. 상호주관적 경험에서 우리는 우선 정상성의 범위에 속한 인간들 사이의 일치와 불일치를 염두에 둔다.

러한 몸짓은 나와 마찬가지로 그 학생도 전에 선생님을 만났음을 기억하고 있다고 해석할 수 있게 해주는 표징이 된다. 결국 선 언어적인 상호주관적 기억의 문제에서도 나와 타인이 일치하는 기억이 있다는 것을 알 수 있게 해주는 것은 신체를 매개로 한 상대방의 표정이나 몸짓이다.

이제 상호주관적 예상의 차원에서 선 언어적인 상호주관적 명증이 가능한지 살펴보도록 하자. 가령 하늘이 잔뜩 흐린 날, 길을 가다가 처음 보는 사람이 우산을 들고 있는 장면을 목격했다고 하자. 나는 상대방이 자신의 몸에 지니고 있는 우산을 통해 나와 상대방이 곧 비가 올 것이라는 동일한 예상을 하고 있음을 알 수 있다. 또한 열차의 출발 시간이 다 되어갈 무렵 플랫폼의 벤치에 앉아 있던 누군가가 일어서서 열차의 선로 가까이 다가가는 장면을 목격한다면 나는 그 사람이 나와 동일하게 곧 열차가 출발할 것이라는 예상을 하고 있음을 알 수 있다. 따라서 상호주관적 예상의 차원에서도 타인의 표정, 몸짓 등 타인의 신체가 매개 되어[111] 선 언어적 명증이 성립할 수 있다.


## 2. 언어적 상호주관적 명증

선 언어적인 상호주관적 명증은 우리들의 일상적 삶을 지탱시켜

---

[111] 이러한 신체적 매개를 통한 해석 작용은 표정이나 몸짓뿐만 아니라 타인이 입고 있는 옷, 몸에 지니는 물건을 통해서도 가능하다. 옷이나 물건도 여러 가지 의미를 담고 있는 기호로 작동할 수 있다는 점에서 타인에 대한 해석 작용의 텍스트가 될 수 있다.

주는 중요한 진리 경험이지만, 학문의 성립을 가능하게 하는 상호주관적 명증은 언어(Sprache)를 매개로 한 술어적 상호주관적 명증이다. 우리는 신체를 매개로 하여 타인 경험을 할 수도 있지만, 타인과의 직접적 대면이 없는 상태에서도 목소리, 혹은 문자만으로도 타인 경험을 할 수 있다. 목소리나 문자를 통해 의미를 담지 한 언어가 전달되는데, 우리는 목소리나 문자가 전달하는 언어를 듣거나 보고 이해하여 타인을 해석하게 된다. 이러한 해석 작용을 통해 나와 타인이 일치하는 경험을 가졌는지 일치하지 않는 경험을 가졌는지를 알 수 있다. 이러한 해석 작용에는 상호주관적인 언어 규칙이 전제되며, 나와 상대방이 각기 처해있는 다양한 지평들로서의 화용론적 맥락이 해석 작용에 개입하게 된다. 나와 타인이 동일한 상호주관적 지각을 갖고 있는지, 동일한 상호주관적 기억을 갖고 있는지 혹은 동일한 상호주관적 예상을 갖고 있는지 이 모든 것은 상대방과의 언어적 의사소통에 의해 확인될 수 있다.

그렇다면 이러한 언어적 일치, 그리고 일치에 관한 확인은 어떤 구조로 성취되는가? 먼저 말을 통한 언어적 의사소통 속에서 성취되는 상호주관적 명증의 구조를 살펴보자. 말을 통한 언어적 상호주관적 명증이 성취되기 위해서는 서로 다른 주체가 각기 확립된 각자의 주관적 명증을 갖고 있어야 한다. 이때, 확립된 주관적 명증을 갖고 있는 화자가 자신의 진리 경험에 대해 말하고자 하는 의지를 갖고서[112] 특정한 언어적 기호 속에 자신의 주관적 명증을 술어

---

[112] 데이비드슨(D. Davidson)은 언어적 의사소통에서 화자의 '의도'가 갖는 역할을 강조한다. 말하고자 하는 화자의 의도가 없이는 언어적 의사소통이 불가능하다는 것이다. 그라이스(H.P. Grice)도 의사소통에서 의도의 중심적 중요성을 강조한 바 있다. 도널드 데이빗슨, 『주관, 상호주관, 객관』, 김동현 옮김, 느린생각, 2018, p.223 참조.

화해서 발화하면, 우선 청자가 화자의 표현의 물리적 매개로서의 목소리를 현전의 방식으로 지각한다. 그러나 이러한 목소리는 의미를 담지 않은 동물의 울음소리와는 달리 특정한 의미를 담고 있다. 이때 우리는 먼저 목소리를 통해 발화되는 언어적 표현의 의미를 이해해야 한다. 물리적 매개로서의 기호에 대한 기호 지향들에 혼이 불어넣어져서 그러한 기호 지향에 상응하는 의미들이 본질직관을 통해 기호 지향을 충족시키면, 우리는 우리가 지각한 목소리를 특정한 의미를 담은 언어적 표현으로 이해하게 된다. 여기서 타인이 말하고자 하는 의미, 발화의 의도와 같은 것이 전달되는데, 우리는 타인의 말을 해석함으로써 이러한 말의 내용을 파악한다. 이때 말의 의미는 현전적 지각 작용 속에서 주어지는 목소리와는 달리, 목소리를 매개로 하여 다만 파생 현출될 뿐이며, 타인이 표현하고자 한 의미는 결코 현전성, 충전성 속에서 주어질 수 없다. 그러나 어쨌든 나는 다소간의 해석적 잉여, 혹은 결핍 속에서 타인의 언어적 표현에 상응하는 의미 지향을 갖는다.[113]

이러한 의미지향은 나의 직관 작용에 의해 충족될 수 있는데, 나는 두 가지 방식으로 이러한 의미 지향을 충족시킬 수 있다. 먼저 나는 나의 주관적 명증 속에서 방금 나에게 획득된 것이나 혹은 이

---

[113] 후설은 기호 지향과 의미지향을 구별하지 않는 것 같지만, 기호 지향과 의미 지향은 서로 구별되어야 한다. 의미를 형성하지 못하는 언어적 기호들에 대해서도, 혹은 우리가 알지 못하는 외국어에 대해서도 우리는 기호 지향을 갖는다. 그러나 그 속에서 우리는 의미를 지향하지는 못한다. 그러한 기호 지향들에 혼을 불어넣어 우리가 상응하는 의미들로 기호 지향들을 충족시킬 때, 비로소 우리는 그 언어적 기호에 담긴 의미를 이해하게 된다. 이러한 기호 지향들을 충족시키는 직관은 의미에 대한 본질직관일 것이다. 그러나 충족된 기호 지향은 또 다른 직관 작용의 충족을 필요로 하는 빈 의미지향을 파생시킨다.

미 내 안에 침전되어 있던 인식 획득물로서의 주관적 명증의 산물을 기억을 통해 재활성화(Reaktivierung)하는 방식으로 의미 지향을 충족시킬 직관을 마련할 수 있다. 이러한 재활성화를 통해 재생산된 명증이 타인의 언어적 표현이 촉발한 나의 의미 지향을 충족시킴으로써 나는 나의 주관적 명증이 타인의 언어 속에서 표현된 타인의 주관적 명증과 일치함을 알 수 있다.[114]

또 다른 방식으로는 내가 이미 확립된 주관적 명증을 갖고 있지 않은 상태에서 타인의 말을 듣고 연상 작용(Assoziation)을 통해 상응하는 주관적 명증을 새롭게 산출하는 방식으로 의미 지향을 충족시킬 직관을 마련할 수 있다. 이렇게 타인의 말을 듣고 난 후 내가 확립한 주관적 명증으로 나는 타인의 말이 촉발한 의미 지향을 충족시킬 수 있다. 그러나 말을 매개로 한 일치를 통해 획득된 상호주관적 명증은 상호주관적 파지의 단계를 거쳐 각자의 기억 너머로 희미하게 사라지고, 이것이 기억 너머의 완전히 어두운 심연으로 사라진 다음에는 우리는 이것을 다시 반복할 수 없다. 다만 어떤 형태로든 기억 속에 남아 있게 된 경우에만 우리는 추후에 상호주관적 기억을 통해 이것을 재생산하여 반복할 수 있을 뿐이다.

그렇다면 글을 통한 일치의 확인은 어떤 성격을 가질까? 글을 통한 언어적 의사소통에서도 발신자와 수신자는 각기 확립된 주관적 명증을 갖고 있어야 한다. 발신인은 특정한 물질적 기호를 통해 자신의 주관적 명증을 술어화한 의미를 표현한다. 그리고 수신인인

---

[114] 이때 나의 주관적 명증이 술어화된 문장과 상대방의 주관적 명증이 술어화된 문장은 일치하지 않을 수 있다. 언어적 차원에서 일치하는 것은 각자의 주관적 명증을 표현하는 명제, 즉 문장의 뜻이다.

나는 타인의 글에서, 현전하는 물질적 기호를 지각하고, 그러한 물질적 기호에서 우선은 의미 충족을 필요로 하는 빈 기호 지향을 갖는다. 이러한 기호 지향이 상응하는 의미를 담은 본질직관에 의해 충족될 때, 나는 글을 이해하게 되는데, 기호 지향을 충족하는 의미들은 물리적 기호에 대한 지각에서 파생 현출되는 것이다. 이러한 의미들은 의미지향 속에서 또다시 직관에 의한 충족을 필요로 한다. 이렇게 글을 이해하고 해석하면서 갖게 되는 의미 지향을, 이미 나에게 확립되어 있거나 글을 읽고 내가 확립한 나의 주관적 명증으로 충족시킴으로써 나는 상호주관적 명증을 획득한다. 그런데 이렇게 문서화된 상호주관적 명증의 산물은 말을 통해 획득된 상호주관적 명증과 달리 언제든지 문자화된 이념성 속에서 다시 반복해서 재생될 수 있고, 시, 공간의 제약을 넘어 타인에게 전달되고, 세대를 거쳐 전수될 수 있다.

현대에는 기술의 발달로 인하여 상대방과의 직접적 대면이 없이도 전화 통화나 SNS를 통한 문자, 혹은 책 등을 통해 타인 경험이 가능하다. 그러나 직접적인 대면이 없이 주어지는 타인 경험보다는 직접적인 대면 속에서 선 언어적인 타인 경험과 결합된 언어적 타인 경험이 보다 높은 명증도를 갖는다고 할 수 있을 것이다. 어떤 특정한 표정이나 목소리의 떨림의 정도가 주어지지 않은 상태에서 문자만으로 표현된 것은 더 다양한 해석 가능성을 지니기 때문이다. 타인에 대한 해석에 있어서 문자적 표현만으로는 상대가 진실을 말하고 있는지 거짓을 말하고 있는지 상대의 의도조차 예측하기 힘들다. 그럼에도 불구하고 문자를 통한 언어적인 상호주관적 명증은 세대를 통해 전수될 수 있음으로 인해서 인식의 축적을 가져다

주고, 지식과 학문의 진보를 가능하게 해주는 결정적인 인식적 작용이다. 인간은 언어를 통한 상호주관적 경험을 가질 수 있음으로 해서 동물과 달리 지식과 학문을 가질 수 있게 된 것이다.

이렇게 지식과 학문은 오직 언어적 상호주관적 명증을 통해서만 성취될 수 있는데, 언어를 통한 학문적 상호주관적 명증은 그러한 상호주관적 명증의 주체들로서의 상호주관적 학문 공동체를 전제한다. 이러한 학문 공동체는 각 학문영역의 사태에 적합한 탐구 방법론과 인식 규범들을 공유하며 이러한 탐구 방법론과 인식 규범의 토대 위에서 상호 간의 진리 경험의 일치와 불일치, 확증과 논파의 과정을 겪으며 공동의 인식 획득물을 보존하고 강화하거나 혹은 수정해나간다. 그리고 선 학문적 상호주관적 명증이 일상의 경험 속에서 파편화되어 흩어진 채로 존재하는 데 반해, 학문적 상호주관적 명증은 특정한 정합적 체계와 질서 속에 위치 지워지면서 자신의 진리와 타당성을 주장한다. 그러나 이러한 고차적인 학문적 상호주관적 명증도 그 근원적 인식의 뿌리는 선 학문적 언어적 상호주관적 명증 속에 있으며, 또한 선 학문적 언어적 상호주관적 명증을 구성하는 의미 발생의 근원은 선 언어적 상호주관적 명증에 있다는 점에서 모든 객관적 인식의 원천은 선 언어적 상호주관적 직관적 경험에 있다. 그리고 상호주관적 직관적 경험은 주관적 직관적 경험들의 일치에 의해 성취되므로 결국 다시 모든 인식의 원천은 주관적인 직관적 경험으로 소급되게 된다.

# 4장. 상호주관적 명증의 구성과 가능 조건[115]

지금까지 우리는 상호주관적 명증의 다양한 유형들과 더불어 그러한 상호주관적 명증이 어떠한 본질 구조 속에서 주어지는지를 살펴보았다. 이제 이러한 고찰들을 실마리로 삼아 이러한 상호주관적 명증이 타당성과 발생의 관점에서 각기 어떻게 구성되는지, 상호주관적 명증의 초월론적 가능 조건을 살펴보고자 한다. 상호주관적 명증의 유형과 본질 구조에 관한 고찰이 상호주관적 명증에 관한 현상학적 심리학, 혹은 기술적 현상학이라면 우리가 이 장에서 분석할 과제는 상호주관적 명증의 초월론적 현상학에 해당하는 과제라고 할 수 있을 것이다. 상호주관적 명증의 초월론적 현상학은 다시 상호주관적 명증의 정적 현상학과 상호주관적 명증의 발생적 현상학으로 나뉠 수 있다. 초월론적 현상학은 의식 체험의 가능 조건과 구성의 문제를 중심 주제로 삼는데, 상호주관적 명증의 정적 현상학은 상호주관적 명증의 타당성의 가능 조건과 더불어 상호주관

---

[115] 이 장은 필자가 2012년 『철학사상』 (43권)에 발표한 「상호주관적 명증의 발생과 타당성의 문제」4장의 내용을 심화, 발전시킨 것이다. 그래서 일부 내용이 이 논문에서 이미 서술한 내용들과 중복됨을 밝힌다.

적 명증의 타당성이 어떻게 구성되는지를 탐구하고, 상호주관적 명증의 발생적 현상학은 상호주관적 명증의 발생의 가능 조건과 더불어 상호주관적 명증의 발생이 어떻게 구성되는지를 탐구한다. 1장에서 살펴본 바와 같이 우리는 보편적 초월론적 현상학적 환원에 후속하는 상호주관적 환원을 통해 초월론적 타인 경험의 노에마로서 초월론적 상호주관성을 발견하고, 이러한 초월론적 상호주관성의 노에시스인 초월론적 상호주관적 명증의 영역에 이를 수 있었다.[116] 우리는 이제 이러한 초월론적 상호주관적 명증의 영역 속에 머물면서 초월론적 태도 속에서 상호주관적 명증이 발생과 타당성의 관점에서 각기 어떻게 구성될 수 있는지 살펴볼 것이다.

## 1. 발생의 관점에서

먼저 상호주관적 명증의 발생의 문제를 고찰해보자. 상호주관적 명증의 발생적 구성의 문제는 주관적 명증과의 관계 속에서 논의되어야 한다. 왜냐하면 타자의 경험이 나의 경험과 일치한다는 것을 알 때야 비로소 그러한 상호주관적 경험은 상호주관적 명증으로서의 지위를 획득할 수 있는데, 이러한 상호주관적 명증의 발생의 원초적 형태는 주관적 명증 간의 합치에 의해 이루어지기 때문이다.

앞서 1부에서 살펴보았듯이, 명증이란 모든 직관적 경험을 의미하므로 가장 넓은 의미에서의 상호주관적 명증은 곧 상호주관적 경

---

[116] 초월론적 상호주관성의 노에마는 1장에서 상술한 바와 같이 초월론적 상호주관적 의미의 세계이다.

험을 뜻하며 여기에는 모든 선 술어적 지각 경험도 포함된다. 그러나 언어적 상호주관적 명증의 발생의 가장 원초적 형태는 주관적 명증 간의 의사소통에 의한 합치이다. 그런데 여기서 상호주관적 명증은 두 가지 의미를 지닐 수 있다. 먼저 나의 경험과 타인의 경험이 합치한다는 것을 알 때 그러한 경험은 상호주관적 명증이다. 그러므로 인식 주체인 '나'의 관점에서 나의 주관적 명증과 하나 이상의 타자의 주관적 명증이 합치할 때 발생하는 상호주관적 명증이 있다. 이 경우 그러한 상호주관적 명증은 나의 주관적 명증과 합치하므로 하나의 동일한 경험에 대한 상호주관적 명증은 결국은 '나'의 관점에서 주관적 명증의 지위도 함께 갖게 된다. 그러나 나의 경험과는 합치하지 않지만, 둘 이상의 타인들의 서로 합치하는 경험이 있다는 것을 알 때, 그러한 경험도 둘 이상의 주체들의 명증의 합치를 의미하므로 상호주관적 명증이다. 이때 인식 주체인 '나'의 관점에서 둘 이상의 타자들 간에 형성된 상호주관적 명증은 나의 주관적 명증과 합치하지 않게 되고 이러한 상호주관적 명증은 객체, 대상으로서의 명증의 의미를 지니게 된다고 할 수 있을 것이다.

여기서 우리는 나의 주관적 명증과 일치하여 나의 것으로 승인된 상호주관적 명증과 나의 주관적 명증과 일치하지 않고 갈등하는 상호주관적 명증이 있음을 알 수 있다. 타자와의 이러한 충돌, 불일치의 문제를 강조한 철학자 중의 하나가 하버마스인데, 하버마스는 후설의 상호주관성의 현상학이 타자와의 이러한 충돌, 불일치의 문제를 설명하지 못하고 오직 "나에게" 존재하는 공동체만을 설명할 뿐이라고 비판한 바 있다. 그에 따르면 상호주관적 공동체의 구성의 핵심에는 타자의 타당성 주장을 수용하거나 거절하는 과정이 필수적인데, 후설은 이러한 측면을 간과했다는 것이다.[117] 하버마스가 후설에게 가하는 이러한 비판은 주로 후설이 「5성찰」에서 전개한 공간적 모델 속에서의 상호주관적 경험의 구성을 향하고 있다. 원리적으로 우리는 장소교환을 통해 모든 타자의 관점에 가능적으로 존재할 수 있기 때문에 이러한 모델에서는 어떠한 충돌이나 불일치도 존재할 수 없다는 것이다.

그러나 상호주관적 경험의 구성과 관련하여 후설이 제시한 공간적 모델은 상호주관적 경험이 주어지는 다양한 방식 중의 하나로서 제시된 것뿐이다. 후설은 모든 상호주관적 경험이 공간적 모델에 기반해서만 가능하다고 주장하지 않았고, 우선 단적인 지각 경험과 관련하여 상호주관적 경험이 구성되는 가장 단순한 예를 제시한 것에 불과하기 때문이다. 그뿐만 아니라 공간적 모델 속에서도 나와 타자의 불일치와 충돌은 현실적으로는 늘 발생할 수 있다. 그것은 우리가 원리적으로 모든 공간을 점유할 가능성을 갖고 있음에도 현실적으로는 늘 각자의 특정한 관점과 한계 속에서 사물을 지각할 수밖에 없으며, 이러한 주관적 명증의 관점적 성격에서 기인하는 주관적 명증 간의 충돌은 이미 단적인 상호주관적 지각 경험과 관련한 공간적 모델에서도 충분히 존재하고 또 설명될 수 있기 때문이다. 더욱이 후설은 그의 후기 유고에서 다양한 일상적 맥락 속에서 타인과 나 사이에 발생할 수 있는 부정과 거절의 행동 양상에 대해 이야기한 바 있다.

---

[117] Matheson Russell, "On Habermas's Critique of Husserl", in: *Husserl Studies27*, 2011 참조

"타자는 이러한 원함을 또한 거절할 수 있다. 어떤 경우에 타자는 나에게 동의할 수 있고, 내적으로 시인하며 행동하고, 어떤 경우에는 거절하고, 동의하지 않고 부정한다. '대답하는' 행동, 가령 긍정은 단순한 파생 현출 작용(Appräsentation)의 표현이나 정상적이고 언어적인 답변으로 의사소통하는 표현을, 술어적인 동의 내지는 부인 혹은 양상으로서 발견한다." (Hua XV, 476)

후설의 후기 유고에 나타난 위의 구절은 후설이 타자와의 불일치, 충돌, 부정, 거절의 문제를 고려하지 않는다는 하버마스의 비판이 정당하지 못함을 잘 보여준다. 그렇다면, 이렇게 때때로 일치 혹은 불일치 속에서 주어지는 상호주관적 명증은 주관적 명증과 어떠한 발생적 정초관계 속에 있을까? 먼저 나의 주관적 명증과 합치하는 상호주관적 명증이 발생하려면 반드시 나의 주관적 명증이 그 발생적 토대의 한 요소로서 기능하게 된다. 그러나 나의 주관적 명증과 합치하지 않는 대상으로서의 상호주관적 명증의 발생에 서는 당연히 나의 주관적 명증이 그 발생적 토대로 기능하지 않는다. 대신 나의 경험과 무관한 이러한 상호주관적 명증의 발생은 특정한 사회 속에서 역사적으로 구성되며, 그 발생적 토대는 계속해서 과거로 소급해 들어가는 여러 층의 또 다른 상호주관적 명증이다. 그러므로 상호주관적 명증의 발생은 상호주관적 명증의 의미에 따라 유일한 '나'의 관점에서 볼 때, 나의 주관적 명증을 그 발생적 토대로 갖기도 하고, 그 발생적 토대로 갖지 않기도 한다.

그러나 여기서 주의할 것은 상호주관적 명증이 나의 주관적 명증을 발생적 토대로 갖든 갖지 않든 간에, 그 원초적 형태의 발생을 제외한다면, 거의 모든 상호주관적 명증에는 또 다른 상호주관적 명증이 발생적 토대로 기능하고 있다는 것이다. 다음의 구절들에 주목해보자.

> "공동의 환경 세계는, 상호 이해를 토대로 진행되는 인격적 상호규정의 작용을 통해, 새롭고 더 높은 단계의 의미의 공동성을 획득하게 된다." (HuaIV, 191)

> "환경 세계는, 이전에 말했다시피, 일상적인 경험 속에서, 이론적 사유 속에서, 가치 평가함, 원함, 창조함, 더 새로운 대상을 형성함 속에서, 존재하는 주체들의 현실적인 경험의 전진을 통해, 그리고 그들의 현실적인 확증의 전진을 통해 부단히 변화하는 것이다." (HuaIV, 194~195)

여기서 공동의 환경 세계는 그 환경 세계에 속한 다수의 주체의 경험의 합치에 의해 구성되므로, 공동의 환경 세계가 끊임없이 새로운 의미를 입으며 변화한다는 것은 곧 그러한 환경 세계를 구성하는 상호주관적 명증 역시 사회와 역사 속에서 또 다른 상호주관적 명증을 그 발생적 토대로 하여 끊임없이 변화하며 더 새롭고 높은 단계의 상호주관적 명증으로 고양된다는 것을 의미한다.

한편, 상호주관적 명증뿐만 아니라 주관적 명증의 발생도 발생적 관점에서 보면 언제나 사회적, 역사적으로 형성된 상호주관적 명증에 토대하고 있다. 나의 많은 경험의 형성과정은, 과거로부터 역사적으로 형성된 상호주관적 명증이건 혹은 동시대에서 사회적으로 형성된 상호주관적 명증이건 또 다른 이미 형성된 상호주관적 명증

172

의 지반 위에서 이루어지기 때문이다.

"나의 경험으로부터, 나의 초월론적 삶으로부터의 세계로서, 나에게 존
재하는 세계의 의미는 결코 완결된 의미가 아니라 무한히 열린 의미이다.
그것은 나의 경험의 진행 속에서 형성되지만, 단순히 나의 원초적 경험에
서 뿐만이 아니라 완전히 다른 방식, 즉 타자에 대해 타인 경험
(Einfühlung)하는 경험을 통해서도 형성된다."(Hua ⅩⅤ, 45)

그러니 발생적 관점에서 보자면, 모든 주관적 명증에는 사회적,
역사적으로 형성된 상호주관적 명증이 인식의 지평으로서 미리 기
능하고 있고, 모든 상호주관적 명증 역시 사회적, 역사적으로 형성
된 또 다른 상호주관적 명증에 토대하고 있다고 할 수 있다. 후설의
후기 유고에 나타난 다음의 구절은 이렇듯 주관적 명증이 타인과의
연관 속에서 늘 그들로부터 영향을 받으며 새로운 의미를 입게 된
다는 것과 그러한 주관적 명증이 토대하는 상호주관적 명증 역시
발생적으로는 늘 전통에, 즉 그에 선행했던 또 다른 상호주관적 명
증에 토대하고 있다는 사실을 잘 드러내 주고 있다.

"타인과의 연관 속에서 나에게 존재 타당성으로 오는 모든 전수
(Übernahme)와 더불어 이미 나에게 존재하는 타당한 세계는 새로운
의미 규정을 획득한다. 거꾸로 나는 타당성 속에서 이전에 세계로서 나에
게 존재했던 것이, 자신의 편에서는 언제나 이미 그러한 전통에서 나온
구성요소들을 갖고 있다는 것을 즉시 알게 된다. 내가 세계를 갖는 한,
(혹은 내가 깨어있는 인간-자아로서 되돌아 좇아갈 수 있는 한) 나에게

존재하는 세계는 언제나 이미 공동의 세계요, '우리 모두'의 세계이며, 가령 우리 각자의 세계의 단순한 집합적 세계가 아니라 상호 간의 전통으로부터의 세계이다. 그래서 나의 '우리 인간들' 조차도 전통에 근거한다." (Hua ⅩⅤ, 463)

여기서 전통과 그 전통이 터 잡고 있는 생활 세계는 유일하고 절대적인 세계가 아니라 문화와 역사에 따라 상대성을 갖는 다수의 세계로 존재하므로 상이한 생활 세계를 구성하는 상이한 상호주관적 명증은 주관적 명증에 그 발생적 토대로 기능하면서, 동일한 사태에 대해 서로 다른, 즉 불일치하는 경험들을(주관적 명증을) 낳을 수 있다. 가령 가장 단순한 하나의 지각 경험을 예로 들어보더라도 우리는 동일한 자연에 토대해 동일한 경험을 할 수도 있지만, 그러한 자연 속에 나타난 다양한 감각적 대상들이 지각될 때, 이미 그것을 경험하는 주관이 토대하고 있는 문화적, 역사적 경험들의 영향을 받게 되므로, 동일한 감각적 대상은 서로 다르게 '의미부여'될 수 있고, 따라서 우리는 동일한 사태에 대해 서로 다른 지각 경험을 가질 수 있는 것이다.

우리가 상호주관적으로 일치하는 경험을 할 수도 있고, 불일치하는 경험을 할 수도 있다는 것은 우리가 토대하고 있는 생활 세계의 의미가 이중적이라는 사실과 밀접히 관련되어 있다. 후설의 생활 세계 개념은 크게 두 가지 의미로 나눌 수 있는데, 그 첫째는 우리 모두가 함께 토대하고 있는 유일하고 보편적인 세계 지평이고, 둘째는 언어나 문화에 따라 상대적으로 존재하는 다수의 세계이다.[118] 그런데 이러한 다수의 상대적 개념의 생활 세계들은 각기 그 구성

174

원들에게 다시 하나의 공동의 세계 지평으로 기능하면서 그 안에
또 다른 여러 상대적인 작은 생활 세계들을 포함할 수 있다. 이러한
다층적 생활 세계의 구조 속에서 우리는 상호주관적으로 일치하는
경험의 토대가 되는 생활 세계와 상호주관적으로 불일치하는 경험
의 토대가 되는 생활 세계를 구분해 볼 수 있을 것이다.

결국 일치하는 상호주관적 명증이든, 불일치하는 상호주관적 명
증이든 모든 상호주관적 명증의 발생은 특정한 생활 세계에 토대한
다고 할 수 있다. 즉 우리는 상호주관적 주체들이 속한 공동의 생활
세계 내의 언어 규칙, 문화, 전통과 같은 상호주관적 명증 혹은 습
성의 산물들이 또 다른 상호주관적 명증의 발생적 토대로 기능함을
알 수 있다. 우리에게 상호주관적 명증이 가능하기 위해서는 동일
한 생활 세계의 공유가 전제되어야 하는 것이다. 물론 상이한 생활
세계에 속한 두 인식 주체도 상호주관적 명증을 가질 수 있다. 그러
나 그 두 인식 주체는 그 상이한 생활 세계를 포괄하는 더 넓은 지
평의 세계를 공동의 생활 세계로 공유하고 있어야만 할 것이다.

동일한 생활 세계의 공유 속에서 상호주관적 명증을 가능하게 하
는 또 다른 발생적 요소들로, 타인과 일치하고자 하는 본능이나 충
동, 혹은 의지를 지적해야겠다. 상호주관적 명증의 발생적 동기의
저 밑바닥에는 상호주관적 본능이 자리 잡고 있는데, 이것은 아이
와 엄마의 상호주관적 관계의 발달을 통해 잘 이해될 수 있다. 아이
가 엄마와 소통하고자 하는 것[119]은 아이가 엄마와 소통하고자 하는

---

[118] Matheson Russell, "On Habermas's Critique of Husserl", in: *Husserl Studies* 27,
2011 참조.

[119] 원초적 타인 경험의 시원적 발생에 관해서는 이종주, 『타자 경험의 발생적 현상학』,
서울대학교 박사학위 논문, 2012, pp. 80-85. 참조.

본능이 있기에 가능한 것으로서 아이는 엄마와 소통할 때 느껴지는 기쁨의 감정 때문에 엄마와의 상호주관적 관계를 발달시킨다. 아이는 내가 타인과 공동의 경험을 하고 있다는 것에 대한 최초의 자각과 더불어 그러한 자각에 대한 경험이 반복됨에 따라 상호주관적 경험에 대한 인식을 하나의 습성적 통각 체계로 발달시키게 된다. 유아의 의식의 장에서 어떠한 경험이 상호주관적 경험이라는 것에 대한 최초의 자각이 발생한 후, 그러한 자각은 반복됨으로써 상호주관적 경험에 대한 인식의 통각 체계가 하나의 습성 체계로 형성되게 되는 것이다.

성인이 되어서도 우리들의 모든 상호주관적 경험에는 이미 상호주관적 습성의 통각 체계가 상호주관적 경험의 발생적 동기로 기능한다.[120] 우리는 우리가 상호주관적 경험 속에 살고 있음을 알고 있다. 그리고 우리는 무엇이 상호주관적 경험인지, 아니면 다만 주관적 경험에 그치는 것인지를 대략 알고 있다. 내가 이 컴퓨터를 지각할 때, 다른 사람도 이 물체를 동일하게 컴퓨터로 지각하리라는 것을 나는 이미 알고 있다. 상호주관적 경험의 터전에서 살고 있다는 것을 깨닫지 않고서는 우리에게 어떠한 일상적인 삶도 가능하지 않다. 이러한 암묵적인 앎 속에서만 우리는 타인과 교류하고 소통할 수 있는 것이다.

그런데 이러한 타인과의 소통, 상호주관적 연관은 살아있는 자들 사이에서만 가능한 것이 아니다. 죽은 자와 산 자들 사이에도 상호주관적 연관이 있을 수 있다. 죽은 자들과 산 자들 사이에 일어나는

---

[120] 상호주관적 습성과 통각 체계에 대한 상세한 분석은 김기복, 『습성의 현상학』, 서울대학교 박사학위 논문, 2013, pp. 167-181. 참조.

이러한 구체적인 상호주관적 연관을 우리는 역사라고 부르고, 죽은 자들과 산 자들 사이의 습성의 전승을 통해 구성되는 것을 세대성이라고 부른다.[121] 역사, 세대성과 같은 상호주관적 연관에도 역사성과 세대성을 위한 본능이 그 발생적 동기로 작용하고 있다고 우리는 말할 수 있을 것이다.

## 2. 타당성의 관점에서

앞서 살펴본 바와 같이, 상호주관적 명증의 원초적 형태를 제외하면 대부분의 상호주관적 명증의 발생에서는 또 다른 상호주관적 명증이 그 발생적 토대로 기능한다. 그래서 발생의 관점에서는 주관적 명증이 아닌, 상호주관적 명증이 대개 더 근원적인 역할을 하는 명증이다. 그러나 타당성의 관점에서는 사정이 달라진다. 주관적 명증에게 언제나 상호주관적 명증이 영향을 미친다고 하더라도, 타당성의 관점에서 인식의 최종적인 자기 책임의 근거는 주관적 명증에 있기 때문이다. 만약 나의 주관적인 직관적 경험과 일치하지 않는 상호주관적 명증을 대면할 경우, 우선은 인식 책임의 주체로서 내가 갖고 있는 정당한 인식적 근거에 호소해야 한다. 그것은 모든 전통이나 권위, 선입견을 넘어 오직 사태에 대한 자기 자신의 직관에서 모든 학문의 근거를 찾고자 하는 현상학의 이념과 잘 부합한다. 그뿐만 아니라 이것은 타자의 존재는 언제나 타자를 구성하

---

[121] 김기복, 위의 논문, p. 182 참조.

는 나의 주관에 의존한다는 바로 그러한 초월론적 사태에서도 그 근거를 갖는다. 후설의 후기 유고에 나타난 다음의 구절은 이러한 주장을 잘 뒷받침해주고 있다.

"그래서 타당성에 있어서, 확증되고 계속해서 확증될 수 있는, 그리고 내용적으로 개선될 수 있는 타당성에 있어서 나는, 나 자신과 마찬가지로, 그리고 또한 그 안에서 인간으로서 우리와 함께 있는 우리의 공동의 세계와 마찬가지로, 타인들을 갖는다. 그러나 그럼에도 불구하고 나의 존재와 나에게 타당함에 있어서 나는 모든 것에 선행한다. 모든 타당한 것은 나의 타당함으로부터 나온다. 그리고 나는 그것을 반성을 통해 즉시 알게 된다. 인식의 관점에서 내가 더 앞서는 것이라는 것, 사람들은 그것이 아마도 '단지' 사소한 것을 의미한다고 말할 것이다. 내가 존재하지 않는다면, 당연히 나는 타자들을 인식할 수 없을 것이기 때문이다. 그러나 이러한 '단지'는 여기에 놓여 있는 초월론적 사태의 완전히 도달할 수 없는 파악을 증명하는 것이 아닌가? 여기에 모든 타자의 존재는 나의 고유한 존재에 의존한다는 사실이 놓여 있지 않은가?"(Hua XV, 39)

따라서 아무리 다수의 사람이 동일한 직관을 이야기한다고 해도 그것이 나 자신의 직관과 일치하지 않는다면 그것은 나에게 인식 정당성을 가질 수 없다. 혹자는 여기서 어떤 과학적 명제가 참이냐 거짓이냐에 대해 나 자신의 직관이 아니라 과학자들의 권위에 의존하는 것이 더 정당한 것이 아니냐고 반문할 수 있겠다. 또한 우리가 경험하지 못한 많은 사실을 인식할 때, 우리는 나의 직관이 아니라 역사와 전통에 의존해야 하는 것이 아니냐고 반문할 수 있겠다. 그러나 역사와 전통, 그리고 특정 집단에 대해 권위를 부여하는 그 모든 최종적인 결정의 책임자는 바로 나 자신이다. 즉 어떤 주장을 받아들일 것이냐 받아들이지 않을 것이냐에 대해 나의 소박한 경험에 의존하는 것이 옳을 것인지, 아니면 역사와 전통, 권위에 의존하는 것이 옳을 것인지를 판단하는 최종적인 주체도 바로 나 자신이라는 것이다. 이러한 사실은 우리의 모든 인식 정당성의 주장에는 엄격한 자기 책임의 정신이 수반되어야 한다는 인식적 규범을 잘 반영해 준다.

그런데 여기서 인식 정당성의 주장의 최종적인 자기 책임이 인식 주관에게 있다는 것은 후설의 명증 이론을 유아론적 주관주의로 오해하게 할 소지가 있다. 그러나 인식 정당성의 최종적인 자기 책임을 인식 주관에게서 찾는 것은 각자의 인식 정당성의 최종적인 근거가 각자의 주관에게 있음을 의미하는 것으로서, 인식 주관에게서 찾아지는 이러한 인식 정당성의 근거는 당장 자신의 주관적 명증과 일치하지 않는 상호주관적 명증에 대한 고려의 요구를 포함한다. 나의 주관적 명증은 언제든지 새로운 더 강력한 명증에 의해 수정되고 포기될 수 있기 때문이다. 이러한 수정과 포기의 과정에서 나의 명증과 일치하지 않는 상호주관적 명증은 매우 중요한 역할을 담당한다. 그럼에도 불구하고, 나와 일치하지 않는 상호주관적 명증에 의해 기존의 나의 주관적 명증이 포기되고 수정됨을 승인하고 새로운 상호주관적 명증을 받아들이는 최종적 주체는 바로 인식 주관이기 때문에 우리는 결국 모든 인식 정당성의 책임을 그러한 인식의 타당성을 주장하는 인식 주관에게 물을 수밖에 없다.

그뿐만 아니라 정적 현상학적 타당성의 관점에서 인식 정당성의 최종적 원천[122]인 주관적 명증은 언제나 그 발생적 토대로서 상호주관적 명증을 함축하고 있기 때문에, 그저 사적인 명증에 불과한 것이 아니라 그 자체로 상호주관적 타당성 주장을 함축하고 있다. 그래서 인식 타당성의 최종적 원천을 주관적 명증에서 찾는 것은 결코 유아론적 귀결을 지시하지 않는다. 오히려 주관적 명증은 그 자체가 상호주관적 명증이 없이는 발생할 수 없기 때문에, 우리는 후설 현상학에 토대하여 후설의 명증이론을 충실히 따르면서도 후설 현상학의 이념을 실현하기 위해 결국 상호주관적 명증의 문제를 주제화해야만 했던 것이다.

우리는 1부에서 상호주관적 명증이라는 개념의 가능 근거를 살펴보면서 이미 후설 현상학의 범위 내에서 상호주관적 명증이라는 개념이 가능하다는 것을 살펴보았다. 그렇다면 이러한 상호주관적 명증은 주관적 명증에 어떠한 인식적 역할을 담당하는 것일까?

앞서 살펴보았듯이 우리는 주관적 명증이 필증적이고 충전적이기만 한 것이 아니라, 부단히 수정되고 양상화하는 과정을 거칠 수 있는 열린 진리 모델에 부합한다는 것을 알고 있다. 그런데 앞서 발생적 관점에서 주관적 명증에는 언제나 언어 규칙, 문화, 전통, 상

---

[122] 여기서 유의해야 할 것은 발생적 현상학적 타당성의 관점에서는 주관적 명증이 모든 타당성의 원천이라고 말하기 어렵다는 것이다. 주관적 명증은 상호주관적 명증을 그 발생적 토대로 하므로 자신의 타당성을 상호주관적 명증에 의지할 수밖에 없다. 그래서 발생적 현상학적 타당성의 관점에서 주관적 명증의 타당성의 토대는 그러한 주관적 명증을 가능하게 하는 상호주관적 명증이라고 말할 수 있다. 그러나 또한 주관적 명증의 발생적 토대로서의 상호주관적 명증은 또다시 일치하는 다양한 주관적 명증을 자신의 발생적 토대로 갖게 되므로 주관적 명증과 상호주관적 명증은 어느 하나가 어느 하나의 최종적 토대라고 말하기 어렵고, 발생적 관점에서는 서로가 서로의 발생의 토대이자 가능 조건으로 뒤얽힌 채 무한히 과거로 뻗어 나가며 연결되어 있다고 말할 수밖에 없다.

180

호주관적 습성과 같은 상호주관적 명증의 산물들이 발생적 토대로서 기능하고 있다는 것을 살펴보았으며, 이것은 다시 말해 상호주관적 명증은 언제나 주관적 명증에 발생적 관점에서 영향을 미치고 있다는 것을 의미한다.

그러나 우리는 타당성의 관점에서도 상호주관적 명증이 주관적 명증에 영향을 끼칠 수 있다고 말할 수 있다. 그것은 우리가 두 가지 종류의 상호주관적 명증을 구분해볼 수 있기 때문인데, 그것은 첫째, 주관적 명증의 발생적 토대로서 주관적 명증에 암묵적인 영향을 끼치는 상호주관적 명증과 둘째, 주관적 명증에게 명백한 술어적 인식 형성물로 취급되어 타당성의 평가대상이 되는 상호주관적 명증이다. 이때 두 번째 의미의 상호주관적 명증은 나의 주관적 명증과 일치할 수도 있고 불일치할 수도 있다. 그리고 인식 주관은 자신의 주관적 명증과 일치하는 상호주관적 명증을 만나게 될 때, 자신의 인식 타당성을 확증하게 되고, 불일치하는 상호주관적 명증을 만날 때, 자신의 인식 타당성을 회의하게 될 수 있을 것이다. 이것은 모든 주관적 명증이 오류 가능함을 전제한다.

즉 주관적 명증은 닫힌 진리 개념이 아니라 여타의 상호주관적 명증에 의해 영향을 받고 계속해서 교정될 수 있으므로, 나의 주관적 명증이 여타의 상호주관적 명증과 합치하게 될 때, 나의 주관적 명증에 대한 믿음은 그 이전에 비해 더욱 확증되게 된다. 또한 우리는 주관적 명증이 여타의 상호주관적 명증과 합치하지 않을 때 나의 주관적 명증은 당장에 부정되지는 않지만 일단 의심될 수 있으며, 이러한 경우, 반드시 주관적 명증이 폐기되는 것은 아니지만, 적어도 의심되면서 재고의 대상이 된다는 것을 알 수 있다.

한편, 상호주관적 명증의 타당성 역시 주관적 명증과의 관계 속에서 확립된다. 즉 상호주관적 명증의 타당성은 두 인식 주체들 간의 공허한 합의가 아닌 확립된 주관적 명증 간의 일치에 의해 획득된다. 특히 학문적 영역에서 이러한 일치는 언어를 통해 확인되는데, 두 인식 주체들 간의 언어적 일치와 합의 이전에 주관적 명증이 먼저 확립되어야 한다는 사실은 인식의 대상이 되는 술어적인 상호주관적 명증에서조차 그 타당성의 원천은 주관적 명증의 직관적 경험에서 찾아져야 함을 잘 보여준다. 결국 우리는 모든 상호주관적 명증의 타당성의 토대는 상호주관적 명증을 구성하는 주관적 명증이라고 말할 수 있을 것이다.[123]

---

[123] 이렇게 말할 때, 우리는 정적 현상학적 타당성에 대한 관심 지평 속에 서 있음에 유의해야 한다. 발생적 현상학적 관점에서는 주관적 명증의 타당성도 그것의 발생적 토대가 되는 상호주관적 명증에 의존하기 때문에 주관적 명증이 타당성의 최종적 원천이라고 말하기 어렵다. 발생적 현상학적 관점에서 상호주관적 명증의 타당성의 원천은 그러한 상호주관적 명증의 존립 토대인, 무한히 과거로 뻗어 나가는 또 다른 상호주관적 명증이라고 말해야만 할 것이다.

# 5장. 언어적 의사소통과 합리성

앞서 우리는 다양한 상호주관적 명증의 본질 구조와 가능 조건들을 살펴보았다. 그리고 상호주관적 명증은 언어적으로만 성취되는 것이 아니라 선 언어적 차원에서도 경험되며, 원본적인 지각 경험에 뿌리를 두는 이러한 선 언어적, 선 술어적 차원의 상호주관적 명증이 보다 근원적인 상호주관적인 명증임을 알게 되었다. 그러나 학문의 성립을 위해 선 술어적 차원의 상호주관적 명증은 우선 술어화(언어화)되어야 한다. 선 술어적인 상호주관적 명증이 지속적인 인식의 소유물이 될 수 있으려면 술어로 대상화되어야 하기 때문이다.[124] 이렇게 선 술어적인 상호주관적 명증은 언어(Sprache)를 통

---

[124] "개체적인 인식 과정을, 그것에 대해 진술하는 명제들로 표명함으로써, 비로소 학문의 상호주관적 객관성이 가능해진다. 그래야 학문적 인식 작용의 전통의 연속성이 가능해진다." Eugen Fink, *VI. cartesianische Meditation. Teil1. Die Idee Einer Transzendentalen Methodenlehre: Texte aus dem Nachlass Eugen Finks (1932) mit Anmerkungen und Beilagen aus dem Nachlass Edmund Husserls (1933/34) Teil 1, Die Idee einer transzendentalen Methodenlehre.* (Hrsg.von Hans Ebeling, Jann Holl und Guy van Kerckhoven), Dordrecht : Kluwer Academic Publishers, 1988, P.114 이 구절이 잘 보여주고 있듯이, 학문의 상호주관적 객관성을 가능하게 하는 것은 언어다. 요컨대 사고의 작업수행을 상호주관적으로 접근할 수 있는 진리들의 제도적 표현의 형성물들로 조직화함을 통해서만 학문은 초개체적이며 집단적인

해 학문적 인식의 전제가 되는 술어적인 상호주관적 명증에 이를 수 있는데, 이러한 술어적인 상호주관적 명증은 일치와 불일치[125], 혹은 동의나 부정의 형태 속에서 구축된다. 학문적 인식은 언어를 통한 이러한 술어적 명증 간의 일치와 불일치 속에서 확증과 논파의 과정을 반복하며 전개되기 때문에 학문의 진보를 가능하게 하는 언어적 의사소통 속에서의 이러한 일치와 불일치가 어떻게 발생하고 어떠한 가능 조건들에 의해 구성되는지를 살펴볼 필요가 있다. 그래서 우리는 6장에서 학문적 인식의 성립과 발생에 대해 논하기 전에 먼저 언어적 의사소통을 통한 상호주관적 일치 혹은 불일치의 가능 조건이 무엇인지, 그리고 이러한 일치와 불일치가 우리들의 합리적 인식에 있어서 각기 어떠한 역할을 수행하는지를 살펴보고자 한다.

---

습득성으로 창조될 수 있다.

[125] 이러한 일치와 불일치의 문제에 있어서 후설은 우선 공동체의 정상적인 구성원들 간의 (불)일치만을 고려한다. "물론 우리는 눈먼 사람이나 소리를 못 듣는 사람 등등 비정상성이 존재한다는 점, 그래서 현출 체계들은 결코 항상 절대적으로 동일할 수 없으며 (비록 모든 충들은 아니더라도) 전체 충들도 다를 수 있다는 점을 잘 알고 있다. 그러나 비정상성은 비정상성 자체로서 우선 구성되어야 하며, 오직 그에 선행하는 정상성의 토대 위에서만 구성될 수 있다."(Hua I , p.154) "공동체 삶에서 사람들은 정상적으로 감각하는 경험의 자연을 따르며, 비정상적인 사람들은 간접적인 유비로, 혹은 그밖에 정상적인 사람들의 범주에 의지해서 자신을 돕는 그들의 방식을 갖는다."(HuaIX,p.128) 그리고 후설이 지칭하는 '모든 사람jedermann'이란 우선은 정상성의 범위에 속한 주관들을 뜻한다. "인간으로서 정상적이라 함은 '모든 사람'이라는 말로서 자신을 구체적으로 이해하고, 모든 이에게 친숙하지만 해석되지는 않은 동일한 형식 구조를 통해 규정되는, 동일한 역사적 생활 세계를 갖는 공동 인간의 열린 인간 공동체에 속하는 사람을 뜻한다."(HuaXV, p.142)

## 1. 일치

언어적 의사소통에서 상이한 주체들 간의 타당성 주장의 일치는 두 주체들이 공통의 환경 세계 속에 거주하고 있음을 전제한다. 서로 다른 두 주체는 공통의 환경 세계 속에서 공통의 언어, 문화, 관습, 전통, 종교, 이념 등을 공유함으로써 타당성 주장에 있어서 상호 간의 일치를 경험할 수 있는데, 언어적 의사소통에서 상이한 주체 간의 타당성 주장의 일치는 일반적으로 주어진 타당성 주장의 합리성을 증가시킨다. 물론 서로 다른 두 주체는 공통의 종교, 신념, 혹은 전통에 기반하여 직관적 경험이 결여된 공허한 사념으로서의 타당성 주장에 대한 일치를 경험할 수도 있다. 이러한 경우에도 적어도 겉보기에는 주어진 타당성 주장의 합리성이 증가하는 듯이 보이지만, 공허한 사념에 기반한 일치 혹은 합의는 그 타당성 주장의 실질적인 합리성의 증가와 무관하다. 어쨌든 상이한 인식 주체들은 공통의 환경 세계 속에서 이러 저러한 언어적 의사소통을 통해 공통의 환경 세계를 수립해 나간다. 후설은 『이념들Ⅱ』에서 동의나 거부와 같은 의사소통이 공통적 환경 세계의 수립에 하는 역할을 다음과 같이 묘사한다.

> "인격들이 다른 인격들에 영향을 끼치는 다른 형식이 존재한다. 즉 인격들은 자신들의 정신적 행위 속에서 서로에게(자아는 타인에게, 타인은 자아에게) 향하고, 자신의 상대방으로부터 이해되려고 […] 작용들을 수행한다. 거꾸로, 그렇게 규정하는 사람은 이러한 영향에 흔쾌히 동의하거나 마음이 내키지 않아 거절할 수 있으며, 자신의 편에서는 그에 따라

행동할 뿐 아니라, 흔쾌함이나 내키지 않음을 의사전달(Mitteilung)을 통해 이해하게 함으로써 반응을 통해 그를 규정한 사람을 다시 규정할 수 있다. 이렇게 해서 의견일치(Einverständnis)의 연관들이 형성된다. […] 의견일치의 이러한 연관들 속에 인격들의 의식적 상호 연관이, 그리고 동시에 동일한 것을 공동의 환경 세계로 통일적으로 관련지음이 성립된다."(HuaⅣ, 192)

이 구절은 언어적 의사전달과 의견일치가 상이한 인격들이 상호 연관되어 연대하고, 공동의 환경 세계를 수립해 나갈 수 있기 위한 가능 조건임을 시사한다. 즉 우리는 공통의 환경 세계 속에 살아가기 때문에 상호 간의 의사소통이 가능하고, 또 의사소통을 통한 상호 간의 일치에 이를 수 있지만, 또한 거꾸로 인식 주체들 간의 의사소통과 상호 간의 일치가 가능하기 때문에 부단히 새로운 더 높은 단계의 환경 세계를 생성 시켜 나갈 수 있는 것이다. 그래서 우리는 주어진 환경 세계 속에서 내던져진 채 태어난다고도 말할 수 있지만, 또한 주어진 환경 세계를 새롭게 형성 시켜 나가는 주체들이라고 말할 수도 있다. 공통의 환경 세계는 우리들의 언어적 의사소통을 위한 거대한 원천이면서도 또한 우리들의 언어적 의사소통을 통해 끊임없이 새롭게 생성되는 인식 주체들의 산출물인 것이다.

이렇듯 공통의 환경 세계는 의사소통적 연관 속에서 형성되지만, 원초적인 환경 세계의 설립이 아닌, 일상적인 상황 속에서 우리는 태어나면서부터 상호주관적으로 형성된 환경 세계에 이미 발을 들여놓고 있다. 이렇게 우리가 상호주관적으로 형성된 공동의 생활 세계에 함께 거주하기 때문에 우리는 상호 일치된 경험을 가질 수 있다. 그러나 역사, 문화의 산물인 의미, 관계, 기대들에 의해 구조화되어 실천적 문화적 의미가 담지 된 생활 세계는 단일하게 존재하는 것이 아니라 복수로 존재한다. 이방 세계의 낯선 사람과 나는 서로 다른 생활 세계 속에서 서로 다른 언어 규칙과 문화, 전통, 상호주관적 습성들을 가짐으로써 경험의 불일치를 겪을 수 있다. 그럼에도 그와 나는 복수로 존재하는 이러한 생활 세계 전부를 포괄하는 단일한 보편적 경험의 지평으로 단일한 세계를 공유하고 있다. 이러한 단일한 세계 지평으로서의 생활 세계는 우리의 모든 경험에 앞서 언제나 전제되는 것이다. 이렇게 우리 모두가 단일한 하나의 세계 속에 살고 있다는 것은 언어적, 문화적 특수성을 초월한 보편적 동의의 가능성을 시사해준다.

그렇다면 언어적 의사소통을 통한 상호 이해와 동의를 가능하게 하는 조건은 무엇인가? 하버마스는 합리적인 언어적 의사소통이 가능하기 위해서 우리가 따라야 할 타당성 요구의 조건으로 '진술의 이해가능성', '진술의 명제적 구성 부분의 진리성', '규범의 정당성', '표현행위의 진실성'이라는 네 가지 기준을 제시하였다. 하버마스는 우연적으로 도달한 합의가 아니라 충분히 근거 지워진 합리적 합의만이, 그러니까 틀린 합의가 아닌 올바른 합의만이 진리의 기준이 될 수 있음을 잘 인지하고 있었다. 그러나 언어적 의사소통에 있어서 합리적 동의가 이루어지기 위해서는 하버마스가 제시한 이 네 가지 기준만으로는 충분하지 않다. 동의를 통해 진리와 관계하는 이상적 합의에 도달할 수 있으려면 상호주관적인 일치나 동의 이전에 직관적 경험에 토대를 두는, 주관적 차원에서의 명증이 우선 확립되어야 한다.[126] 직관적 경험에 토대하지 않고 공허한 사념에 토대한 믿음을 가진 다수의 사람이 아무리 의사소통행위론이 제시한 규범을 따르며 의사소통을 한다고 하여도 그러한 합의는 진리에 접근하지 못하는 공허한 합의에 머무를 수밖에 없다. 따라서 합리적 의사소통 행위 속에서의 진정한 동의란 타인이 언표하는 말이 공허한 사념 속에 머무르는 것이 아니라 나의 주관적인 직관적 경험, 즉 주관적 명증을 통해 충족될 수 있어야 함을 지시한다. 합리적인 의사소통 행위의 일원이 되기 위해서는 언어적 의사소통을 통한 동의나 불일치 이전에 먼저 주관적 차원에서 확립된 명증을 소유하고 있어야 하는 것이다.

이러한 이상적인 의사소통 행위 상황 속에서 다수의 동의는 나의 인식을 확증시켜주는 역할을 하며 다수의 합의에 이른 인식은 합리적인 인식으로 간주된다. 그러나 동의나 합의를 통한 이러한 인식들도 틀릴 수 있으며, 그러한 합의를 구성하는 인식 주체들의 성격(인식 주체들의 수가 많은지 적은지, 인식 주체들이 전문가들에 해당하는지 비전문가들에 해당하는지 등)에 따라 합리성에 있어서 다양한 등급을 갖게 된다. 그러나 확립된 주관적 명증에 토대하여 다수에 의해 합의된 인식은 정당한 인식으로서의 성격을 지니며, 잠정적이거나 상대적으로나마 '진리'라는 명칭을 소유할 수 있을 것이다. 그러나 느슨한 의미에서의 진리, 즉 잠정적이거나 상대적인 진리가 아니라 엄밀한 의미에서의 진리, 즉 절대적 진리의 이념을 상정해 본다면 그것은 무제한적인 이상적 의사소통적 공동체의 이상적 동의 내지 합의와 관계한다고 할 수 있을 것이다.

---

126 이남인, 「비판적 합리성의 구조-후설의 현상학과 하버마스의 의사소통행위이론」, 『후설의 현상학과 현대철학』, 풀빛미디어, 2006, pp.186-188 참조.

## 2. 불일치

후설의 상호주관성의 현상학은 인식 주체들 간의 불일치의 문제
를 설명하지 못한다는 비판을 받아왔다. 앞서 살펴본 바 있듯이, 이
러한 비판을 가한 대표적인 철학자가 하버마스인데, 하버마스는 후
설의 상호주관성의 현상학이 공간적 모델 속에서의 장소 교환이라
는 개념에 토대하고 있기 때문에 인식 주체들 간의 진정한 불일치
의 문제를 설명할 수 없다고 비판했다.[127] 그러나 후설의 현상학이
인식 주체들 간의 불일치의 문제를 설명하지 못한다는 이러한 주장
과는 달리 후설은 상호주관적 경험에서 나타날 수 있는 불일치의
문제를 잘 인지하고 있었다.[128]

> "[…] 이러한 공동체화에서는 서로 간의 정정을 통해 타당성 변화도 끊
> 임없이 일어난다. […] 더 나아가 대체로 개별적인 것들에 관해, 정상적
> 인 것으로는, 타당성의 상호주관적 일치가 성립되고, 그래서 타당성과
> 그 속에서 타당한 것들의 다양성 속에서 상호주관적 통일이 성립한다.
> 더 나아가 종종 상호주관적 *불일치*들이 제법 나타나는데, 그러나 이 경우
> 에도, 암암리에 알아차리지 못하건, 명시적이건, 서로 간의 토의와 비판
> 속에서 일치가 생겨나고, 적어도 모든 사람에 대해 가능적으로는 도달할

---

[127] J. Habermas, *On the Pragmatics of Social Interaction*, (B.Fultner, Trans.),
Cambridge, MA:MIT Press, 2001, p.42 참조.

[128] 본서는 3부 4장 1절에서 하버마스의 이러한 비판이 어떤 점에서 정당하지 않은지를
이미 다룬 바 있다. 상호주관성의 공간적 모델은 가장 단순한 상호주관적 경험의 장
의 범례로서 제시된 것일 뿐이기 때문에 후설의 상호주관성의 현상학 전체가 공간적
모델에 기반해 있다고 말할 수는 없다. 더 상세한 분석은 3부 4장 1절을 참조하라.

수 있는 것으로서 미리 확신된다."(강조는 필자) (Hua Ⅵ, 166)

위 구절의 앞부분에서 후설은 상호주관적 일치의 문제를 강조하는 듯이 보이지만, 뒷부분은 후설이 언어적 의사소통에서 불일치의 문제를 충실히 고려하고 있음을 보여준다. 그런데 언어적 의사소통을 매개로 한 상호주관적 경험에서 이러한 불일치가 나타나게 되는 것은 다음과 같은 네 가지 이유를 가질 수 있다.

내가 타당한 주관적 명증을 갖고 있을 경우, 먼저 나는 주관적 명증이 확립되지 않은 상태에서 공허한 사념만 가지고 있는 타인과 불일치할 수 있다. 이 경우 확립된 주관적 명증을 갖고 있지 않은 타인은 정당한 권리로 토의에 참여할 수 없다. 타인이 자신의 판단에 대한 직관적 경험에 토대한 정당한 근거를 제시할 수 없다면, 확립된 주관적 명증을 갖고 있는 내가 인식적 우위를 차지할 수 있을 것이다. 나는 나의 직관적 경험을 나의 인식 정당성의 근거로 제시할 수 있지만, 타인에게는 그러한 인식 정당성을 위한 근거가 결여되어 있기 때문이다.

다음으로 나와 타인이 공히 확립된 주관적 명증을 갖고 있음에도 불일치가 발생하는 경우들이 있다. 내가 타인과 공동의 세계 속에서 공동의 경험을 할 수 있다는 것은 나와 타인이 모두 정상성의 범주에 속한 인식 주체들임을 전제한다. 그러나 만약 타인이 정상성의 범주에 속하지 않은 인식 주체[129]일 경우, 나와 타인 사이에 불일

---

[129] 이러한 정상성의 개념은 때로 상대적일 수 있다. 한국인들에게는 한국 사람이 정상성의 범주에 속하고 미국인이 이방 세계의 사람이 되겠지만, 미국인에게는 미국인이 정상성의 범주에 속하게 된다. 또 이성애자들은 이성애자를 정상성의 범주에 포함시키겠지만, 동성애자들은 다른 관점을 가질 수 있을 것이다.

치가 발생할 수 있다. 이 경우 나는 우선은 정상성의 범위에 속한 인식 주체들과의 일치, 불일치만을 고려하고, 정상성의 범위에 속하지 못한 인식 주체들의 판단은 배제한다. 그러나 정상성의 범위에 속하지 않은 인식 주체들의 판단도 사태에 대한 나의 인식을 더 풍부하게 해주는 데 기여할 수 있다.

나와 타인이 공히 확립된 주관적 명증을 갖고 있을 뿐 아니라, 나와 타인이 공히 정상성의 범주에 속함에도 불일치가 발생할 수 있다. 이것은 나와 타인이 언제나 서로 다른 관점과 조망 속에서 사물이나 사태를 인식하기 때문이다. 후설은 이러한 사태를 다음과 같이 표현한다.

> "'원본적으로 자신의 고유한' 사물과 '타인 경험된' 타자의 사물의 현출 방식에서의 차이로 향하면, 더욱이 자신의 고유한 파악과 타인 경험된 파악의 불일치의 가능성으로 향하면, 각자가 실제로 원본적으로 지각사물로서 경험하는 것은 각자에게, 객관적으로 존재하는 것에 관한 한갓된 "표상", "현출"로 변한다."(HuaⅥ, 167)

또한 우리는 누구도 사물이나 사태를 전지적 관점에서 완전하게 파악할 수 없다.[130] 우리들에게 주어지는 것은 우리들의 관점 속에

---

[130] "'그' 사물 자체는 본래 아무도 실제로 보지 못한 것이다. 왜냐하면 그 사물은 오히려 끊임없이 움직이고 있으며, 모든 사람에게 의식적으로, 자신의, 그리고 타인의 변화하는 경험과 경험 사물들의 무한히 열려 있는 다양체들의 통일체이기 때문이다. 이 경우 이러한 경험의 공동주체들은 그 자체로 나 자신과 각자에 있어서, 아마도 만날 수 있고, 그런 다음 현실적 연계 속에서 나와 함께 그리고 서로 함께 겉게 되는 인간들의 무한히 개방된 지평이다."(HuaⅥ, p.167)

서 나타난 사물이나 사태의 현출들일 뿐이다. 그러나 우리들의 관점과 조망에 따른 이러한 다양한 현출들은 언어적 의사소통을 통해 공유되고 종합될 수 있다. 그래서 이러한 종류의 불일치는 결국 사물에 대한 나의 인식을 더 상세하게 규정하는 역할을 하며, 우리로 하여금 사태 자체의 총체적 모습에 더 접근해 주도록 하는 역할을 한다. 불일치는 갈등과 충돌만을 수반하는 것이 아니다. 나의 인식과 종합될 수 있는 불일치는 나의 인식을 더욱 풍부하게 하는 생산적인 기능을 갖고 있는 것이다.

다음으로 정상성의 범주에 속하는 나와 타인이 모두 확립된 주관적 명증을 갖고 있고, 같은 관점과 조망 속에 있음을 전제한다고 하여도 발생할 수 있는 불일치가 있다. 우선 두 주체가 서로 다른 생활 세계에 속해서 서로 다른 언어 규칙, 문화, 습성 체계를 갖고 있다면, 두 주체 사이에 불일치가 발생하게 된다.

그뿐만 아니라 나와 타인이 공동의 생활 세계 속에서 공동의 습성을 갖고 있다고 할지라도 나와 타자는 각자의 역사성 속에서 서로 다른 개별적 습성을 가짐으로써 사물에 대해 서로 다른 인식을 가질 수 있다. 동일한 생활 세계의 일원들이라고 할지라도 각자는 공동의 역사성을 가지면서도, 또 각자 개별적인 역사성을 지니기 때문이다.

의사소통적 주체들 간에 발생할 수 있는 이러한 네 가지의 불일치의 이유는 각 인식 주체들의 확립된 주관적 명증의 유무, 정상성의 유무, 관점의 공유 유무, 공통의 생활 세계의 유무의 기준으로 구분된 것이다. 그리고 우리는 이 모든 네 가지 조건이 충족되어도 인식 주체들 각자는 각자의 유일하게 고유한 개별적 습성을 가짐으로써 여전히 불일치에 이를 수 있음을 살펴보았다.

이 중에서 특히 서로 다른 생활 세계 주체들 간의 불일치의 문제나 공동의 생활 세계의 일원들 사이에서 각자의 경험 지평이 다름으로써 발생할 수 있는 불일치의 문제의 경우, 이들 간의 완전한 일치와 합의란 현실적으로는 가능하지 않지만 이론적 담론이나 실천적 담론의 경우, 상호주관적 공동체의 이상적인 합의는 영원한 교정의 과정 속에서 접근될 수 있다. 우리는 여기서 보편적 인류 공동체의 무제약적인 상호 간의 의사소통 가능성을 전제하고 있다. 그러나 일반적으로 경험적 차원의 의사소통은 문화적, 역사적 제약 속에 놓여 있다. 우리는 우리의 고향 세계의 구성원들과 무리 없이 언어적으로 소통할 수 있지만, 이방 세계의 구성원들과의 의사소통에는 어려움을 겪는다. 여기서 모든 이방 세계의 언어들을 번역하여 제약 없이 소통하는 것이 원리적으로 가능한가 하는 문제가 발생하는데, 후설은 "단순히 상대적인 고향 세계와 그것의 종합을 통해 이루게 되는 무한한 경험의 절대적 일치"(HuaXV, 235)가 목적론적 이념 속에서 성취될 수 있다고 본다. 그리고 이때 이러한 일치를 위한 초월론적 근거는 신체성을 매개로 한 타자 경험(Einfühlung)과 상호주관적 본능이라고 이야기한다.[131]

상이한 패러다임 속에서 각 패러다임은 공약 가능하지 않다는 공약 불가능성 논제[132]나 지식이나 진리가 개념 틀에 상대적이라는 개

---

[131] 후설의 의사소통이론에서 선험적 차원에서의 보편적 의사소통 가능성에 관해서는 박인철, 「후설의 의사소통 이론-역사적 제약과 선험적 보편성」, 『철학과 현상학 연구』 17집, 2001 참조.

[132] 이것은 토마스 쿤이 『과학 혁명의 구조』에서 주장한 이후, 철학계에 광범위한 영향을 미쳤다. T. Kuhn, *The Structure of Scientific Revolutions*, University of Chicago

념 상대주의자들의 주장은 우리가 상이한 패러다임이나 개념 틀의 존재를 아는 것이 이미 그것들 간의 공통의 무언가를 전제한다는 사실을 간과하고 있다. 가령 상이한 패러다임에 속한 이론들도 실험이나 관찰 도구를 공유할 수 있으며, 비록 상이한 방식으로 사용될지라도 같은 언어 사용 속에서 동일한 표현의 조작적 용어와 개념을 공유할 수 있다. 그래서 같은 언어 사용에 기반하여 각자의 조작적 용어와 개념을 비교할 수 있다. 또한 서로 다른 개념 틀과 세계관을 이야기하는 것 역시 우리가 이미 그것들이 개념 틀이고 세계관임을 안다는 것을 전제하는 한, 상이한 개념 틀 혹은 세계관 사이에 공통의 무언가가 있음을 암시한다. 상이한 패러다임과 개념 틀 속의 인식 주체들도 가장 광범위하고 보편적인 차원에서는 공통의 세계를 공유하며, 우리는 이러한 공통성을 언어적 의미에 물들지 않은 신체성, 그리고 감각적 자연 세계에 대한 상호주관적 경험에서 찾을 수 있다.

> "주관–상대적인 자연들은 서로서로 구별되지만, 상호 이해와 공동체 경험 속에서 어떤 공동성의 핵이 이 모든 자연들을 관통하고, 주관적인 차이들의 다양성에도 불구하고 밝혀지거나 밝혀질 수 있게 이 모든 자연을 관통한다. 이러한 공동성의 핵을 통해서 하나의 세계는 만인에게 동일한 하나의 세계로 경험될 수 있고, 그 세계는 어떤 사람들에게는 그렇게, 다른 사람들에게는 다르게 '현상된다.'" (HuaIX, 128~129)

---

Press, 2012. 참조.

결국 우리에게는 여러 개의 자연이 있는 것이 아니라, 단 하나의 자연이 있으므로(HuaIX, 128), 우리는 이러한 보편적인 감각적 세계 지평으로서의 자연의 공통성을 기반으로 경험을 상호 비교하고 수정해나가면서 계속적인 합의에 접근해갈 수 있다. 모든 사실적으로 현실화된 합의는 원리적으로 계속적인 교정에 열려 있기 때문에 이것은 결코 도달될 수 없는 이상이긴 하지만, 우리는 이러한 이상을 향해 계속 전진해갈 수 있는 것이다. 여기에 후설의 현상학이 궁극적으로 추구하고자 하는 객관적 진리의 이념이 놓여 있다.

# 6장. 학문적 인식의 근원과 발생[133]

지금까지 우리는 상호주관적 명증의 유형, 본질 구조와 더불어 상호주관적 명증의 구성을 가능하게 하는 초월론적 조건들을 살펴보았고, 언어적 의사소통에 의해 술어화 된 높은 단계의 상호주관적 명증이 학문적 인식의 성립과 발생을 가능하게 하는 우선적인 토대임을 알게 되었다. 그러나 술어화 된 학문적 명증도 궁극적으로는 생활 세계의 근원적 명증에 토대하여 형성된 것이다. 이 장에서는 1935년에 집필되었고 현재 『위기』의 부록 텍스트III으로 출간된 「기하학의 근원」을 통해[134] 주관적 명증의 상호주관적 공유가 학문적 진리 체험과 연관해 어떠한 본질 구조로 성취되는지를 이해해 보고자 한다.

---

[133] 이 장의 내용은 필자가 2016년, 「후설 현상학의 이념과 상호주관적 명증의 문제」라는 제목으로 『철학사상』 제 61집에 게재한 바가 있음을 밝힌다.

[134] 박승억에 따르면, 학문의 동기를 묻는 물음은 크게 세 가지 관점에서 다룰 수 있다. 우선 '학문'이라는 추상적이고 논리적인 구성물이 그 자체로 어떻게 가능한가이다. 둘째로 탐구의 대상인 존재자들이 어떻게 학적 탐구의 대상으로 주어질 수 있는가를 물을 수 있다. 세 번째 측면은 학적 탐구 활동의 주체가 왜 그런 활동을 하는지를 일종의 심리학적 측면에서 묻는 것이다. (박승억, 『학문의 진화』, 글항아리, 2015, p. 50 참조.) 「기하학의 근원」에서 후설의 분석은 학문이라는 추상적이고 논리적인 구성물의 가능 근거를 묻는 첫 번째 질문에 대한 답으로 볼 수 있다.

## 1. 근원적 명증의 의미 형성과 의미 침전

이 텍스트에서 후설은 기하학을 범례로 삼아 학문의 발생과 역사를 탐구한다. 후설에 따르면, 학문에 있어서 모든 인식 획득물은 정신적 작업 수행이며, 이러한 인식 획득물은 계속적인 연구를 통해 새로운 획득물로 확장된다.(HuaVI, 367) 그리고 이러한 학문적 획득물은 성공한 명증 속에서 그것의 최초의 근원을 갖는다. 학문의 이전 단계에는 원초적인 의미 형성이 필연적으로 선행되고, 그것은 성공적으로 실현된 명증 속에서 처음으로 등장한다.(HuaVI, 367)

즉 기하학적인 인식 형성물들의 근원적 형태는 그러한 기하학적 인식 형성물의 최초의 고안자 개인의 정신적 형성물로 존재하는 것이다. 그러나 기하학적 대상이나 명제는 개인의 의식 영역 속에 있는 개인적인 것으로 존재하는 것이 아니라 그것은 '모두'에 대해 객관적으로 현존하는 것으로 존재한다. 즉 기하학적 대상이나 명제는 감각적 주관성을 초월한 이념적 객관성(ideale Objektiviät)을 지닌다.

  "그것(기하학의 존재)은 그것의 근원설립[135]에서부터, 우리가 확신하는

---

[135] 근원설립은 무언가가 우리의 의식 속에서 최초로 경험되는 사태와 관계한다. 우리는 우리의 인식이나 의지, 결단 등을 통해 어떤 대상을 한 번 분명히 경험하면, 다음에 그 경험을 다시 꺼내어 재활성화시킬 수 있다. 즉 우리의 의식 속에 자리 잡은 경험은 이후의 우리의 의식을 동기 짓는 자산이 되는 것이다. 어떠한 최초의 경험이 이렇게 우리의 인식의 소유물이 되는 것은 이러한 경험이 지각, 기억 등에 의해 반복됨으로써 향후 우리가 이것을 다시 사용할 수 있게끔 우리의 의식에 침전(Sedimentierung)되기 때문이다. 그래서 가령 내가 남대문을 보는 것은 나의 의식에 남대문을 "설립(Stiftung)"하는 일이다. 그리고 남대문에 대한 의식상은 나의 의식에 침전된다. 그런데 이러한 설립 중 특히 중요한 것은, 어떤 종류의 대상의 최초의 설립이다. 가령 내가 생애 처음으로 남대문을 봤을 때, 나의 의식에는 전에는 없었던 "남대문"이라는

바와 같이, 모든 사람에 대해 고유한 초시간적인 것을 가졌으며, 우선은 모든 민족, 모든 시대의 실제적이거나 가능적인 수학자에게 접근할 수 있는 현존을 가졌다. 더욱이 그것의 모든 특수 형태에서도 마찬가지이다. 그리고 미리 주어진 형태들에 토대하여 누군가에 의해 새롭게 산출된 모든 형태들도 곧 이러한 객관성을 인수한다. 우리가 주목하는 바와 같이 그것은 '이념적' 객관성('ideale' Objektiviät)이다. 그것은 모든 학문적 형성물과 학문 자체가 속하는, 예를 들어 문학 작품의 형성물도 속하는 문화 세계의 정신적 산출물들의 전체 부류에서도 적용된다."(HuaVI, 367~368)

이러한 이념적 객관성은 정신적 형태인 이념적 대상성(ideale Gegenständlichkeit) 속에서 구현되는데[136], 이념적 대상성은 감각적으로 표명된 것들과 달리 세계 속에서 시간 공간적으로 개체화되지 않는다. 그러나 어쨌든 이러한 이념적 대상성은 모종의 방식으로 세계 속에 객관적으로 존재한다. 이러한 이념적 대상성은 세계 속에 어떻게 객관적으로 존재할 수 있는가? 또 개인의 내적 의식에 근원한 기하학적 이념성은 어떻게 이념적 객관성을 띠게 되는가? 후설은 이것이 언어를 통해 가능하게 된다고 이야기한다(HuaVI, 369). 그러나 언어적으로 옷을 입는 것은 한갓 내적 주관적 형성물을 어떻게 객관적인 것이 되게 만드는가?[137] 기하학자는 언어를 통

---

의식상이 생긴다. 이러한 최초의 설립을 후설은 "근원설립(Urstiftung)"이라고 한다.

[136] 여기서 이념적 객관성(ideale Objektiviät)은 이념적인 보편적 상호주관성을 말한다. 보편적 상호주관성으로서의 객관성은 의미, 본질 등과 같은 이념적 대상성(ideale Gegenständlichkeit) 속에서 구현된다.

[137] 세계가 객관적으로 있음은 공통의 언어를 가진 인간을 전제하며, 인간과 세계, 언어는 불가분적으로 서로 얽혀있다고 후설은 이야기한다. (HuaVI, 370)

해 그의 내적 형성물을 자명하게 표현할 수 있다. 그러나 이러한 내적 형성물이 자신의 이념성 속에서 언어를 통해 어떻게 객관적이 되는가 하는 물음이 잇따라 발생한다. 어떻게 심리 내적으로 구성된 형성물이 이념적 대상성으로서 고유한 상호주관적 존재가 될 수 있는가? 다시 말해 그것은 심리적인 것에서 발원했지만, 어떻게 전혀 심리적인 것이 아닌 기하학적인 것으로, 상호주관적 이념적 대상성으로 될 수 있는가?

개인의 정신적 활동 속에서 일어나는 최초의 산출의 능동성 속에, 그러니까 근원적 명증 속에 있는 원본적으로 있는 것 자체는 객관적 현존을 가질 수 있는 영속적인 획득물을 산출하지 못한다. 생생한 명증은 흘러가고 능동성은 즉시 방금 있었음이라는 흐르면서 희미해지는 수동성으로 이행한다. 이러한 파지(Retention)는 사라지지만 사라진 과거는 주체에게 아무것도 아닌 것이 아니라 일깨워질 수 있는 것으로 남는다. 능동적인 회상(Wiedererinnerung)을 통해 근원적 명증에 의해 근원 설립된 것으로서의 지나간 것이 재활성화 되어 새롭게 산출되면 근원적인 명증이었던 것과 회상에 의해 산출된 것 사이의 합치 속에서 동일성의 명증이 생겨난다. 기억된 것은 이전에 명증적으로 있었던 것과 동일한 것이다. 이것은 임의적으로 반복(Wiederholung)할 수 있음의 능력 때문에 가능하다. 이렇게 근원적 명증은 시간의 흐름 속에서 사라지지만, 근원적 명증을 통해 간취된 의미는 기억을 통해 반복되고 재활성화 되는 과정을 겪으면서 인식 주체가 언제나 다시 꺼내어 사용할 수 있는 인식 형성물로 침전(Sedimentierung)되게 된다.

## 2. 학문적 인식의 의미 형성과 의미 침전

그러나 근원적 의미 형성과 의미 침전만으로는 아직 주체를 넘어서는 객관성은 생겨나지 못한다. 그러한 객관성은 이제 우리가 타인 경험의 기능과 언어 공동체로서의 인간을 고찰할 때야 비로소 생겨난다. 원본적으로 산출된 것은 상호 간의 언어적 이해 속에서 다른 사람에 의해 능동적으로 추후적으로 이해될 수 있다. 기억에서와 마찬가지로, 타인에 의해 산출된 것을 이렇게 추후적으로 이해하는 것에는 현전화하는 작용을 현재에 함께 수행함이 필연적으로 발생한다. 의사 전달하는 사람과 의사전달 받는 사람의 산출물들에서 정신적 형성물의 동일성에 관한 명증적 의식도 함께 생겨난다. 그리고 이러한 산출물은 동료인간에게 계속 전파될 수 있다. 이러한 반복되는 이해 연쇄 속에서 동일한 것으로서의 명증적인 것이 타자의 의식 속에 들어선다. 다수의 사람들의 의사전달 공동체의 통일성 속에서 반복되어 산출된 형성물은 같은 것이 아니라 공통적인 것, 일반적인 것으로서 의식된다.[138] 그러나 이러한 의사 전달만으로는 이념적 형성물의 객관성이 완전히 성취되지 못한다. 왜냐하면 여기에는 최초의 고안자와 동료들이 살고 있지 않는 시대 동안에도 타당할 이념적 대상의 항속하는 현존이 결여되어 있기 때문이다(HuaVI, 371).

이러한 항속하는 현존을 갖기 위해 언어적 표현은 문자로 문서화(Dokumentierung)되어야 한다. 이러한 문서화는 잠재적 의사전달

---

[138] 이것은 수적으로 동일한 것이 아니지만 유적으로 같은 것임을 의미한다.

로서의 중요한 기능을 수행한다. 이를 통해 인류의 공동체화는 새로운 단계로 고양된다. 문자 기호는 순수하게 물체적인 관점에서 보자면, 감각적으로 경험될 수 있는 것이고, 그것도 공동성 속에서 상호주관적으로 경험될 수 있는 것이다. 이러한 문자 기호는 언어 소리처럼 친숙한 의미를 일깨우는데, 이러한 일깨움은 수동적인 것이다. 그러나 이렇게 수동적으로 일깨워진 것은 상응하는 능동성으로 되돌아가 변경될 수 있는데, 이는 언어적 존재로서의 모든 인간이 갖는 재활성화(Reaktivierung) 능력 덕분이다. 이러한 기록을 통해 의미 형성물의 근원적 존재 양상의 변화가 수행된다. 말하자면 그것은 침전된다. 읽는 사람은 그것을 다시 명증적으로 만들 수 있으며, 명증을 재활성화 하여 복원할 수 있다.

이렇게 개인적 의식의 주관적 명증이 주관적 차원, 상호주관적 차원, 세대간적 차원에서 반복될 수 있음은 의미의 이념적 동일성에 근거한다. 『논리연구』에서 후설은 논리학을 심리학에 기초 지우고자 한 심리학주의가 인식 대상의 이념성과 인식 작용의 실재성을 혼동하고 있다고 비판하면서 의미의 이념적 동일성을 주장하는데, 이는 수적으로 상이한 작용들 속에서 동일한 의미를 반복하는 것이 가능하기 때문이다. 만약 이념성이 심리적인 작용과 같은 성질을 띤다면, 어떤 발생 시점의 구체적인 심리 작용을 타인과 공유하거나 되풀이하는 것이 불가능하듯이 우리는 의미를 되풀이하거나 공유할 수 없을 것이다. 그러나 우리는 의미의 이념적 동일성에 근거해 지각의 지향적 대상을 기억 속에서 되풀이할 수 있을 뿐 아니라, 타인과의 일상적 의사소통 속에서 되풀이하여 공유할 수 있다(Hua XIX/1, 49, 97~98). 『논리연구』에서 후설이 의미를 반복 가능한 이

넘적 통일체로 규정한 것은 후설의 현상학이 이미 그 초기에서부터 일관되게 상호주관적 명증의 가능 근거를 예비하고 있음을 보여주는 좋은 증거이다.

이상에서 살펴본 바와 같이 학문적 인식은 개별 주체의 정신적 활동 속에서 일어나는 근원적 명증의 근원설립이 의식의 흐름 속에서 침전됨으로써 기억을 통해 복원 가능한 동일자로서 우선 형성될 수 있음을 토대로 하여 그러한 인식 산출물이 언어의 옷을 입고 타인에게 전달되어 복원됨으로써, 그리고 기록과 문서화를 통해 세대를 거쳐 전수됨으로써 성립된다. 기하학의 기원에 대한 이와 같은 후설의 설명은 학문의 성립에 관해 하나의 범례로서 제시된 것이지만, 우리는 이를 통해 모든 학문적 인식의 성립의 근원은 개별 주체의 주관적 명증에서 발원하며, 이러한 주관적 명증이 언어 공동체 속에서 상호주관적으로 공유됨으로써 학문이 성립됨을 알 수 있다. 그리고 이러한 인식 형성물의 상호주관적 공유는 상호주관적 시간 속에서 상호주관적으로 파지되고 침전되어 세계 시간[139] 속에서 세대를 통해 전수된다.

---

[139] 상호주관적 세계 시간의 구성의 문제는 김태희, 『후설의 현상학적 시간론의 두 차원: 정적 현상학적 분석과 발생적 현상학적 분석』, 서울대학교 박사학위 논문, 2011, pp.265-277. 참조.

# 7장. 상호주관적 명증과 인식 정당화의 문제

이제 지금까지의 고찰들을 토대로 하여 지식과 학문을 가능하게 하는 정당한 인식이란 무엇인지를 살펴보도록 하자. 우리는 인식 정당화의 문제를 주관적 차원에서의 정당화와 상호주관적 차원에서의 정당화로 나누어볼 수 있다. 지식이나 학문적 인식으로서의 자격을 갖는 객관적 인식은 상호주관적 타당성을 가져야 하지만, 이러한 상호주관적 명증 또한 그 타당성의 근본 토대는 그러한 상호주관적 명증을 구성하는 주관적 명증에 있기 때문에 먼저 우리는 주관적 차원에서의 인식 정당화가 무엇을 의미하는지를 논해야 한다. 우리는 1부 서론에서 이미 명증이 무엇을 뜻하는지를 살펴보았지만, 인식 정당화의 문제를 논하기 위해서 주관적 명증이 어떠한 구조 속에서 성취될 수 있는지를 다시 한번 상기해보도록 하자.

후설에서 명증은 인식 정당화의 문제와 관계한다. 앞서 1부에서 살펴본 바와 같이, 후설의 명증 개념은 이중적 의미를 지니는데, 먼저 의미 지향과 직관의 동일화 작용으로서의 판단의 올바름에 대응되는 명증 개념은 판단의 참/거짓을 드러내 준다는 점에서 명제적 명증 개념에 대응되고, 사태를 제시하는 모든 직관적 경험으로서의

'자체 가짐'이라는 명증 개념은 사태의 존재/비존재를 드러내 준다는 점에서 존재론적 명증 개념에 대응된다. 주관적 차원에서 정당한 인식이란 우선은 명증으로서의 자격을 가진 직관적 경험을 뜻한다. 이러한 명증은 존재론적 차원의 명증이다. 존재론적 차원의 명증은 사태 자체의 존재를 우리에게 개시해준다. 그러나 상술한 바와 같이 우리는 명제적 차원에서도 명증의 문제를 논할 수 있는데, 어떠한 명제가 공허한 의미지향작용을 통해서 지향되는 것에 머무르는 것이 아니라, 사태를 제시해주는 직관적 경험에 의해 충족될 수 있을 때, 그러한 명제에 대한 인식은 명증적인 인식이 된다. 또한, 우리는 우리가 획득한 명증으로부터 정당한 추론을 통해 새로운 명증적인 인식을 획득할 수 있다. 가령 연역적 추론을 통한 새로운 명제의 도출이나 귀납적 추론을 통해 새로운 사태를 예상하는 것도 정당한 인식이다.

그런데, 우리가 주관적 차원에서의 인식 정당화 문제를 논할 때 주의해야 할 것은 이러한 인식 정당화는 정적으로 고정된 채 불변하는 것이 아니라는 것이다. 정당한 인식 또한 언제나 오류 가능하며, 나중에는 정당하지 않은 인식으로 판명 날 수 있다. 후설은 이 점을 매우 잘 인식하고 있었는데, 다음의 구절들이 이를 잘 보여준다.

"비충전적으로 부여하는 현출에 의지하는 어떠한 이성 정립도 '궁극적으로 타당한 것'일 수 없으며, '극복할 수 없는 것'일 수 없다. 각각의 이성 정립 속에서 어떤 것도 단적으로 등가적일 수 없고, '사물이 실제적이다'라는 것은 경험의 진행이, 계속된 연관 속에서, '삭제시키는 것'으로서 근원적인 정립을 산출하는 '더 강력한 이성 동기'를 가져오지 않는다

는 것을 전제할 경우에나, 그저 '그것은 실제적이다'와 등가적인 것이 될 뿐이다."(HuaⅢ/1, 319)

"더 나아가, […] 어떻게 어떤 정립이 '더 강력한' 무게를 지닌 다른 정립과의 경쟁에서 '압도되고' '포기되는지' 등에 관한 다른 가능성들을 분석해야만 한다."(HuaⅢ/1, 320)

그러니까 어떠한 이성 정립도 더 강력한 무게를 지닌 다른 정립과의 경쟁을 통해 압도되고 포기될 수 있다. 기존의 인식을 논파할 수 있는 새로운 더 강력한 명증이 나타났을 때, 기존의 명증이 이러한 새로운 명증과 조화될 수 없다면 기존의 명증은 정당하지 못한 것으로 그 지위가 격하되어야 하는 것이다. 그러므로 정당한 인식이란 결코 오류 불가능한 인식을 뜻하지 않으며, 인식 정당화의 문제는 언제나 동적 관계 속에서 고찰해야만 한다. 그렇다면 결국 오류로 판명 날 수 있는 인식에조차 잠정적으로나마 정당한 인식으로서의 자격을 부여하는 이유는 무엇일까? 그것은 인식 정당화의 개념은 우리가 따라야 할 의무론적인 인식적 규범과 관계하기 때문이다. 주어진 국면 속에서 우리가 최선의 인식적 의무를 다하였다면 그 인식은 정당한 인식이라고 할 수 있다. 그러므로 잠정적으로나마 당장에는 나에게 명증적으로 직관 되는 것이 나에게 가장 정당한 인식으로서의 권리를 갖게 되는 것이다.

그러나 우리가 이 책에서 살펴본 바와 같이 주관적 차원의 명증만으로는 결코 객관적 인식으로서의 자격을 갖는 학문적 인식에 이를 수 없다. 학문은 상호주관적 학문 공동체의 상호주관적 인식의 산물이다. 그러므로 상호주관적 차원에서 나의 인식이 정당성을 획득하기 위해서는 나의 인식이 타인의 인식과 일치하거나 혹은 조화로운 정합성을 가질 수 있어야 한다.

인식 타당성의 문제에 있어서 최종적인 인식적 책임의 주체인 나에게는 나의 주관적 명증이 우선지지만, 때로는 나의 주관적 명증과 일치하지 않는 상호주관적 명증에 의해 나의 주관적 명증이 논파 될 수도 있다. 이것은 모든 인식의 타당성의 궁극적 토대로서의 직관적 경험에 대한 호소와 정당한 다른 인식들과의 정합성의 정도로 평가될 수 있다. 그래서 학문 공동체에 의해 상호주관적으로 일치된 의견으로 승인된 인식은 정당한 학문적 인식으로서의 자격을 갖는다.

그러나 이렇게 정당한 것으로 승인된 상호주관적 명증 또한 새로운 경험이 더하여짐에 따라 오류로 판명날 수 있으며, 정당한 인식으로서의 자격을 상실할 수 있다. 더 강력한 새로운 상호주관적 명증은 기존에 정당한 것으로 승인되었던 상호주관적 명증을 논파할 수 있는 것이다. 그러므로 상호주관적 차원에서의 인식 정당화의 문제도 결코 정적으로 고찰되어서는 안 되고 동적인 관계 속에서 고찰되어야 한다. 우리는 이러한 인식 정당화 모델을 상호주관적 동적 인식 정당화 모델[140]이라고 부를 수 있을 것이다. 이렇게 동적인 과정 속에서 상호주관적 경험이 더하여 짐에 따라 계속적인 논파의 과정과 수정의 과정을 거쳐 우리는 완전한 진리의 이념에 부

---

[140] 영미철학 진영에서는 셀라스(W. Sellars)의 설명적 정합성 이론에 근거하여 이병덕이 상호주관적이고 동적인 인식 정당화 모델을 주장한 바 있다. 이병덕, 『현대인식론』. 성균관대학교 출판부, 2013, pp.194-218 참조.

단히 접근할 수 있다. 그러므로 상호주관적 동적 모델의 인식 정당화 모델은 모든 상호주관적 인식을 오류 가능한 것으로, 그리고 잠정적인 것으로 간주하지만, 결코 이념으로서의 절대적 진리를 부정하지 않는다. 새로운 경험이 더하여짐에 따라 우리가 부단히 진리에 접근해갈 수 있다는 것은 인류사에서 학문의 진보라는 역사적 사실이 잘 드러내 준다.

DIE WAHRHEIT & EDMUND HUSSERL

4부

상호주관적 명증의
현상학 [141] 의 인식론적 함의 [142]

141 '상호주관적 명증의 현상학'은 이 책의 부제이다. 필자는 본 연구를 '상호주관적 명증의 현상학'으로 명명한다.

142 이 장은 필자가 2016년 『철학사상』 (61집)에 발표한 「후설 현상학의 이념과 상호주관적 명증의 문제」 6장의 내용을 심화, 발전시킨 것이다. 그래서 일부 내용이 이 논문에서 이미 서술한 내용들과 중복됨을 밝힌다.

앞서 우리는 후설 현상학을 토대로, 그리고 후설 현상학을 넘어서 분석하여 본 상호주관적 명증의 개념을 통하여 타당한 인식 정당화의 모델로서 상호주관적 동적 인식 정당화 모델을 도출해 내었다. 이제 4부에서는 이러한 우리의 인식 정당화 모델이 현대 인식론의 다양한 입장들 사이에서 어떤 위치에 자리할 수 있는지 살펴볼 것이다. 후설은 브리태니커 백과사전의 「현상학」에서 현상학의 체계적 작업은 전승된 모든 철학적 대립 명제들을 해소할 것이라고 이야기한 바 있다(HualX, 299~300). 우리의 상호주관적 명증의 현상학 또한 현대 인식론의 다양하게 서로 대립하는 입장들을 해소하고 이를 넘어선다.

토대론/정합론은 지식의 구조가 어떤 모습을 띠는가 하는 물음, 객관주의/상대주의는 객관적 진리가 존재하는가 하는 물음, 진리 대응론/진리 정합론/진리 합의론은 진리의 성립 조건이 무엇인가 하는 물음에 대하여 서로 대립하는 입장을 취하고 있다. 이러한 물음들은 지식과 진리가 무엇인지를 해명하고자 하는 현대 인식론의 핵심적인 물음들인데, 우리는 우리의 상호주관적 명증의 현상학이 이러한 물음들을 둘러싼 다양한 대립적 입장들을 어떻게 해소하고 넘어설 수 있는지 살펴볼 것이다. 이를 통해 우리는 비로소 지식이 어떤 구조를 띠고 있는지, 객관적 진리는 존재하는지, 그리고 진리를 가능하게 하는 조건은 무엇인지에 대한 올바른 해답을 발견할 수 있을 것이다.

# 1장. 토대론과 정합론을 넘어서

토대론과 정합론은 지식의 구조, 그리고 인식 정당성의 문제와 관련하여 오랫동안 논쟁의 대상으로 대립하여 온 이론들[143]이다. 정당한 믿음들이 서로 어떤 관계에 있는가 하는 문제와 관련하여 토대론은 피라미드 형태의 인식 정당성의 구조를 옹호하고, 정합론은 뗏목 형태의 인식 정당성의 구조를 옹호한다. 토대론은 정당한 믿음들을 다른 믿음들에 의존하는 비기초적 믿음들과 다른 믿음들에 의존하지 않고서 정당하게 되는 기초적 믿음들로 구분하고, 기초적 믿음들이 인식 정당성의 원천이며, 다른 믿음들의 정당성은 궁극적으로 기초적 믿음에 의존한다고 본다. 그리고 이때 인식 정당성과 관련한 정초 관계는 정초해주는 항에서 정초 받는 항으로 한 방향으로만 이루어진다. 정합론은 믿음들 사이의 정당성의 의존 관계를 상호적인 것으로 보기에 정당성에 있어서 더 우선적이고 근본적인 기초 믿음의 존재를 부정한다. 그리고 믿음들의 정당성은 그것이

---

[143] 토대론과 정합론의 일반적인 의미와 핵심적인 대립 지점에 관한 설명은 김기현, 『현대 인식론』, 민음사, 1998, pp. 161-217 및 이병덕, 『현대 인식론』, 성균관대학교 출판부, 2013, pp. 57-75 참조.

얼마나 다른 믿음들과 더불어 정합적으로 잘 짜여 진 체계를 이루느냐에 의해 결정된다.

그래서 토대론과 정합론 사이의 핵심적인 대립 지점은 기초적 믿음이 존재하느냐의 문제와 관련된다. 데카르트와 같은 전통적 토대론자들은 자체 정당성을 갖는 의심 불가능한 확실한 믿음들을 기초 믿음으로 간주했는데, 이러한 입장은 우연적으로 참인 경험적 믿음들의 인식 정당성을 설명하지 못했다. 그래서 경험주의 전통은 경험의 영역에서 확실성의 영역을 찾아 지식의 체계를 재구성하고자 시도하면서 감각 소여와 같은 심적 상태, 즉 경험에 주어진 것에 대한 믿음을 기초적 믿음으로 간주했다. 이러한 내성적 믿음들은 지각적 믿음이 갖고 있지 못한 확실성을 갖는다고 여겨지지만, 내성적 믿음은 일상적으로 매우 드물 뿐 아니라 이러한 믿음의 정당성의 여부는 왜 주어진 경험에 대한 믿음을 참이라고 할 수 있는가에 대한 배경지식, 즉 또 다른 믿음을 필요로 한다는 점에서 정합론의 비판을 받았다. 이에 현대에 부활한 온건한 토대론[144]에서는 감각 경험 자체에 대한 믿음, 즉 내성적 믿음의 매개 없이 감각 경험이 외적인 사태에 대한 지각적 믿음을 직접 정당하게 해준다고 주장하면서 외적인 사실에 대한 지각적 믿음을 기초적 믿음으로 간주한다. 이렇게 온건한 토대론에서는 우리들이 일상적으로 접하는 흔한 믿음들이 기초적 믿음들을 구성한다.

현대에 살아남아 있는 토대론은 이러한 온건한 토대론인데, 정합론자들은 감각 경험이 지각적 믿음을 정당하게 하려면 그것이 어떤

---

[144] 전통 토대론에 대한 비판과 현대 토대론 부활에 관한 영미 분석철학 진영의 연구 동향에 관해서는 윤보석, 『현대 토대론 연구』, 이화여자대학교 출판부, 2015. 참조.

방식으로든 인식 주관에 의하여 파악되어야 하고, 이러한 파악 작용은 다른 믿음에 그 정당성을 의존하므로 지각적 믿음은 기초적 믿음이 될 수 없다고 비판한다. 즉 경험적 믿음의 정당성은 감각 경험에 대한 해석의 정당성에 의존하며, 이 해석의 정당성은 배경적 믿음들의 정당성에 의존하므로 결코 기초적 믿음이 될 수 없다는 것이다. 정합론자들은 배경적 지식에 의존하지 않는 믿음은 없다고 보기 때문에 이제 경험의 이론 의존성 여부가 토대론과 정합론의 성패를 가르는 결정적인 논쟁의 지점이 된다.

살펴본 바와 같이 현대의 온건한 토대론도 많은 이론적 난점을 지니기 때문에 토대론에 대한 이러한 비판은 우리를 정합론으로 향하게 하는 것처럼 보인다. 그러나 정합론 또한 토대론 못지않은 난점을 가지고 있다. 그것은 인식 정당성의 문제를 믿음들 간의 정합적 체계의 문제로만 간주할 경우, 인식적으로 정당하게 되었다고 간주되는 믿음들이 감각 경험의 입력과 무관하게 세계로부터 완전히 고립될 수 있으며, 진리와의 연관성을 상실할 수 있기 때문이다. 이에 본 연구는 토대론과 정합론이 가지는 긍정적 통찰을 보전하면서도 이 두 입장을 넘어서고자 한다.


## 1. 토대론을 넘어서

우리의 입장을 규정하기 전에 먼저 후설의 인식론이 토대론과 정합론이라는 두 입장 속에서 어떤 위치에 자리하고 있는지를 살펴보고자 한다. 오랫동안 후설의 명증이론은 전통적인 데카르트적인 토대론으로 인식돼 왔다. 즉 후설의 현상학은 모든 유형의 지식에 체계적인 토대와 출발점으로 기능할 수 있는 확실하고 의심할 수 없는 진리들을 발견하려는 시도로 해석되어 온 것이다.[145] 이러한 해석은 주로 후설의 명증 개념을 데카르트적인 필증적 개념으로 협소하게 이해하고, 후설 철학의 기획을 그러한 확실한 명증을 토대로 하는 학문 구축으로 이해하는 것에 연유한다.

그러나 적어도 우리가 토대주의라는 용어를 전통적인 데카르트적인 토대주의의 의미로 사용한다면 후설의 명증이론은 이러한 토대주의를 넘어선다.[146] 왜냐하면 후설은 의심 불가능한 필증적인 인식, 즉 절대적으로 확실한 진리들에만 근거해서 학문을 세우려는 시도는 학문적 작업수행의 성격에 대한 오해에서 비롯된 것이라고 명시적으로 이야기하고 있을 뿐 아니라(HuaXVII, 169), 후설의 명증 개념에서 명증은 오류나 수정을 용인하는, 부단히 양상화할 수 있는 개념이기 때문이다.[147] 주관적 명증이든 상호주관적 명증이든 현실적으로 존재하는 모든 명증은 양상화할 수 있으며 오류 가능성에

---

[145] Dan Zahavi, *Husserl's Phenomenology*, Standford Univeristy Press, 2003, p.66. 참조.

[146] Soffer 또한 후설의 현상학적 토대주의는 데카르트의 수학적 논리적 토대주의와는 다르다고 이야기한 바 있다. 데카르트의 토대주의가 확실한 인식에 기초하여 이러한 확실성을 모든 지식으로 확장하려고 했던 것에 반해 후설은 다만 직관 속에서 지식의 원천을 해명하여 지식의 의미와 정당화, 그리고 이러한 정당화의 한계를 밝히고자 했다는 것이다. 후설 역시 물리적 세계에 관한 지식의 토대를 찾고자 했으나 후설에 따르면 물리적 세계의 명증은 언제나 비충전적, 비필증적이므로 다만 임시적인 것일 뿐이고, 부분적으로만 정당화될 뿐이다. 또한 후설에서 지식의 토대의 의미는 다른 지식으로 전이되는 어떤 확실한 인식이 아니라 칸트적 의미에서의 지식의 성립의 가능 조건을 의미한다.Gail Soffer, *Husserl and the Question of Relativism*, Kluwer Academic Publishers, 1991, p.104 참조.

[147] Dan Zahavi, 앞의 책, p.67 참조.

열려 있다. 이런 의미에서 후설의 인식론은 전통적 인식론적 의미의 토대주의와 명백하게 거리를 취한다.

그러나 우리가 토대주의를 필증적이지 않더라도 어떤 형태이든 믿음 체계 외부로부터 정당화되는 기초믿음이 존재한다는 것을 인정하는 완화된 입장으로 정의한다면, 후설의 명증이론은 이러한 의미에서의 세련된 토대론과 어울린다고 말할 수도 있을 것이다. 왜냐하면 후설은 직관적 경험이 우리들의 모든 인식의 기초 토대라고 이야기하고 있기 때문이다.[148]

이제까지 토대론/정합론의 대립과 관련하여 후설의 입장이 갖는

---

[148] Berghofer도 후설을 전통적인 토대주의자와는 다른 형태의 온건한 토대주의자로 간주한다. 후설은 모든 인식의 토대로서의 직관이 오류 불가능한 것이 아니라 틀릴 수 있음을 인정한다는 점에서 전통적인 데카르트적 형태의 강한 토대주의자는 아니지만, 직관을 그 자체로 즉각적으로 정당화되는 정당화의 원천으로 간주했다는 점에서 온건한 토대주의자라고 할 수 있다는 것이다. Berghofer도 후설이 정합성의 인식적 역할을 충실히 인지했음을 인정하지만, 기초 믿음의 존재를 인정했다는 점에서 후설을 온건한 토대주의자로 분류한다. Phillipp Berghofer, "Why Husserl is a Moderate Foundationalist", *Husserl Studies*, 2017 참조. 그러나 Hopp은 그의 논문 "Husserl, Phenomenology, and Foundationalism"에서 후설을 비전통적인 인식론적 토대주의자로도 간주할 수 없다고 강조했다. Hopp은 인식 정당화와 관련하여 외재주의자의 입장에 서서 우리의 인식은 우리의 인식이 왜 정당한가 하는 인식적 원리를 알지 못해도 그 자체로 정당할 수 있으며, 후설의 현상학도 다른 모든 경험 과학적 인식의 정당성의 원리를 발견해주기는 하지만, 우리가 경험 과학적인 참된 인식을 얻기 위해 현상학적 반성을 수행할 필요는 없기 때문에 현상학이 경험 과학적 인식에 그 어떤 토대를 제공해주는 것으로 이해해서는 안 된다고 주장한다. Walter Hopp, "Husserl, Phenomenology, and Foundationalism", *Inquiry* 51, Routledge, 2008 참조. 물론 자연적 태도에서는 Hopp이 지적한대로, 지각적 믿음의 정당성이 그러한 지각적 믿음이 왜 정당한가와 관련한 인식론적 원리에 의존하는 것은 아니다. 그러나 초월론적 태도에서는 지각적 믿음의 정당성은 그 정당성의 토대로서 초월론적 현상학의 인식적 원리에 의존해야 한다. 이러한 의미에서 필자는 외부로부터 정당화되는 지각적 믿음의 존재를 인정할 뿐 아니라, 현상학적 인식의 원리가 모든 인식의 정당성의 토대가 되어야 한다고 생각했다는 점에서 후설을 전통적 데카르트적 토대주의와는 다른 형태의 인식적 토대주의를 옹호하는 철학자로 간주한다.

지위를 살펴보았고, 우리는 후설을 온건한 토대론자로 분류했다. 하지만 본 연구는 현대에 부활한 온건한 토대론도 넘어서고자 한다. 현대에 부활한 온건한 토대론의 핵심 주장은 감각 소여가 조건적으로나마 지각적 믿음의 내용적 참과 관련해서 그 어떤 정당화 역할을 한다는 것이다. 감각 소여가 단순히 어떠한 지각적 믿음을 촉발하는 원인으로서 인과적 관계에 있을 뿐인지, 아니면 조건적으로나마 그 지각적 믿음의 내용적 참의 정당화에 기여하는지 하는 문제는 근래의 정합론과 토대론을 가르는 결정적인 대립 지점이다.

현대에 부활한 온건한 토대론은 외부로부터의 경험이 우리들의 믿음을 정당화한다고 말할 수 있으려면 어떻게 해서든 어떠한 이론이나 해석 작용에 물들기 이전의 감각적 소여가 믿음의 정당화를 위해 어떠한 인식적 기여를 해야만 한다고 생각한다. 그러나 감각 소여만으로는 결코 특정한 믿음이 정당화될 수 없기 때문에 이들은 감각 소여가 믿음을 정당화하기는 하지만 다만 조건적으로 정당화 한다는 전략을 취했다.[149] 그러나 본 연구는 현대 토대론의 이 핵심 주장에 동의하지 않는다. 감각 내용은 지각적 믿음의 발생적 토대 이기는 해도 결코 타당성의 토대일 수 없다. 감각 내용은 그저 지각적 믿음을 촉발하는 발생적 원인으로서 어떠한 타당한 지각적 믿음이 성립하기 위해 요청되는 필수적인 존재 조건일 뿐이다.[150]

그럼에도 불구하고 감각 내용이 지각적 믿음의 내용적 타당성에 어떤 역할을 한다고 착각하는 이유는 우리가, 인식 주체가 지각적

---

[149] 윤보석, 앞의 책, pp.195-205 참조.

[150] 데이비드슨도 지식은 경험에 의존하고, 경험은 궁극적으로 감각에 의존하지만, 이것은 인과성의 '의존'이지, 증거 또는 정당화의 '의존'이 아니라고 말한다. 도널드 데이비드슨, 『주관, 상호주관, 객관』, 김동현 옮김, 느린생각, 2018, p.285 참조.

믿음을 내리는 상황을 정적 관점에서 고찰하기 쉽기 때문이다. 일반적으로 우리는 태어나서 성장하면서 수많은 언어 규칙, 지식, 믿음들을 습득하고 그것을 통해 사물을 해석하는 틀을 형성하지만, 이미 완성된 해석 틀을 갖고 있는 정상적인 성숙한 인식 주체를 가정해본다면, 그 인식 주체의 파악작용으로 기능하는 해석 틀은 고정되어 있기 때문에 그가 어떠한 감각 내용을 보고 책이라고 판단하는가, 컴퓨터라고 판단하는가 하는 것은 상호주관적 산물인 그의 해석 틀에 달려 있는 것이 아니라 감각 내용이 무엇인가에 달려 있다고 생각하기 쉽다. 그래서 우리는 결국 그 인식 주체가 무언가를 '책'이라고 해석했을 때, 그 믿음의 정당성은 그가 종이 모양의 감각 내용에 토대해서 그러한 판단을 내렸는지, 금속 모양의 감각 내용에 토대해서 그러한 판단을 내렸는지에 달려 있다고 생각하게 되는 것이다.

그러나 우리가 발생적 관점에 서게 되면 사정은 달라진다. 아직 해석 틀이 완전히 형성되지 않은 어린아이를 상정해보고, 그 어린아이는 아직 책에 대한 개념이 완전하게 형성되지 않아서 한 장짜리 종이 전단지를 보고 '책'이라고 지각했다고 하자. 이때 이 어린이의 지각적 믿음이 부당한 이유는 한 장짜리 종이 전단지의 감각 소여 때문이 아니라 우리의 생활 세계에서 그러한 감각 소여에는 '책'이라는 의미를 부여하지 않기 때문이다. 결국 이러한 관점에 설 때 이 어린이의 주관적 명증이 타당한가, 타당하지 않은가를 결정하는 것은 이 어린이가 속한 사회 구성원들의 상호주관적 합의라고 할 수 있다.

일반적으로 정상성의 범주에 속하는 어떠한 성인 주체라도 완성된 해석의 틀을 갖고 있다고 보기는 어렵고 우리들의 해석의 틀은 경험이 더하여 짐에 따라 끊임없이 변화된다는 점에서 발생적 관점의 해석이 감각적 소여의 인식적 역할을 더 분명하게 드러내 준다. 그뿐만 아니라 원초적 상황을 가정해 보아도, 최초의 인간들이 특정한 공통의 감각 소여에 특정한 의미를 부여하고 언어 A를 창조했다면, 그 사회 구성원이 앞으로 그 감각 소여를 A로 부르는 것이 정당한 이유는 상호주관적 합의 때문이지 그 감각 소여가 하필 그 감각 소여이기 때문에 반드시 A로 불러야 하는 것은 아닌 것이다. 왜냐하면 그 특정한 감각 소여는 우연히 B로 불릴 수도 있었을 것이기 때문이다.

이상의 논의에 따라 우리는 현대에 부활한 온건한 토대론도 넘어서고자 한다. 그리고 감각 소여에 무조건적이든 조건적이든 믿음의 내용적 규정의 참과 관련한 정당화 역할을 부여하지 않더라도 우리는 감각 소여를 어떠한 정당한 인식이 발생하기 위해 반드시 필요한 발생적 조건으로 승인함으로써 경험이 기여하는 인식적 역할을 온전히 보전할 수가 있다.


## 2. 정합론을 넘어서


그렇다면 우리의 상호주관적 명증의 현상학이 제시하는 인식 정당화 모델은 정합론과는 어떠한 관계에 있을까? 이에 대해 본격적으로 논의하기 전에 우선 후설의 인식론이 정합론과 어떠한 관계에 있는지 살펴보도록 하자. 먼저 우리는 후설의 인식론은 정합론적 통찰을 보전하면서도 명백히 정합론을 넘어서고 있다고 말할 수 있다. 후설은 1900/1901년 『논리연구』 이후, 1929년 『형식 논리학과 초월 논리학』에서 줄곧 학문이론으로서의 논리학의 중요성을 강조하며, 완전한 연역적 공리 체계에 관한 이론인 다양체론[151]이 학문이론에서 갖는 규범적 역할에 관심을 기울여왔다. 후설에서 형식 논리학의 최고 단계인 다양체론은 개별 과학의 일반적인 이론적 구조에 대한 통찰을 제공해준다. 후설의 탐구를 이끌었던 주도적 분야 중의 하나가 학문 이론으로서의 논리학이었다는 점을 감안해볼 때, 후설은 학문에 있어서 인식의 정합적 체계가 갖는 중요성을 누구보다 잘 인지하고 있었음을 알 수 있다. 인식의 정합성에는 이러한 논리적 정합성뿐만 다양한 형태가 있는데, 후설이 인식 정당화에 있어서 이러한 다양한 형태의 정합성의 중요성을 잘 인지하고 있었음은 특히 다음의 구절에서도 잘 드러난다.

> "그래서 이러저러하게 규정된 X의 가능성은 자신의 의미요소 속에서 이 X의 원본적 소여를 통해서만, 즉 실제성의 증거를 통해서만 증명되는 것이 아니다. 재생산적으로 기초 지워진 단순한 추정들도 일치하는 결합 속에서 서로를 강화시킬 수 있다. 마찬가지로 의심스러움은 어떤 기술적 종류의 양상화된 직관들 사이의 충돌 현상들 속에서 증명된다."(Hua Ⅲ /1,336)

---

[151] 다양체론의 의미와 후설 현상학에서 다양체론의 위상에 관해서는 박승억, 『후설의 학문 이론에 대한 연구-순수 다양체론을 통해 본 선험 현상학』, 성균관대학교 박사학위 논문, 1997 참조.

인식 정당화 문제에 있어서 후설은 다른 믿음들과 일치하는 믿음은 정당성이 강화되고, 대립하는 믿음은 정당성이 약화된다고 생각했다. 그럼에도 불구하고 후설에 있어 인식의 정합적 체계란 오직 학문적 진리가 가져야 할 필요조건일 뿐이었다.

후설은 『형식 논리학과 초월 논리학』에서 진리의 논리학(Wahrheitslogik)과 정합성의 논리학(Konsequenzlogik)을 구별하고 (HuaXVII, 60), 무모순성의 형식 논리학인 정합성의 논리학은 가능한 진리의 본질 조건이긴 하지만, 사태 자체라는 인식의 질료를 배제함으로써 진리 문제에 대한 온전한 해명에 이르지는 못한다고 이야기한다. 모순된 판단은 진리일 수 없으며 참된 판단은 적어도 무모순이지 않으면 안 된다. 그러나 후설에 따르면 판단이 정합적이라고 해서 반드시 진리라고 말할 수 있는 것은 아니다. 진리는 사태 자체의 주어짐 속에 있으므로 아무리 정합적인 인식의 체계가 있더라도 그러한 인식들에서 사태 자체의 주어짐이 없다면 이것은 진리의 체계가 될 수 없는 것이다. 정합적 인식 체계는 오직 무모순성의 논리학, 정합성의 논리학만을 만족시키는 것이므로 이는 진리의 필요조건일 뿐 충분조건이 될 수 없다. 또한 인식 정당화의 문제에 있어서 후설은 정합성의 중요성을 인지하였음에도 원본적으로 부여하는 직관을 통한 믿음들을 즉각적으로 정당화되는 기초 믿음들로 간주했다.

이렇듯 후설은 우리들의 모든 정당한 인식을 궁극적으로는 즉각적으로 정당화되는 직관적 경험에 정초시키고자 했다는 점에서 결코 정합론자로 간주할 수 없고, 오히려 온건한 토대론자로 분류될 수 있지만, 본 연구는 정합론적 통찰에 더욱 충실히 공감한다. 정합론의 핵심 주장은 다른 믿음에 의지하지 않는 기초믿음은 존재하지 않는다는 것이다. 본 연구는 외부 대상에 대한 지각적 믿음에 한하여, 정합론의 이 핵심주장에 동의한다.

우리들의 지각적 경험[152]은 감각 내용과 파악 작용으로 이루어지는데, 감각 내용으로 주어지는 감각적 소여는 순수하게 나에게만 현상하는 주관적인 것이지만, 그러한 감각 내용에 특정한 의미를 부여하고, 그것을 특정한 대상으로 해석하게 하는 파악 작용의 기능은 특정한 생활 세계 내에서 상호주관적으로 형성된 습성들과 언어, 믿음체계에 대한 습득으로부터 형성된다. 앞서 살펴본 바와 같이 모든 주관적 명증, 즉 주관적 경험과 믿음에는 상호주관적 믿음으로서의 상호주관적 명증이 암묵적으로 기능하고 있으며, 그런 의미에서 발생적 관점에서 주관적 믿음의 타당성을 논하는 문제에서는 그러한 주관적 믿음이 놓인 맥락과 지평, 배경 믿음 등이 매우 중요한 역할을 담당하게 된다. 이러한 관점에서 주관적 명증으로서 대상에 대한 내용적 규정을 갖는 어떠한 단일한 지각적 경험도 다른 믿음에 의지하지 않고는 홀로 형성될 수 없다. 그러한 지각적 믿음을 가능하게 하는 해석 작용의 밑바탕에는 자신이 속한 세계에서 통용되는 수많은 믿음이 습성화된 상호주관적 명증으로서 암묵적으로 기능하고 있기 때문이다. 그래서 본 연구는 특히 내용적 규정

---

[152] 엄밀히 말하면 경험과 믿음은 서로 구분된다. 정합론자인 레러(K, Lehrer)에 따르면, 어떤 인식 주체의 승인 체계가 지각, 기억, 내성과 같은 정보 원천들이 신뢰할 만하다고 주장하는 고차 수준의 명제를 포함하지 않는 한, 그 인식 주체는 이 원천들로부터 발생하는 정당화된 믿음을 가질 수 없다. 그러나 일상적 상황에서 사람들은 자신들의 지각적 경험이 신뢰할 만한 것인가에 관한 고차적인 믿음을 형성하지 않고도 지각적 경험이 신뢰할 만하다는 것을 본능적으로 가정한다. 그래서 여기서는 어떤 지각적 경험이 상응하는 지각적 믿음을 곧바로 함축함을 전제로 하고 논의를 진행한다.

성을 갖는 외부 지각의 경우 다른 믿음에 의존하지 않는 지각은 존재할 수 없다는 정합론적 통찰에 공감한다.

그럼에도 불구하고 우리는 어떤 경험이나 믿음의 정당성을 구성하는 것이 믿음들의 정합적 체계만으로 충분하다고 보지는 않는다. 어떠한 믿음의 정당성이 그 믿음이 속한 믿음 체계의 정당성에만 의존한다면, 그러한 믿음 체계는 결코 세계에 닻을 내리지 못하고 기껏 허공에서 공회전하게 될 뿐이다. 인식 정당화 모델의 인식적 목표가 결국 우리가 어떻게 세계에 대한 참된 인식을 얻는가에 있다고 할 때, 이러한 정합론적 모델은 결코 우리의 인식적 목표를 달성 시켜 줄 수 없다.

정합론은 믿음의 정당성을 위한 조건으로 그 믿음을 정합적으로 만드는 믿음의 체계들만 있으면 족하다고 생각한다. 그러나 본 연구가 제시하는 인식 정당화 이론은 어떤 믿음의 '성립'의 정당화와 관련하여 그 믿음을 정합적으로 만드는 믿음의 체계는 충분조건이 아니라 오직 필요조건일 뿐이라고 주장한다. 그리고 이러한 믿음의 체계 외에도 어떠한 믿음을 촉발하는 외적인 발생적 원인으로서의 감각적 소여를 또 하나의 필요조건으로 요청한다. 경험이 없이는 어떠한 인식도 가능하지 않다. 경험은 인식의 원인이다. 외부로부터의 경험적 입력은 특정한 인식의 내용적 참의 정당성을 규정해주는 데 기여하지는 않지만, 존재를 정립하는 인식의 발생적 원인인 것이다.

이제 이러한 외부로부터의 경험적 입력의 역할을 어떻게 규정하는지가 정합론을 넘어설 수 있는지의 성패를 결정한다. 데이빗슨과 같은 정합론자는 정합론의 편에 서면서도 마찬가지로 외부로부터의 경험적 입력의 중요성을 인정한다. 그러나 데이빗슨이 경험적 입력이 인식의 필요조건임을 인정하면서도 정합론자로 분류되는 것은 외부로부터의 경험적 입력을 인식 정당화의 문제와 완전히 분리하기 때문이다. 물론 우리도 외부로부터의 경험적 입력이 인식의 내용적 참을 규정하는 것과 관련한 정당성에는 기여하지 않는다고 주장한다. 가령 "이것은 철학책이다."라는 명제를 참으로 만드는 것은 '이것'이 존재한다는 것에 대한 믿음, 철학이 무엇이라는 것에 대한 믿음, 책이 무엇이라는 것에 대한 믿음이다. 이것의 경험적 입력(감각 소여)은 명제 사태의 존재 형식이 아닌, 명제의 내용을 참으로 만드는 것과 관련한 정당화와는 무관하다. 왜냐하면 철학이 무엇인지, 책이 무엇인지를 다르게 규정하는 (줄루족의 사회와 같은 그러한) 사회에서는 이 명제가 참일 수 없기 때문이다.

그러나 '이것'의 경험적 입력이 없다면 이러한 명제의 참이 성립하지 않는다. 그러므로 경험적 입력은 어떠한 대상의 존재를 정립하는 명제가 참으로 성립될 수 있기 위한 필요조건이다. 따라서 경험적 입력은 존재 정립을 함축하는 인식이 정당하게 존재할 수 있는 것에 기여한다. 그 인식의 내용적 참의 정당성에 직접적으로 기여하지는 않지만, 존재를 정립하는 인식의 형식적 성립의 정당성에는 기여하는 것이다. 즉 경험은 특정한 인식의 내용적 믿음을 정당화하지는 않으나 존재를 정립하는 인식의 성립의 정당성에는 기여한다.[153]

---

[153] S. Haack은 *Evidence and Inquiry*(Blackwell, 1993)에서 유사한 통찰로 토대론과 정합론을 종합하였다. Haack은 믿음을 믿음 사태와 믿음 내용으로 구분하고, 감각 경험은 믿음 내용을 정당화하지는 않으나 믿음 사태의 존재를 정당화하는 데는 기여한다는 논지로 토대론과 정합론을 종합한 토대 정합론을 주창했다. 다소 복잡한 논증

우리를 허공 속에서 공회전하지 않고 세계에 닻을 내리게 하는 것, 우리를 경험을 통해 세계와 연결시키는 것은 이러한 외부로부터의 입력으로서의 감각적 소여의 역할인 것이다. 결국 본 연구는 정합론적 통찰에 공감하면서도 인식 정당화의 문제와 관련하여 믿음 체계 바깥의 외부적 요인을 어떠한 믿음의 성립의 정당성을 위한 필요조건으로 요청한다는 점에서 정합론을 넘어선다고 할 수 있다.[154]

어떠한 지각적 경험에 작용하는 파악작용은 상호주관적 명증의 산물이고 그래서 발생적 관점에서 특정한 지각적 경험을 타당하게 하는 것은 상호주관적 명증으로서의 다른 믿음들이지만, 주관적 명증에 녹아 있는 이러한 암묵적인 상호주관적 명증이 아닌, 근원 설립으로서의 상호주관적 명증을 상기해볼 때, 원초적 상황에서의 최초의 인식 정당성이 어떻게 형성될 수 있을까를 생각해 볼 수 있다.

근원 설립으로서의 상호주관적 명증의 타당성은 주관적 명증의 타당성에 토대한다. 원초적 상황에서는 결코 상호주관적 명증이 먼저 주어질 수 없고 주관적 명증이 맨 먼저 온전히 확립되어야 한다. 보통은 주관적 명증 간의 일치를 가능하게 하는 공동의 상호주관적 명증이 전제되지 않으면 일치 자체가 불가능한 일이지만, 신비하게

---

과정을 거치는 Haack의 통찰을 우리는 간단히 이렇게도 설명할 수 있을 것이다. 감각 경험이 정당화할 수 있는 유일한 명제는 "이것은 존재한다."라는 명제이다. 어쨌든 경험이 정당화하는 믿음이 있다는 점에서 이러한 통찰은 정합론을 넘어서지만, 이러한 통찰은 토대론에 포섭될 수도 없다. 왜냐하면 경험이 정당화하는 "이것은 존재한다."라는 명제는 다른 믿음들의 믿음 내용의 타당성에 정당성을 전이할 수 있는 기초 믿음의 성격을 지니지는 않기 때문이다.

[154] 그뿐만 아니라 현상학은 자아 존재의 확실성과 같은 명제를 다른 믿음에 의존하지 않는 명제로 간주한다. 이러한 점에서도 우리는 정합론과의 완전한 결별을 논할 수 있을 것이다.

도 원초적 상황 속에서 어떤 주관적 명증 간의 일치가 일어났기에 언어와 개념이 탄생[155]할 수 있지 않았을까? 그러한 최초의 상황을 가정할 때, 이들 사이의 일치를 가능하게 하는 것은 상호주관적 믿음의 체계가 아니라 그들에게 유사한 양상으로 입력되는 외부로부터 오는 질료일 것이다. 결국 현대 영미 인식론 진영의 정합론자들이 믿음의 발생과 인식의 성립의 정당성의 필연적 존재 조건으로서의 감각 소여의 중요성을 간과하게 된 이유는 주관적 믿음에 기능하는 습성화된 상호주관적 명증과 원초적 상황 속에서 근원 설립되는 상호주관적 명증을 구분하지 못한 데에 있다. 이 양자를 구분함으로써 우리는 정합론의 핵심적인 통찰을 수용하면서도 정합론을 넘어설 수 있었다.

---

[155] 최초의 언어의 탄생을 상상해본다면 다음과 같을 것이다. A는 특정한 관심에 따라 개개의 사물을 묶고 분류한다. 가령 어떤 물체들은 '먹을 것'으로 의미 부여한다. 이때 A는 B에게 자신이 자신 앞에 놓인 물체를 무엇으로 의미 부여했는지 표명하고자 한다. A는 '먹을 것'으로 의미 부여하는 물체가 나타날 때마다 특정한 소리를 낸다. 이 것은 반복되고, 그 특정한 소리는 '먹을 것'이라는 의미와 결합된다. B는 이제 A가 그 소리를 내면 자기 앞의 물체를 '먹을 것'으로 의미 부여함을 알아차린다. B는 자기 앞에 '먹을 것'이 있을 때 A를 따라서 그 특정한 소리를 낸다. 그리고 B가 그 특정한 소리를 내면 A는 B가 자기 앞에 놓인 물체를 '먹을 것'으로 의미 부여함을 알아차린다. 이제 A와 B는 자기 앞에 먹을 것이 있을 때마다 그 특정한 소리를 내기로 한다. 이제 그 특정한 소리는 A와 B가 공유하고 서로를 소통할 수 있게 하는 최초의 언어가 된다.

# 2장. 객관주의와 상대주의를 넘어서

진리 문제와 관련하여 객관주의와 상대주의[156]의 대립은 일찍이 소크라테스와 플라톤이 소피스트들을 비판한 이래 철학사에서 끊임없이 반복되어 왔다. 전통적인 객관주의 진리관은 '우리의 마음과 독립된 실재'가 있다는 형이상학적 실재론에 근거하여 단일한 객관적 진리가 있다고 믿는다. 객관주의자들은 철학이나 지식, 언어를 엄밀하게 근거 지울 수 없다면 필연적으로 회의주의에 빠질 수밖에 없다는 믿음을 바탕으로, 합리성이나 인식, 진리, 실재, 선, 옳음 등의 본성을 결정하는 데 궁극적으로 호소할 수 있는 영원하고 초역사적인 어떤 기반이나 구조 틀이 존재하며, 존재해야 한다는 기본적인 신념을 공유한다.[157]

---

[156] 일반적으로 객관주의는 주관주의와 대립하고, 상대주의는 절대주의와 대립한다고 생각할 수 있지만, 번스타인은 그의 저서 『객관주의와 상대주의를 넘어서』에서 인식의 오류 가능성을 인정하지 않는 절대주의와 주관의 틀에 갇혀 있는 주관주의는 현대에 거의 살아남을 수 없는 입장이라고 간주하고 객관주의와 상대주의의 대립 쌍을 중심으로 논의를 전개한다. 『객관주의와 상대주의를 넘어서』(R. J. Bernstein, *Beyond Objectivism and Relativism: Science, Hermeneutics, and Praxis*, Philadelphia: University of Pennsylvania Press, 1983), 정창호 외 역, 서울: 보광재, 1996, pp. 48-49 참조) 이 책도 이러한 번스타인의 관점에 공감하여 객관주의와 상대주의를 논의의 중심축으로 삼는다.

한편, 상대주의적 진리관은 '우리의 마음과 독립된 실재'가 아니라 '우리의 마음'을 인식의 우선적인 근거로 삼는 반 실재론적 신념과 밀접히 관련되어 있으며, 진리란 특수한 개념적 도식이나 이론적인 구조 틀, 패러다임, 삶의 양식, 사회, 문화에 따라 상대적인 것으로 이해되어야 한다고 믿는다. 상대주의자들은 환원 불가능한 다수의 개념 도식들이 존재한다고 믿기 때문에, 결정적이고 일의적인 의미를 가질 수 있는 개념들은 존재하지 않고, 따라서 합리성에 대한 보편적 기준이란 존재하지 않으며, 진리에 관한 한 오직 '우리의' 기준이나 '그들'의 기준이 있을 뿐이라고 생각한다.[158]

이러한 상대주의적 진리관은 포스트모더니즘에서는 '진리는 없다'라는 극단적 상대주의의 형태를 띠고 나타나기도 하지만, '진리는 없다'라는 허무주의적 상대주의의 입장은 자신의 입장은 진리로 간주하는 자가당착적 모순에 빠지게 된다는 비난을 면할 수 없다. 극단적 상대주의, 허무주의적 상대주의, 혹은 무제약적 상대주의는 언제나 이렇게 자가당착적 입장이라는 조롱을 받을 수밖에 없을 뿐 아니라, 인류 지성사 속의 학문과 지식의 발전과 진보를 설명하지 못하고, 우리들의 인식적 삶에 아무런 건설적인 인식적 규범을 제공해주지 못한다. 그러나 또 다른 한편에 있는 객관주의적 진리관 역시 해석학, 해체론, 패러다임 이론 등 수많은 현대 철학 속에 담긴 풍부한 통찰을 담아내지 못한다는 점에서 이제는 낡아빠진 진리관이라는 신세를 면하기 어렵다. 그래서 현대의 수많은 철학자들은 객관주의 대 상대주의의 이분법을 벗어난 제 3의 입장의 가능성을

---

157 위의 책, 41쪽 참조.
158 위의 책, 같은 쪽 참조.

모색하였다.[159]

본 연구 또한 객관주의와 상대주의의 이분법을 벗어나고자 하며, 객관주의적 진리는 우리들의 인식적 삶의 이념적 목표로만 보전하고, 현실에서 성취되는 모든 진리는 상대적인 성격을 띤다고 주장한다. 그럼에도 이러한 상대적 진리의 개념은 무제약적 상대주의를 지지하는 것이 아니라 객관주의와 상대주의를 넘어서 있는 제3의 입장, 즉 온건한 상대주의, 혹은 제약적 상대주의를 지지한다. 본 연구는 모든 인식의 오류 가능성을 수용하는 상대주의적 진리관을 지지하면서도 어떻게 우리가 '무엇이든 된다.'고 하는 나쁜 허무주의적 상대주의가 아니라 건전한 상대주의의 입장에 설 수 있는지를 보여줌으로써 객관주의와 상대주의의 오랜 대립을 넘어서고자 한다.

## 1. 객관주의를 넘어서

먼저 우리의 상호주관적 명증의 현상학의 인식론적 토대이자 모티브인 후설의 명증이론은 객관주의와 상대주의의 대립과 관련하여 어떠한 입장에 자리하는지 살펴보기로 하자. 본 연구는 인식 정당화 모델과 관련하여 후설이 체계적으로 채워놓지 못한 부분을 온전하게 재구성함으로써 객관주의와 상대주의의 대립이 어떻게 극복될 수 있는지 설명하고자 하지만, 이미 후설의 명증 이론 또한 객

---

[159] 우리는 퍼트남(H. Putnam), 로티(R. Roty), 번스타인(R. Bernstein), 마골리스(J. Margolis)등에서 이러한 시도를 찾아볼 수 있다. 노양진, 『상대주의의 두 얼굴』, 서광사, 2007, p. 215 참조.

관주의와 상대주의라는 이분법을 넘어서고 있다. 후설은 절대적 진리의 이념을 보존하면서도 진리 경험의 성취 도중에 발생하는 상대성을 인정한다. 이러한 상대성의 문제는 진리 경험이 계속 더하여짐에 따라 양상화될 수 있음을 뜻하는데, 후설에서 진리 경험은 이렇듯 이러한 양상화 과정을 통해 절대적 진리의 이념을 향해 부단히 전진해가는 모습을 띠고 있다. 주지하다시피, 후설의 명증이론은 상대주의를 논파하기 위해서 시작되었지만[160], 결국에는 잠정적 의미에서의 완화된 상대주의를 수용하고 있는 것이다.[161]

후설은 절대적 진리를 추구하면서도 절대적으로 정초 된 학문의 이념을 그것의 실제 현실화와 별개 문제로 설정한다. 실제로 실현되든 아니든 절대적 학문의 이념은 존재하지만(HuaI, 51~52), 후설은 절대적 진리의 이념을 하나의 규제적 이상으로 간주하고, 철학을 상대적이고 일시적인 타당성들에 의해 무한한 역사적 과정 속에서만 실현될 수 있는 이념으로 특징짓는다. 그러니 현실적으로 주어지는 모든 인식은 오류 가능성에 열려 있고, 상대적인 것이다.[162]

---

[160] 후설의 초·중기 저작들, 즉 『논리연구』와 『이념들 I』에서는 상대주의를 극복할 수 있는 절대적인 인식을 찾아들어가고자 하는 경향이 두드러진다.

[161] 후설의 명증 이론에서 지향-충족의 구조는 때로는 대응론적 진리관, 혹은 실재론적 진리관을 지지하는 것으로 해석되기도 한다. 그러나 이러한 해석은 틀렸다. 왜냐하면 후설의 명증 이론에서 의미 지향과 직관의 대응은 의식과 의식 독립적 실재의 대립이 아니라 나의 공허한 사변과 나의 직관과의 대응이기 때문이다. 이러한 명증 이론은 주어진 감각 자료에 대해서 사람들이 상이한 직관적 경험을 가질 수 있으며, 그러한 상이한 직관적 경험이 각기 다 정당화된 인식으로 기능할 수 있음을 인정함으로써 상대주의적 진리관과 양립할 수 있다.

[162] 여기서 우리는 느슨한 의미의 진리와 엄격한 의미의 진리를 구분해야 함을 알 수 있다. 엄격한 의미의 진리는 절대적 진리로서 하나의 이념으로서 존재한다. 그러나 그러한 이념적 진리에 점진적으로 접근해가며 진리를 성취해가는 도중에 나타나는 모든 상대적 진리들 역시 진리로서의 자격을 갖는다. 그러나 이때의 진리는 느슨한 의

『논리연구』, 『이념들 I』과 같은 후설의 초·중기 저작들이 주로 절대적 명증을 찾아가고자 하는 시도로 간주될 수 있는 반면, 『위기』와 같은 생활 세계에 관한 논의를 중심으로 하는 후기 저작들은 후설의 현상학을 상대주의를 수용하는 철학으로 귀결시킨다. 후설은 결코 절대적 진리의 개념을 포기하지 않았지만, 후설의 생활 세계 분석은 상이한 생활 세계 속의 생활 세계적 진리들이 그 상대성에도 불구하고 우리들의 모든 인식과 관련하여 보다 근원적인 타당성을 지니는 진리들임을 보여주고 있는 것이다. 후설의 생활 세계 분석에서 생활 세계는 보편적 구조를 지님에도 불구하고, 복수성과 상대성을 지닌다. 후설의 생활 세계 개념은 다의적인데, 때로는 생활 세계가 감각적 대상들만을 포함하고 있는 자연적 세계로 이해되기도 하지만[163], 복수성과 상대성으로 특징지어지는 생활 세계는 이론적 활동의 침전물이 녹아 있는 완숙된 문화적 세계이자, 역사적 세계이다. 이러한 생활 세계는 다양한 문화 공동체에 속하는 사람들로 구성된 복수의 세계이다.

특정한 문화 공동체에 속하는 사람들은 그 문화 공동체에 고유한 언어와 문화 체계, 개념 틀을 가지고 있다. 그래서 상이한 문화 공동체, 상이한 생활 세계에 속하는 사람들은 동일한 대상에 대해 서로 다른 파악 작용을 가하고, 서로 다른 의미를 부여할 수 있다. 가

---

미에서의 진리라고 해야 할 것이다. 이때 느슨한 의미의 진리는 오류 가능성을 용인하는 정당화된 인식을 의미한다는 점에서 인식 정당화의 문제와 관계하고, 엄밀한 의미의 절대적 진리는 진리 개념과 관련한 형이상학의 문제와 관계한다고 할 수 있을 것이다.

[163] 이러한 자연적 세계로서의 생활 세계는 단일한 세계로서 문화적 역사적 속성을 갖지 않는 선 이론적 세계이다.

령 나의 생활 세계 구성원들이 '책'으로 지각하는 것을 줄루족은 '물체화 된 정령'으로 지각한다. 나와 줄루족은 내 앞의 대상에 대해서 동일한 감각 경험을 하면서도 그 감각 경험을 다르게 해석하는 것이다. 이때, 내 앞의 대상을 책으로 파악하는 것이 정당한 인식인가 물체화 된 정령으로 파악하는 것이 정당한 인식인가 하는 것은 각자의 생활 세계 내에 속한 구성원들의 일치된 생각이 결정한다. 내가 아무리 내 앞의 대상을 책이라고 생각해도 줄루족 사회에서 나의 인식은 참일 수 없으며, 줄루족이 아무리 자기 앞의 대상을 물체화 된 정령으로 생각해도 나의 생활 세계 공동체 내에서 줄루족의 인식은 참이 될 수 없다.

그럼에도 만약 줄루족 사회가 우리 사회에서 책이라고 규정하는 물체를 '물체화 된 정령'으로 규정하는 사회라면, 우리 사회에서 책이라고 규정하는 물체를 '물체화 된 정령'으로 지각하는 어떤 줄루족 구성원의 지각 작용은 자신의 생활 세계 내에서 명증으로서, 즉 정당한 인식으로서의 자격을 갖는다. 우리의 연구는 어떻게 줄루족 사회에서 책을 '물체화 된 정령'으로 인식하는 것이 정당한 인식이 될 수 있는지를 잘 설명해줄 수 있다.

우리의 지각 작용은 특정한 감각적 경험에 파악 작용이 가해짐으로써 획득되는데, 내가 특정한 감각 경험에 정당한 파악 작용을 가했을 때, 나의 지각 작용은 정당한 인식이 된다. 그런데 내가 가한 파악 작용이 정당한 작용인가 아닌가 하는 문제는 내가 속한 생활 세계 내의 구성원들 간의 상호주관적 명증의 문제와 관계한다. 왜냐하면 단일한 주체의 의식 속에서 파악 작용은 그 주체가 속한 생활 세계 내의 언어, 문화, 개념 체계[164]를 학습함으로써 형성되는데,

이러한 언어, 문화, 개념 체계란 세대를 거쳐 전수 된 그 생활 세계 내의 상호주관적 명증의 산물이기 때문이다. 그래서 각자의 생활 세계는 상이한 상호주관적 명증의 체계로 구성될 수 있으며, 이것은 우리의 이론이 객관주의를 넘어서서 상대주의를 수용하는 방향을 지시하고 있음을 의미한다.

## 2. 상대주의를 넘어서

앞서 무제약적 상대주의는 자기모순에 빠질 수밖에 없음을 지적하였다. 후설의 명증이론은 진리 경험의 성취 과정에서 발생하는 오류 가능성과 상대성을 인정하지만, 결코 허무주의적 상대주의를 옹호하지 않고 상대주의를 넘어선다. 그러나 상대주의를 극복하고자 하는 후설의 전략은 객관주의로의 후퇴가 아니라 인식의 상대성이라는 개념을 더욱더 철저하게 고찰하는 것으로 특징 지워진다. 우리는 다음의 구절에서, 후설이 상대주의의 극복을 위해 고심한 흔적과 함께, 그러한 상대주의 극복의 의미가 상대주의의 부정이 아니라, 인식의 상대성의 의미를 더욱더 철저하게 규명함으로써 건전한 상대주의를 모색함을 뜻한다는 사실을 잘 이해할 수 있다.

---

[164] 데이빗슨에 따르면, 개념 체계는 "경험을 구성하는 방식이며 […] 감각의 자료에 형식을 주는 범주들의 체계이며, 개개인, 문화 또는 시대가 일과적 상황들을 조망하는 관점"이다. D. Davidson, "On the Very Idea of a Conceptual Scheme", in D. Davidson, *Inquiries into Truth & Interpretation*, Oxford: Clarendon Press, 1984, p.183 (노양진, 위의 책, p.263에서 재인용)

"상대주의는 오직 가장 보편적인 상대주의를 통해서만 극복될 수 있다. 이것은 모든 '객관적' 존재의 상대성을 초월론적으로 구성된 것으로 이해하게 만들지만, 이와 더불어 초월론적 주관성의 가장 철저한 상대성도 그러한 것으로 이해하게 만드는 초월론적 현상학의 가장 보편적인 상대주의다. 그런데 이 상대성[초월론적 주관성의 가장 철저한 상대성]은 곧 (이것에 상대적인 모든 객관적 존재에 대립해서) '절대적 존재'의 유일하게 가능한 의미로서, 즉 초월론적 주관성의 '그 자체에 대한' 존재로서 입증된다."(HuaIX, 300)

여기서 우리는 부정적 의미의 상대주의와 긍정적 의미의 상대주의를 구분해볼 수 있다. 부정적 의미의 상대주의는 합리성에 반하는 나쁜 상대주의인 데 반해, 긍정적 의미의 상대주의는 합리적 상대주의, 좋은 상대주의이다. 비합리적 상대주의가 '무엇이든 된다.'라는 허무주의의 나락으로 떨어지는 것에 반해, 합리적 상대주의는 인식의 상대성을 보다 나은 인식에 이르기 위한 도정에서 겪는 현상으로 간주한다.

그러나 문제는 후설의 현상학 내에서 이러한 건전한 상대주의, 좋은 상대주의가 어떻게 가능할 수 있는지를 설명해내는 일이다. 후설의 현상학이 허무주의적 상대주의, 극단적 상대주의의 나락으로 떨어지지 않기 위해서는 인식의 상대성을 인정하면서도 '무엇이든 된다.'라는 인식의 무제약적 분기를 막아줄 수 있는 그 어떤 '제약'이 후설 현상학 내에서 발견될 수 있어야 하는 것이다.

우리는 이러한 제약을 소퍼(G, Soffer)가 제시한 생활 세계의 보편성에 이르는 세 가지 길[165]을 통해 발견해 낼 수 있다. 앞 절에서 지적한 바와 같이 생활 세계는 그 복수성과 상대성에도 불구하고, 보편적 구조를 지니는데[166], 소퍼에 따르면 우리는 세 가지 길을 통해 이러한 생활 세계의 보편성에 이를 수 있다.

첫 번째 길은 형상적 직관을 통한 길이다. 우리는 형상적 직관을 통해 우연적인 것을 사상해냄으로써 생활 세계의 본질을 발견할 수 있다. 두 번째 길은 헐어내기를 통한 길이다. 우리가 다양한 문화적 의미의 층을 입고 있는 생활 세계를 헐어내기 하였을 때, 그 어떠한 생활 세계를 헐어내기 하여도 구성의 맨 마지막 층에 존재하는 감각적 자연의 세계는 공통적인 것이며, 보편적인 것이다. 세 번째 길은 상호주관적 합의의 길이다. 형상적 직관과 헐어내기를 통해 발견되는 생활 세계의 보편성은 생활 세계의 필증적 본질 구조[167]와 관계하지만, 상호주관적 합의를 통해 우리는 생활 세계에 내재해 있는 우연적인 내용적 측면의 보편성[168]까지도 발견해낼 수 있다. [169]

---

[165] G. Soffer, *Husserl and the Question of Relativism,* Kluwer Academic Publishers, 1991, pp.182-188 참조.

[166] 가령 시간성은 대표적인 보편적 생활 세계의 구조이다. 시간성을 갖지 않는 생활 세계란 상상하기 어렵다. 생활 세계 내의 경험적 내용이 아무리 바뀌더라도 그러한 경험적 내용이 속해 있는 시간적 형식은 변하지 않는다. 즉 우리가 아무리 특수한 시간적 체험을 갖더라도 파지-근원인상-예지로 구성된 시간 의식의 형식적 구조는 (무한히 반복된다는 의미에서) 필증적인 것이다. 이러한 시간 형식의 구조는 불변하는 구조로서 우리는 본질직관에 의해 이러한 구조를 파악해 낼 수 있다.

[167] 생활 세계 내에 이미 필증적인 보편적 본질 구조가 내재해 있음은 수학, 기하학조차 생활 세계에 토대함을 상기할 때, 더욱 분명해 진다. 수학, 기하학과 같은 형식적 학문은 생활 세계 내의 우연적, 내용적 요소가 추상된 것인데, 생활 세계 내에 이미 필증적인 본질 구조가 내재해 있지 않다면, 필증적 인식을 그 특징으로 하는 수학과 기하학이 어떻게 생활 세계에 토대하여 발생한 것이라고 할 수 있을지 설명해 내기 어려울 것이다.

[168] 우리는 형상적 직관과 헐어내기를 통해 발견하는 생활 세계의 본질 구조뿐 아니라, 생활 세계 안에서의 주관적 사실적 경험들도 상호주관적 합의를 통해 공유할 수 있다. 그래서 우리는 주관적 사실적 경험들에 내재된 우연적인 내용적 측면의 보편성까지

이러한 생활 세계의 보편성뿐만 아니라 후설의 철학에는 절대적 진리의 이상을 향한 지향이 있다. 진리의 성취의 동적 과정 중에 발생하는 인식의 상대성을 인정함에도 후설은 절대적 진리의 이념을 보전함으로써 결코 허무주의적 상대주의의 나락으로 떨어지지 않을 수 있는 것이다.

　이렇듯, 후설의 현상학에는 우리가 비합리적 상대주의의 나락으로 떨어지지 않을 수 있도록 해주는 수많은 장치들이 내재해 있다. 이러한 다양한 장치 중 본 연구가 특별히 주목하는 것은 우리의 상호주관적 명증의 현상학이 진리의 필요조건 중 하나로 중요시하는 감각 경험의 입력이다. 상호주관적 명증의 현상학은 상호주관적 합의의 조건으로 그 이전에 먼저 주관적 명증이 확립될 것을 요청하며, 그러한 주관적 명증의 확립에 있어서 감각적 경험의 입력은 매우 중요한 계기에 속한다. 본 연구는 이러한 감각 경험에 의한 경험적 입력이 허무주의적 상대주의를 막아주는 또 하나의 제약적 역할로 기능한다고 주장한다. 만약 우리가 진리를 그저 생활 세계 구성원들의 상호주관적 합의의 문제로만 생각하고, 진리의 필수 요건으로서 주관적 명증이 우선 확립되어야 한다는 점을 고려하지 않는다면, 인식의 상대성은 극단화될 수 있다. 그러나 주관적 명증의 확립에서 기능하는 감각 경험의 입력은 인식의 이러한 극단적 분기를 막아줄 수 있을 뿐 아니라, 서로 다른 생활 세계에 속한 사람들이 함께 대화의 장으로 나와서 소통할 수 있게 해주는 공통적 지반으

---

도 발견해낼 수 있다.
[169] 소퍼는 형상적 직관의 길이 유아론적 길인 데 반해, 상호주관적 합의의 길은 대화적 길로 특징지을 수 있다고 이야기한다. Gail. Soffer, 위의 책, 같은 쪽.

로 기능한다. 우리는 감각 경험의 공통성을 동일한 대상에 대한 상호주관적 경험의 일치로 확인할 수 있다. 우리는 각자의 생활 세계에 속한 다양한 개념 체계에 물들지 않은 선 술어적 감각 경험[170]을 공유하며, 정상성의 범주에 속하는 인식 주체들 간의 이러한 감각 경험의 공통성[171]은 우리를 극단적 상대주의의 나락으로 떨어지지 않도록 제약해주는 것이다.

결국 우리는 공통의 감각 경험을 지반으로 하여 다양한 상대적 인식을 가질 수 있는데, 이러한 인식의 상대성은 유한한 인식 주체가 각자 고유한 관점과 맥락 속에 서 있음으로 해서 발생하는 것이기 때문에, 나쁜 상대성이 아니라 대화를 통해 종합됨으로써[172] 더

---

[170] 퍼트넘도 '개념 이전의 세계'를 상대주의적 분기로 막아주는 제약으로 간주한다. 노양진은 이러한 퍼트넘의 전략이 칸트적 딜레마에 빠진다고 비판하지만(노양진, 앞의 책, p.114), 본 연구는 퍼트넘의 '개념 이전의 세계'의 존재를 지지한다. 후설에서 선술어적 세계는 칸트의 물자체와 같이 경험될 수 없는 그 무엇이 아니라 철저히 우리의 감각 경험을 통해 포착될 수 있는 세계이기 때문이다.

[171] 물론 다수의 주관은 동일한 대상에 대해 서로 다른 신체를 통해 서로 다른 감각 경험을 가질 수 있다. 여기서 정상성의 범위를 벗어난 비정상성으로서의 신체가 존재한다는 사실이 문제시되는데, 이러한 사실은 우리로 하여금 극단적 상대주의에 빠지지 않게 해주는 제약, 즉 신체와 감각 경험의 공통성이라는 제약적 잠금장치를 풀어버리는 결과를 초래하고 우리를 또다시 극단적 상대주의로 향하게 한다고 생각할 수도 있을 것이다. 그러나 이러한 비정상성의 존재는 언제나 정상성이 있음을 전제하기 때문에 우리는 정상성의 기준을 확립하고, 이러한 정상성에 속하는 신체적 감각 경험의 공통성을 설정함으로써 나쁜 상대주의로 가는 극단적 분기를 막아주는 제약을 여전히 지켜낼 수 있다.

[172] 쿤과 파이어아벤트는 과학적 패러다임 이론 간의 공약불가능성을 주장한다. 즉 우리에게는 상이한 패러다임을 비교할 수 있는 제3의 공통된 합리적 기준이 존재하지 않는다는 것이다. 그러나 번스타인은 경쟁 패러다임 이론들은 논리적으로 양립 불가능하다는 의미에서 불가공약적인 것이지, 비교 불가능하다는 의미에서 불가공약적임을 의미하지는 않는다고 이야기한다. 즉 서로 다른 전통이나 삶의 양식 또한 무관점적, 초시간적 절대적 기준을 통한 비교는 불가능하다는 점에서 불가공약적일 수는 있으나, 그럼에도 합리적으로 비교될 수는 있다는 것이다. 번스타인, 앞의 책, pp.194-195 참조.

나은 인식에 이르게 하는 좋은 상대성이다. 이렇듯 생활 세계의 상대성은 지식을 증가시키고, 다양한 생활 세계가 지닌 차이는 우리의 지식의 확장을 가능하게 한다.

결국 우리의 상호주관적 명증의 현상학은 생활 세계, 문화 등의 차이에 따른 상이한 인식적 결과를 인정한다는 점에서 객관주의를 넘어서지만, 감각 경험의 공통성에서 인식의 극단적 분기를 막아주는 제약을 발견하였고, 주관적 명증의 확립을 필요조건으로 함축하는 상호주관적 동적 정당화 모델이라는 인식 정당화의 모형을 합리성의 기준으로 제시함으로써, 그리고 이상적 담화 상황 속에서 완전한 합의의 이념[173]을 절대적 진리의 이념으로 보전함으로써 상대주의 또한 넘어서게 된다.

---

[173] 상이한 생활 세계 구성원들 사이에는 불일치가 발생할 수 있지만, 각각의 생활 세계는 닫힌 세계가 아니라 공통의 유일한 세계 내부에서 열린 지평을 갖고 있는 세계이므로 이상적인 담화 상황을 가정할 때, 원리적으로는 완전한 합의의 이상을 지닐 수 있다고 본다.

# 3장. 진리 대응론, 진리 정합론, 진리 합의론을 넘어서

후설에서 직관적 경험으로서의 명증은 어떠한 인식이나 판단이 올바르고 정당하다고 이야기할 수 있는 근거의 역할을 한다는 점에서 인식 정당화의 문제와 관계하며, 이는 인식론의 영역에 속한 개념이다. 엄밀히 말해서 진리론은 인식 정당화 문제와는 구별되며, 인식론의 영역이라기보다는 형이상학의 영역으로 분류[174]되지만, 인식 정당화 문제와 관련한 이론들의 인식적 목표는 인식적 참, 즉 진리를 파악하는 것을 목표로 하기 때문에 이 양자는 밀접한 관계에 있다. 후설의 명증 이론 역시 진리론에 속한 문제라기보다는 인식 정당화 이론에 속한 문제로 보아야 하지만, 후설의 명증 이론은 명증의 대상적 상관자를 진리로 규정하고[175], 명증이라는 지향적 체험을 언제나 진리를 자신의 지향적 대상으로 삼는 작용으로 규정한다는 점에서 후설의 명증 이론은 진리론을 함축하고 있다고 볼 수 있다. 마찬가지로 우리의 상호주관적 명증의 현상학 또한 이러한 인

---

[174] 인식 정당화의 문제가 우리의 인식이 어떻게 정당화될 수 있는가, 우리가 어떻게 지식을 가질 수 있는가와 관련된 인식론적 문제라면 진리론은 진리란 무엇인가라는 물음을 통해 진리의 존재를 규정하려는 존재론적(형이상학적) 문제이다.

[175] 후설은 『논리연구』에서 명증을 진리의 체험으로 규정한다. Hua XVIII, p.193 참조.

식론적 모델에 상응하는 진리론을 제시할 수 있다.

지금까지 철학사에서는 다양한 진리론이 제시되어 왔는데, 이 중 대표적인 것이 진리 대응론, 진리 정합론, 진리 합의론이다.[176] 먼저 진리 대응론은 진리의 기준을 사실과의 대응으로 본다. 진리 대응론은 약 2000년 전 아리스토텔레스에 의해서 최초로 주장된 이래, 경험주의 전통에서 강력한 영향력을 행사해왔으며 근래에 와서는 타르스키[177]에 의해 부활하였다. 그러나 진리를 명제와 사실과의 대응으로 간주할 경우, 우리가 어떻게 우리 자신의 관점을 떠나 명제와 사실의 일치 여부를 확인할 수 있는지 해명할 수 없다는 난점이 생긴다.

진리 정합론은 진리의 기준을 다른 명제 내지 판단과의 정합성에서 찾는다. 진리 정합론[178]은 합리주의 전통에서 강한 영향력을 발

---

[176] 이 밖에 실용주의 진리론도 있다. 실용주의 진리론은 실용적 측면에서의 성공적인 결과에 이르게 함을 진리의 기준으로 본다. 실용주의 진리론은 절대적 확실성에는 좀 못 미치는 그 무엇에 관심을 갖고 있다. 실질적으로 중요한 것은 만족할 수 있느냐의 문제다. 실용주의 진리론은 제임스가 창안한 것으로 그 기본적인 착상을 퍼스로부터 끌어왔다. 퍼스는 과학 용어란 그것이 쓰여서 실용적인 결과를 가져올 때만 의미 있는 것으로 간주할 수 있다는 그럴 법한 제안을 하면서 실용적으로 유용함을 유의미성의 기준으로 내세웠다.(햄린, 『인식론』, 이병욱 옮김, 서광사, 1986, pp. 124-125 참조)

[177] 타르스키는 눈이 흰 경우 그리고 오직 그 경우에만 '눈은 희다'가 참이라고 말하면서 사태와 문장을 등치관계로 표현하였다. 이러한 진리관은 진리를 문장의 의미에 귀속되는 것으로 보는 의미론적 진리관에 해당한다. 이렇게 영미권에서는 진리가 속성으로 부여될 수 있는 것을 주로 믿음이나 믿음을 표현하는 진술로 본다. 그러나 어떠한 진술은 어떠한 존재 혹은 사태를 지시한다는 점에서 진리는 진술의 속성이 될 뿐 아니라 어떤 존재 혹은 사태를 위한 말이 될 수도 있다. 후설은 명제적 진리와 존재론적 진리를 구분하는데, 이때 명제적 진리는 판단의 올바름으로서의 진리의 개념에 상응하고, 존재론적 진리는 사태의 개시로서의 진리의 개념에 상응한다.

[178] 브래들리에 따르면 판단이란 실재를 관념으로 포섭하는 데서 성립한다. 즉 실재에 관한 지식은 사전에 그것을 관념으로 포섭함이 없이는 결코 가능하지 않다. 실재에 관한 지식은 언제나 매개를 거친 것이지 직접적인 것이 아니라는 것이다. 그런데 우리

휘했는데, 진리 대응론이 경험적 진술과 관련하여 설득력을 갖기 쉬운 것과 비교해볼 때, 진리 정합론은 수학적 진술에서 설득력을 갖기 쉽다. 그러나 진리 정합론은 정합성이라는 개념이 모호할 그뿐만 아니라[179] 정합성이라는 개념 자체가 진리라는 개념을 미리 전제하지 않고서는 설명하기 어렵다[180]는 점에서 난점을 지닌다.

진리 합의론은 진리의 기준을 다수의 인식 주체들 간의 상호주관적 일치 내지 합의에서 찾는데, 하버마스나 아펠, 로티와 같은 철학자들이 대표적인 진리 합의론자들이다. 그러나 진리 합의론의 진리관에서 진리는 극도로 분기되어 나타날 수 있음으로써 인식적 규범성을 갖지 못할 뿐 아니라, 다수의 사람이 동일한 잘못된 판단 내지 믿음을 가질 수 있다는 점에서, 그리고 그러한 합의가 어떻게 세계와의 진리 연관성을 보증해줄 수 있는지를 설명해주지 못한다는 점에서 난점을 지닌다. 이에 본 연구가 주장하는 상호주관적 명증의 현상학은 진리 대응론과 진리 정합론, 진리 합의론의 핵심적 통찰들을 보전하면서도 이러한 진리관들을 넘어서고자 한다.

---

가 우리의 판단을 실재와 비교하는 것이 가능하기 위해서는 실재에 도달해야 하는데, 우리는 거기에 도달할 방도가 없다. 우리가 할 수 있는 것은 하나의 판단을 다른 판단과 비교하는 길밖에 없다. 브래들리는 이러한 이유로 정합론을 지지한다. 브래들리에 따르면 이렇게 진리는 정합성을 띤 관념들로 이루어진 하나의 체계이다. 그리고 다른 판단과 정합성을 유지하는 정도가 높아짐에 따라 점점 더 높은 진리성을 갖는다. 이때 절대적인 것, 즉 경험의 총합체에 관한 판단은 지적 수정이 불가능하다.(햄린, 위의 책, pp. 129-130참조.)

[179] 정합성은 때로는 함축 관계를 뜻하고, 때로는 논리적 일관성을 뜻한다. 그러나 함축 관계는 정합성이 뜻하는 바를 공정하게 평가하기에 너무 강한 개념이고, 논리적 일관성은 정합성이 뜻하는 바를 평가하기에 너무 약한 개념이다.

[180] 진리 정합론은 인식의 정합성의 여부를 따지기 위한 기준으로 올바르다고 간주하는 특정한 진리의 체계를 전제할 수밖에 없다.

## 1. 진리 대응론을 넘어서

먼저 후설의 진리론은 진리 경험의 지향성 속에서 사물과 지성의 일치(adequatio intellectus et rei)를 추구했다는 점에서는 대응론적 진리관의 근본 통찰을 수용한다고 볼 수 있다. 그럼에도 후설의 진리론은 진리 대응론을 넘어서고 있다. 전통적인 진리 대응론의 난점은 우리가 어떻게 명제와 객관적으로 존재하는 사태와의 일치를 확인할 수 있느냐 하는 문제였다. 그러나 후설에서 명증은 명제와 사태의 일치와 관계하는 것이 아니라 의미지향과 직관의 일치와 관계한다. 즉 공허한 사념으로서의 의미지향작용이 직관적 경험과 일치할 때 이 양자를 동일화하는 작용을 후설은 명증이라고 부르는 것이다. 이렇게 후설에서 명증은 지향적 체험들 간의 일치라는 점에서 1인칭적 관점에서 체험들 간의 일치 여부를 확인할 수 있기에 전통적인 대응론적 진리관이 지니는 난점을 지니지 않는다.

그럼에도 후설의 진리론이 대응론적 진리관의 근본 통찰을 수용하고 있다고 할 수 있는 이유는 명증의 성취 구조에서 드러나는 직관적 경험의 중요성은 곧 특정한 감각 자료의 입력의 필요성을 지시하기 때문이다. 진리가 그저 특정한 체계 내에서 믿음 간의 정합성에 의해 성취된다거나 사람들 간의 공허한 합의에서 성취되는 것이 아니라 반드시 감각 자료의 입력을 통해 사태 자체와의 만남을 필요조건으로 가져야 한다는 점은 전통적 진리 대응론이 왜 그토록 오랫동안 강력한 영향력을 행사하였는지를 잘 설명해준다. 이렇게 후설의 진리론은 사태와의 만남을 진리의 조건으로 규정하였지만, 본 연구는 사태와의 만남이라는 직관적 경험만으로는 진리가 보증될 수 없다고 주장한다.

어떤 것에 대한 체험이 진리의 체험일 수 있으려면 감각 자료의 입력이 있어야 할 뿐 아니라 그러한 체험이 다른 체험들과 조화를 이루어야 한다. 왜냐하면 환각 속에서도 우리는 감각 자료를 가질 수 있기 때문이다. 환각 속에서 내가 직관적 경험을 한다고 생각하고 아무리 내가 사태 자체와 만났다고 생각할지라도 그것이 인접한 다른 경험들과 조화되지 않는다면 그것은 진리의 체험이 아니라 환각의 경험으로 판명 나게 된다. 즉 내가 사막에서 신기루를 보았다는 것만으로 오아시스가 존재한다는 것이 보증되는 것이 아니라, 그러한 특정 순간의 오아시스에 대한 지각이 인접한 다른 시점에서의 지각과 반복된 일치 속에서 조화를 이루어야 그것이 신기루가 아닌 진짜 오아시스에 대한 지각임을 보증받을 수 있는 것이다. 배경 믿음들, 지평 의식적 체험들과의 조화는 특정한 경험을 환영으로부터 구별시켜주는 중요한 계기가 된다. 그래서 믿음, 혹은 체험 간의 정합성은 어떤 것에 대한 체험이 진리의 체험임을 보증받기 위한 또 하나의 필요조건이 되는 것이다.

이러한 정합성뿐 아니라 상호주관적 합의 또한 중요한 진리의 조건이 된다. 왜냐하면 직관적 경험은 특정한 감각 자료에 파악작용이 가해짐으로써 획득되는데, 내가 올바르게 지각적 경험을 하였다는 것은 내가 주어진 감각 자료에 내가 속한 생활 세계 구성원들이 부여하는 정당한 의미를 부여하였음을 뜻한다. 이렇게 내가 주어진 감각 자료에 어떤 파악 작용을 가하였는가 하는 문제, 즉 내가 가한 파악 작용이 정당하였느냐의 문제는 상호주관적 합의에 따라 결정된다. 왜냐하면 파악작용이란 주어진 감각 자료에 대한 의미 부여

이자, 해석 작용인데 이러한 작용의 능력은 탄생 이후 오랜 학습을 거쳐 습득되는 것으로서 그 인식 주체가 속한 생활 세계의 문화, 언어, 상호주관적 습성 등을 반영하기 때문이다.

그뿐만 아니라 우리 모두는 특정한 관점 속에 있기 때문에, 사물을 충전적으로 인식하고 그것을 기술할 수 없다. 각 개인의 관점에서 사물을 있는 그대로 반영한 기술이나 모사는 있을 수 없으며, 모든 사물에 대한 기술이나 지각에는 개인의 관점이 반영되게 되는 것이다. 그러한 관점적 특성은 사물의 총체에 대한 인식과 관련하여 오류를 낳을 수 있기에 타인들의 지각과의 종합이 필요하다. 이렇게 타인들의 인식과의 종합[181]을 통해서 우리는 사물의 총체에 더 가깝게 다가갈 수 있는 것이다. 이렇듯 본 연구는 진리의 조건으로서 사태와의 만남뿐만 아니라 믿음 간의 조화, 그리고 상호주관적 합의를 진리를 위한 또 다른 중요한 요건들로 요청한다는 점에서 진리 대응론을 넘어서고 있다.

## 2. 진리 정합론을 넘어서

한편, 후설의 진리론은 학문 이론으로서의 논리학의 역할을 강조하며 인식의 정합성을 진리의 필요조건으로 삼았을 뿐 아니라, 체험의 반복, 체험 간의 조화의 문제를 참된 지각적 경험의 중요한 요소로 간주했다는 점에서 정합론의 근본 통찰을 수용하고 있다. 그

---

[181] 3부에서 설명한 바와 같이, 이 종합의 과정에서 주어진 현상이 아니라 지향적 대상에 대한 의미 부여의 일치가 주어진다.

러나 후설의 진리론은 직관적 경험 속에서 사태 자체와의 만남을 진리의 중요한 요건으로 간주하고 있다는 점에서 이미 진리 정합론을 넘어서고 있으며, 본 연구 또한 진리 정합론만으로는 진리의 성취를 설명할 수 없다고 주장한다.

먼저 진리가 정합적 믿음들의 체계라면, 그래서 특정한 체계에 부합하느냐의 여부가 진리의 기준이 된다면, 진리란 수정 불가능한 것으로 고정된 채 주어질 것이다. 즉 체계에 부합하느냐 아니냐의 여부에 따라 참 거짓의 값이 고정되는 것이다. 그래서 진리의 성취 도중에 발생하는 상대적 진리들, 그리고 그러한 진리들이 오류의 수정을 통해 양상화되며 절대적 진리에 근접해 가는 동적 과정을 설명할 수가 없다. 그러나 본 연구가 주장하는 인식 정당화 모델은 진리의 성취 도중에 발생하는 오류의 수정을 용인하는 동적 모델의 인식 정당화 모델이다.

또한 진리 정합론은 믿음 체계 간의 패러다임의 존재와 전환을 설명할 수 없다는 난점을 지닌다. 만약 매우 급진적인 새로운 통찰이 기존의 믿음 체계에 부합하지 않는다면, 정합론에 따르면 그러한 믿음은 폐기되어야 마땅하다. 그러나 기존의 믿음체계에 부합하지 않는 새로운 통찰이 새로운 믿음의 체계를 주도하는 정당한 인식으로 인정받을 수 있다는 것은 과학의 역사가 보증해주는 사실이다.

그뿐만 아니라 정합론을 통해 진리를 설명하는 것은 미친 사람의 머릿속에 정합적으로 존재하는 믿음 체계 내의 믿음을 진리로 간주할 수 있도록 허용한다. 그러나 상호주관적 명증의 현상학은 정상성의 범위 안에 있는 인식 주체들 간의 상호주관적 일치와 합의를 또 하나의 중요한 진리의 요건으로 간주함으로써 이러한 불합리한 상황을 차단한다. 또한 직관적 경험 속에서 감각 자료가 입력될 것을 진리의 필요조건으로 요청함으로써 진리가 사태, 세계와 만나지 않고 허공에서 공회전하지 않도록 진리의 경계를 설정한다. 이렇듯 본 연구는 믿음 간의 조화뿐 아니라 사태 자체와의 만남, 그리고 상호주관적 합의를 진리의 또 다른 필요조건들로 요청함으로써 진리 정합론을 넘어서는 것이다.


## 3. 진리 합의론을 넘어서

마지막으로 후설의 진리론은 이 연구가 보여준 바와 같이 객관적인 학문적 진리의 성립을 주관적 명증 간의 상호주관적 합치 속에서 찾았다는 점에서 합의론적 진리관의 통찰도 수용한다. 그러나 후설의 진리론에서 진리 체험의 근원적 타당성은 주관적 명증의 확립으로부터 나온다. 그러므로 후설의 진리론은 근본적으로 합의론적 진리관만으로는 만족하지 않는 진리론이다. 본 연구 또한 진리 합의론만으로는 진리의 획득이 보증될 수 없다고 주장한다.

먼저 본 연구는 주관적인 직관적 경험에 있어서 파악 작용을 가능하게 하는 개념 체계는 사람들 상호 간의 의견 일치의 산물로 본다. 그래서 사람들 간의 일치와 합의는 진리의 필수적인 조건 중의 하나다. 그러나 이것만으로는 진리가 보증될 수 없다.

각 개인의 관점에서 먼저 자신의 직관적 경험이 타당함이 근거를 가져야 하고 명증적이어야만, 그래서 각 개인의 주관적 명증이 먼저 정당화 요건을 만족해야만, 이러한 경험 간의 상호주관적 일치가 타당성의 원천을 담지 함으로써 허공에서 공회전하는 것이 아니라 세계에 닻을 내리는 정당한 상호주관적 진리로 승격될 수 있는 것이다. 그래서 각자의 정당화 요건을 만족하여 확립된 주관적 명증은 상호주관적 진리로 향하기 위한 필수적인 전제 조건들로 기능한다. 그뿐만 아니라 앞 절에서 서술한 바와 같이 믿음, 혹은 체험 간의 정합성과 조화 또한 진리의 체험이 가져야 할 중요한 요건 중 하나다. 이렇듯 본 연구는 인식 주체들 간의 상호주관적 합의뿐 아니라, 사태와의 만남 그리고 믿음 간의 조화를 진리를 위한 또 다른 필수적인 요건들로 간주함으로써 진리 합의론 또한 넘어서고 있는 것이다.

따라서 우리의 상호주관적 명증의 현상학에서 대응론적 진리관과 정합론적 진리관, 합의론적 진리관은 서로 양립 불가능한 것으로 이해되지 않는다. 이것들이 각각 '명제와 사태의 일치', '인식의 정합성', '상호주관적 합의'를 진리의 필요충분조건으로 간주한다면 이들은 양립 불가능한 이론이 되겠지만 상호주관적 명증의 현상학은 이것들 각각을 단순히 진리의 필요조건들로만 삼음으로써 이들이 종합될 수 있는 길을 열고 있는 것이다. 한 가지 중요하게 지적해야 할 것은 이러한 사태와의 일치, 인식의 정합성, 상호주관적 합의라는 계기들은 서로 무관한 것이 아니라 긴밀한 연관 관계 속에 존재한다는 것이다. 어떤 것이 합의될 수 있는 것은 그 타당성의 토대로서 각자의 주관적 명증의 수준에서 사태와의 만남이 있었기에 가능한 것이다. 또한 믿음 체계의 정합성의 여부는 상호주관적인 합리적 수용 가능성을 결정짓는 중요한 요인 중 하나가 된다. 그리고 믿음의 정합성은 사태와의 만남을 통한 주관적 명증의 진리성을 확증해주는 역할을 한다. 따라서 본 연구가 주장하는 인식 정당화 모델이 지시하는 진리론은 진리 대응론과 진리 정합론, 진리합의론이 조화롭게 종합된 하나의 입체적 모습으로 존재함을 알 수 있다.

5부

**결론:**
**상호주관적 명증과 진리**

# 1장. 연구의 정리

   이제까지 우리는 상호주관적 명증의 현상학의 전체적인 윤곽을 그려보면서 경험으로부터 어떻게 주관적 차원의 진리가 발원하고 또한 주관적 진리가 어떻게 학문적 진리로 상승해갈 수 있는지를 살펴보았다. 이를 위해 우리는 후설의 명증이론에서 출발하여 충실히 후설 현상학에 의지하면서도 후설의 미완의 명증 이론을 상호주관적 명증 이론으로 변형하고 확장하기 위해 때로는 후설을 넘어서야만 했다. 그리고 이러한 작업의 궁극적 목표는 인식 정당화와 진리를 둘러싼 여러 인식론적 문제들에 올바른 해답을 마련하는 것이었다. 이를 위해 본 연구는 우선 1부에서 이 책의 문제의식과 더불어 상호주관적 명증의 현상학으로 나아가기 위해 필요한 예비적 고찰들을 서술하였다. 후설의 명증 이론에서 명증은 직관적 진리 경험을 뜻하는데, 후설은 이러한 명증 개념을 분석할 때 주로 개별 의식 주체와 관련하여 성취되는 진리 경험을 중심으로 분석하였기 때문에 후설의 명증 이론은 언어와 상호주관성의 문제를 도외시한 유아론적 의식 철학에 머물러 있다는 비판을 끊임없이 받아왔다. 그러나 본 연구는 후설의 명증 개념이 그저 주관적이고 사적인 경험만을 뜻하는 개념이 아니라 그 자체로 상호주관적인 타당성 주장을 함축하고 있으며 상호주관적으로 공유될 수 있는 진리 경험임을 보였다. 그리고 이렇게 주관적 차원의 명증이 신체적 표현이나 언어적 의사소통을 매개로 하여 상호주관적으로 공유될 때, 그러한 명증은 상호주관적 명증으로서의 지위를 갖게 됨을 보였다.

1부에서 본 연구가 해명하고자 하는 주된 과제는 후설의 명증이론은 유아론적 의식 철학에 머물러 있는 철학이 아니라 그 자체로 언어와 상호주관적 공동체를 전제하는 상호주관적 명증의 개념을 요청하고 있으며, 이러한 상호주관적 명증의 개념과 조화롭게 양립 가능하다는 것이었다. 후설의 현상학이 상호주관적 명증의 개념을 요청하는 이유는 후설의 명증 이론을 기반으로 하는 후설 현상학의 이념 자체가 객관적으로 타당한 엄밀한 학문을 정초하고자 하는 것이었기 때문이다. 후설에서 객관성이란 곧 보편적 상호주관성을 뜻하기 때문에 후설 현상학의 이념을 실현하기 위해서는 학문적 인식의 객관성을 성취할 수 있게 해주는 상호주관적 명증의 개념이 반드시 요청된다. 한편, 후설의 명증 이론이 상호주관적 명증의 개념과 조화롭게 양립 가능한 이유는 후설에서 명증 개념은 참/거짓의 이분법에 토대하거나 오류 불가능성을 뜻하는 데카르트적인 협소한 개념에 국한되는 것이 아니라 오류 가능성을 수용하며, 경험이 더하여 짐에 따라 언제라도 그 명증도가 높아지거나 낮아질 수 있는 개념, 다시 말해 부단히 양상화할 수 있는 개념이기 때문이었다. 이것은 주관적 명증은 서로 일치할 수도 있지만 불일치하고 충돌할 수 있음을 함축한다.

2부에서는 엄밀한 철학적 반성 속에서 상호주관성으로 나아가는 정당한 토대를 확보하기 위해서는 초월론적 현상학적 환원에 후속하여 자아론적 환원인 원초적 환원이 정당하게 요청됨을 보였다. 이러한 작업은 후설에 토대한 상호주관적 명증의 현상학을 전개하기 위해서 반드시 선결되어야 할 작업이었다. 왜냐하면 후설 현상학이 자신의 초월론적 현상학의 테두리 내에서 상호주관성으로 나아가는 토대를 정당하게 확보하였음을 보일 수 있어야 우리도 후설 현상학에 토대한 상호주관적 명증의 현상학으로 나아갈 수 있는 정당한 기반을 확보할 수 있기 때문이다.

그럼에도 불구하고 원초적 환원을 통해 상호주관성에 이르는 후설의 분석은 상호주관성의 문제를 올바로 해명해주지 못하는 실패한 분석이라는 비판을 끊임없이 받아왔다. 우선 타자를 포함하여 세계 전체의 존재 정립을 판단 중지 하는 초월론적 현상학적 환원은 타자의 존재를 부정하는 유아론적 결과를 함축한다는 오해를 끊임없이 받아 왔다. 그러나 초월론적 현상학적 환원은 정립을 보류할 뿐, 정립의 부정을 함축하지 않기 때문에 초월론적 현상학적 환원은 결코 타자 존재를 부정한다는 귀결에 이르지 않는다. 오히려 초월론적 현상학적 환원 속에서 타자는 타자라는 의미를 지니는 노에마로 나의 의식에 현상한다. 그리고 이제 원초적 환원을 통해 타자가 어떻게 나에게 '다른 자아'라는 의미를 정당하게 지닐 수 있는지가 해명된다. 결국 원초적 환원을 통해 타자는 나에게 정당하게 '다른 자아'라는 의미를 획득함으로써 초월론적 현상학은 타자의 존재 정립을 긍정하는 귀결에 이른다.

더 나아가 후설의 초월론적 현상학은 자아론적 출발 속에서 상호주관적인 경험이 우리에게 어떻게 가능할 수 있는지, 그리고 여기에 기반을 둔 보다 높은 단계의 공동체화가 어떻게 가능한지를 입증해 보인다. 우리가 상호주관성의 문제를 분석하면서 우선은 이렇게 자아론적 출발을 취한 이유는 상호주관성이 우리에게 어떻게 가능한지를 엄밀한 철학적 반성 속에서 묻지 않은 채, 상호주관성을 그저 독단적으로 전제하고 시작하는 것은 엄밀한 자기 책임성을 지닌 철학이고자 하는 현상학의 철저주의(Radikalismus) 정신에 위배되기 때문이었다. 그런데 자아론적 출발 속에서 원초적 환원을 통해 상호주관성에 이르는 길은 타당성과 타당성 정초관계의 해명을 목표로 하는 정적 현상학적 관심 지평 속에 놓인 분석이다. 본 연구는 후설의 이러한 분석을 상호주관성에 대한 실패한 해명으로 간주하는 대부분의 비판이 상호주관성과 관련한 다양한 학문적 관심 지평이 존재함에도 후설의 분석을 주도하고 있는 학문적 관심을 혼동하고, 이와 다른 관점의 분석을 끌어들여 비판했기 때문에 잘못된 비판들이었음을 보였다. 이러한 작업을 통해 본 연구는 후설이 자아론적 출발 속에서 상호주관성으로 나아가는 정당한 토대를 마련했음을 확증하면서 3부에서 우리가 상호주관적 명증의 현상학을 본격적으로 전개해 나갈 수 있기 위한 발판을 확보할 수 있었다.

3부에서 우리는 후설 현상학이 가르쳐준 현상학적 근본 개념들과 연구자의 현상학적 직관을 도구로 하여 상호주관적 명증이라는 현상을 본격적으로 분석해 나갔다. 2부에서는 우선 타자의 존재, 그리고 상호주관적 경험의 가능성을 엄밀한 철학적 반성 속에서 입증하기 위해 자아론적 환원인 원초적 환원을 경유하여 상호주관성에 이르렀지만, 3부에서는 우리로 하여금 상호주관성에 직접적으로 도달할 수 있게 해주는 상호주관적 환원을 통해 상호주관적 명증이라는 현상에 접근할 수 있는 방법적 통로를 마련하였다.

현상학적 심리학적 상호주관적 환원을 통해 주어진 상호주관적 명증의 현상을 통해 우리는 상호주관적 명증에 어떤 유형들이 있으며 각각이 의미하는 바가 무엇인지, 그리고 이러한 상호주관적 명증은 어떠한 본질 구조 속에서 주어지는지를 분석하였다. 주관적 명증으로서의 직관적 경험에 지각, 기억, 예상이 있는 것에 상응하여 상호주관적 명증에도 상호주관적 지각, 상호주관적 기억, 상호주관적 예상이 있으며 이것들은 각각의 고유한 특성과 인식론적 의의를 지닌다. 그리고 우리는 이러한 상호주관적 명증은 신체를 매개로 하여 선 언어적으로 주어지기도 하고 언어적 의사소통을 매개로 하여 언어적으로 주어지기도 한다는 것을 살펴보았다. 현상학적 심리학적 상호주관적 환원을 통해 획득한 상호주관적 명증의 현상에 대해 그것의 유형과 의미, 소여방식의 본질 구조를 살펴본 것은 상호주관적 명증에 대한 현상학적 심리학적 분석이었다.

초월론적 현상학적 상호주관적 환원을 통해서 주어진 상호주관적 명증의 현상을 통해서는 우리는 그러한 상호주관적 명증의 초월론적 가능 조건들을 살펴보았다. 우리는 상호주관적 명증이 발생과 타당성의 관점에서 각기 어떻게 구성되는지 살펴보았고, 학문적 인식의 전제가 되는 언어적 의사소통 속에서의 일치와 불일치의 가능 조건은 무엇인지, 그리고 학문적 인식의 근원과 발생은 어떻게 설명될 수 있는지를 살펴보았다. 초월론적 현상학적 상호주관적 환원을 통해 획득한 상호주관적 명증의 현상에 대해 그것들을 둘러싼 타당성과 발생의 문제, 초월론적 가능 조건을 살펴본 것은 상호주관적 명증에 대한 초월론적 현상학적 분석이었다.

이러한 분석들로부터 우리는 마침내 지식과 학문의 성립을 가능하게 하는 인식 정당화 모델의 타당한 모습을 도출해 내었다. 우리는 주관적 차원의 명증만으로는 결코 객관적 인식으로서의 자격을 갖는 학문적 인식에 이를 수 없고, 학문 공동체에 의해 상호주관적으로 일치된 의견으로 승인된 인식만이 정당한 학문적 인식으로서의 자격을 가짐을 알게 되었다. 그러나 이렇게 정당한 것으로 승인된 상호주관적 명증 또한 새로운 경험이 더하여짐에 따라 오류로 판명 날 수 있으며, 정당한 인식으로서의 자격을 상실할 수 있다는 것, 그리고 더 강력한 새로운 상호주관적 명증은 기존에 정당한 것으로 승인되었던 상호주관적 명증을 논파시킬 수 있다는 것을 알게 되었다. 이렇게 인식 정당화는 완전한 진리의 이념에 부단히 접근해 가기 위해 끊임없는 수정과 논파의 과정을 거치는 동적 과정 속에서 상호주관적으로 성취되는데, 우리는 이러한 인식 정당화 모델을 상호주관적 동적 정당화 모델이라고 불렀다.

4부에서는 우리의 인식 정당화 모델이 토대론과 정합론의 대립, 객관주의와 상대주의의 대립, 진리 대응론, 진리 정합론, 진리 합의론의 대립 등, 현대 인식론의 다양하게 서로 대립되는 입장들을 어떻게 해소하고 넘어서는지를 보였다. 먼저 본 연구는 감각 소여를 어떠한 정당한 인식이 발생하기 위해 반드시 필요한 발생적 조건으로 요청함으로써 경험이 기여하는 인식적 역할을 온전히 보전하면서도 감각 소여가 무조건적이든 조건적이든 지각 작용의 내용적 참을 위해 어떤 정당화 역할을 한다는 입장을 배척함으로써 토대론을 넘어섰다. 그럼에도 어떤 인식의 정당화를 위해 믿음 간의 정합성의 체계만으로는 충분하지 않다고 보고, 인식 정당화의 문제와 관련하여 믿음 체계 바깥의 외부적 요인을 존재를 정립하는 믿음에 있어 그러한 믿음의 성립의 정당성을 위한 발생적 필요조건으로 요청함으로써 정합론을 넘어섰다.

본 연구는 또한 객관주의와 상대주의의 이분법을 벗어나고자 하며, 객관주의적 진리는 우리들의 인식적 삶의 이념적 목표로만 보전하고, 현실에서 성취되는 모든 진리는 상대적인 성격을 띤다고 주장했다. 그럼에도 이러한 상대적 진리의 개념은 무제약적 상대주의를 지지하는 것이 아니라 객관주의와 상대주의를 넘어서 있는 제3의 입장, 즉 온건한 상대주의, 혹은 제약적 상대주의를 지지했다. 본 연구는 생활 세계, 문화 등의 차이에 따른 상이한 인식적 결과를 인정한다는 점에서 객관주의를 넘어서지만, 감각 경험의 공통성에서 인식의 극단적 분기를 막아주는 제약을 발견하였고, 주관적 명증의 확립을 필요조건으로 함축하는 상호주관적 동적 정당화 모델이라는 인식 정당화의 모형을 합리성의 기준으로 제시함으로써, 그리고 이상적 담화 상황 속에서 완전한 합의의 이념을 절대적 진리의 이념으로 보전함으로써 상대주의 또한 넘어설 수 있었다.

마지막으로 본 연구는 진리 대응론, 진리 정합론, 진리 합의론의 대립도 넘어서고자 하였다. 본 연구는 대응론적 진리관과 정합론적 진리관, 합의론적 진리관의 근본 통찰들을 서로 양립 불가능한 것으로 이해하지 않는다. 사태와의 일치, 인식의 정합성, 상호주관적 합의라는 계기들은 서로 무관한 것이 아니라 긴밀한 연관 관계 속에 존재한다. 본 연구는 이것들 각각을 진리의 성취를 위한 필요조건들로 삼음으로써 이들이 종합될 수 있는 길을 열었다. 따라서 본서가 주장하는 인식 정당화 모델이 지시하는 진리론은 진리 대응론과 진리 정합론, 진리 합의론이 조화롭게 종합된 하나의 입체적 모습으로 존재한다.

우리는 이렇게 후설을 토대로, 그리고 후설을 넘어서 상호주관적 명증의 현상학을 전개해봄으로써 진리와 인식 정당화를 둘러싼 다양한 인식론적 문제들에 우리가 어떻게 응답할 수 있는지를 드러내 보였다. 이제 우리는 지금까지 논의한 우리의 연구가 상호주관적 진리 개념과 학문의 진보, 현상학의 학문성, 합리적 인식의 규범과 관련하여 어떤 유의미한 귀결들을 낳을 수 있는지 살펴볼 것이다.

# 2장. 상호주관적 진리와 학문

## 1. 상호주관적 진리 개념과 학문의 진보

본 연구는 개인의 의식 체험의 명증에만 국한되는 유아론적 진리론을 넘어, 후설 현상학 내에서 상호주관적 명증의 현상학의 단서를 찾아서 후설의 명증이론을 언어적 공동체를 전제하는 상호주관적 명증의 현상학으로 확장했다. 그런데 명증의 대상적 상관자는 진리이기 때문에, 상호주관적 명증의 현상학은 상호주관적 진리 개념을 함축한다. 우리는 주관적 차원에서도 진리 경험을 할 수 있지만, 학문적 인식이 도달하고자 하는 진리는 보편적 상호주관성으로의 객관성을 담지한 상호주관적 진리여야만 한다. 지금까지의 우리의 연구는 우리가 어떻게 주관적 차원의 진리 경험으로부터 선 학문적 선 언어적 상호주관적 진리 경험, 선 학문적 언어적 상호주관적 진리 경험, 그리고 마침내는 학문적 상호주관적 진리경험으로 상승해갈 수 있는지를 보였다. 그런데 이러한 연구는 철저히 후설 현상학에 토대한 것이라고 말할 수 있는데, 그 이유는 우선 우리의 연구가 후설 저작 곳곳에서 설파된 상호주관적 차원의 진리의 의미와 중요성에 대한 독해에 빚지고 있기 때문이다.

후설에 따르면 "학문적 인식은 모든 가능한 상황의 상대성을 통해 관통하는 객관적 진리를 인식하려는 목적을 가지며, 이 객관적 진리는 모든 사람에 의해 자신의 상황 속에서 구성할 수 있는 것이며, 동시에 모든 가능한 상황에 대해 타당한 상대적 진리들을 실천적으로 충분히 도출할 수 있게 허용하고, 객관적 진리에 모든 실천을 위한 의미를 부여하는 진리여야만 한다."(HuaVI, 506) 그리고 이러한 학문적 인식은 무한한 학문적 공동 연구 속에서 모든 사람에 대해 절대적으로 타당한 진리들을 그러한 이상을 향한 끊임없는 접근(Approximation)을 통해 추구해 가는 것이다.(HuaVI, 499)

이렇듯 후설의 진리론에서 이념적 진리의 성취는 무한한 교정 속에서, 상대성 속에서 확증으로 가져와 질 수 있는 목적론적 구조를 갖는다.(HuaXV, 528)[182] 그리고 이때 객관적으로 타당한 성과는 상호 간의 비판을 통해 정화된다.(HuaI, 47) 절대적 진리의 이념은 하나의 개별 주체가 아닌 무한히 계속 작업해 가는 연구 공동체의 이념과 관련된 것으로 연구 공동체는 상호 간의 비판을 통해 함께 작업하면서 인식 형성물들을 상호주관적 시간 속에서 공동화된 것으로 침전시키는 것이다. 이러한 학자 공동체는 "공동의 책임의 통일성 속에서 살고 있는 인식 공동체"(HuaVI, 373)이다. 그리고 학자는 학문의 미래 지평과 과거 지평(HuaVI, 493) 속에서 자신들의 학문적 성과를 세대를 통해 전수한다. 이렇듯 "학문적 사유는 이미 획득된 산출물에 토대하여 새로운 것을 획득한다. 그리고 그것은 침전

---

[182] 후설은 한 유고에서 다음과 같이 말했다. "역사는 항상 보다 완전한 진리에로 발전하는 목적론을 부여한다." (HuaVI, p. 491)

하는 전파의 통일성 속에서 다시 새로운 것을 정초하고, 이런 식으로 계속된다."(HuaVI, 373)

우리는 학문적 인식과 관련하여 후설이 제시한 이러한 진리 모델의 윤곽에 충실히 공감한다. 또한 우리는 후설의 현상학의 이념에 토대하여 자아론적 출발을 갖는 상호주관성의 현상학을 옹호하였고, 상호주관적 명증의 현상학을 전개해나감에 있어서 후설의 현상학이 가르쳐준 현상학적 개념들을 분석의 도구로 사용했다.

이러한 점에서 이 연구는 철저히 후설에 토대한 연구이지만, 한편으로는 우리의 연구는 또한 후설의 현상학을 넘어선다고도 말할 수도 있다. 그것은 후설이 어디에서도 상호주관적 명증의 현상학을 체계적으로 전개한 바가 없으며, 이 책이 보여준 것과 같은 상호주관적 동적 정당화 모델로서의 인식 정당화 모델을 구체적으로 제시한 바가 없기 때문이다. 그래서 본 연구는 후설의 명증 이론에 토대하면서도 후설의 명증 이론의 상호주관적 변형을 시도했다는 점에서 후설의 현상학을 넘어선다고도 말할 수 있다.

이러한 상호주관적 명증의 현상학에 근거하면, 진리란 고정되어 있고 불변하는 어떤 것을 지칭하는 것이 아니라 공동체 속에서 역사적, 사회적으로 형성되어 완성된 절대적 진리의 이념을 향해 부단히 변화하면서 전진해 가는 모습을 띠게 됨을 알 수 있다. 모든 학문적 진리의 근원은 우선은 주관적인 직관적 경험이라는 근원적 명증에 토대하고 있으며, 이러한 근원적인 주관적 명증은 언어적 의사소통을 통해 학문 공동체에 의해 승인되고 공유됨으로써 학문적 인식으로 승격된다. 이러한 진리 모델의 윤곽은 진리 경험이 주관적 차원을 넘어 어떻게 학문 공동체가 공유할 수 있는 진정한 학문성을 지닐 수 있게 되는지, 그리고 상호주관적 진리 경험을 통해 학문의 진보가 어떻게 이루어질 수 있는지를 말해준다.

## 2. 상호주관적 학문으로서의 현상학

모든 탐구의 순서는 자아로부터 출발해서 대상과 세계를 넘어 다시 자아에 대한 이해로 되돌아온다. 이제 지금까지 우리가 고찰한 진정한 학문성의 의미를 현상학 자체에 적용시켜보자. 후설에 의해 창시된 현상학은 주로 후설이라는 독보적으로 우뚝 서 있는 대가의 사상에 의해 주도되어왔지만, 현상학적 운동을 통해 다양한 양상으로 전개되어왔다. 그래서 현상학 고유의 방법론에 입각해서 행해진 탐구들조차도 연구자에 따라 다양한 입장들로 분화되었다. 현상학 진영 내부에서 겪게 되는 이러한 불일치는 그 어떤 대가의 권위에 의지해 해소될 수 있는 것이 아니다. 현상학의 이념에 충실할 때, 우리는 모두 우리 자신의 직관적 경험으로 돌아가 우리들 자신의 주관적 명증을 타당성의 원천으로 삼고 연구를 수행해나가야 한다. 그러나 본 연구가 잘 보여준 바와 같이 직관적 경험에 토대한 명증이라고 하더라도 모든 명증은 오류 가능하며 더 강력한 명증에 의해 압도되고 포기될 수 있다. 현상학자로서 주관적 차원에서 수행하는 연구에서도 경험이 더하여짐에 따라 기존의 입장을 수정할 수 있으며, 주관적 차원에서 확실한 것으로 간주한 인식조차도 현상학 공동체의 상호주관적 명증의 시험대 위에 올려 져 수정되거나 폐기될 수 있다. 현상학은 본질직관과 내재적 지각이라는 탁월한 직관적 경험에 의지하는 학문이지만, (후설이 『형식 논리학과 초월 논리학』 58절에서 잘 지적해준 바와 같이) 필증적이라고 생각되었던 본질직관과 내재적 지각 역시 착각으로 드러날 수 있고[183], 산산이 부서질 수 있기 때문이다.(Hua XVII, 164)

또한 우리가 분석해야 하는 존재와 사태는 입체적인 데 반해, 우리들 각자는 모두 각자의 관점과 조망의 한계 속에 있을 뿐이다. 그러므로 우리는 상호주관적 협업을 통해 다양한 관점을 종합해야 하고, 그럼으로써 사물의 총체적 모습에 조금씩 더 다가가야 한다. 이것은 후설 현상학 역시 마찬가지로 끝없는 교정 속에 무한히 열려 있음을 의미한다. 그럼에도 우리가 스스로 현상학을 엄밀학으로 부르는 이유는 그것이 오류 불가능해서가 아니라 현상학의 이념과 방법적 원리가 엄격한 자기 책임성의 정신 속에서 학문적 인식의 타당성의 근거를 엄밀하게 제시해 주고 있기 때문일 것이다.[184]

이상의 모든 논의를 통해 우리는 현상학이라는 학문 역시 열린 체계의 상호주관적 학문으로 규정되어야 함을 알 수 있다. 그러나 주의할 것은 이러한 상호주관성은 객관주의가 상정하고 있는 객관성과는 철저히 구별되어야 한다는 것이다. 객관주의도 인식의 객관성을 추구하지만, 객관주의는 노에시스-노에마 상관관계를 알지 못

---

[183] 내재적 지각의 비충전성과 비필증성의 문제와 관련해서는 박지영, 「후설의 명증이론에서 정적 분석고 발생적 분석」, 『철학사상』 35집, 2010 참조.

[184] Ströker 역시 후설이 현상학을 보편적이고 절대적인 학으로 간주했다는 사실은 이러한 최종적 정당화가 이미 후설 자신의 작업 내에서 성취되었음을 의미하는 것은 아니라고 강조한다. 왜냐하면 현상학은 "무한한 미래에 놓인 목표"(HuaVIII, p.196, 재인용)이며, "끝없는 역사적 과정 속에서 상대적이고 일시적인 타당성의 견지에서만 실현될 수 있는 이념"(HuaV, p.139, 재인용)이기 때문이다. (E. Ströker, *The Husserlian Foundations of Science*, Kluwer Academic Publishers,1997, p.61)

하고 대상이 언제나 주관과의 긴밀한 연관 관계 속에 존재함을 알지 못한다. 객관주의는 그저 주관 독립적인 객관적 세계를 참된 세계로 상정할 뿐이다. 그러나 이러한 객관적 세계란 이론적 논리적 구축물일 뿐 원리적으로 지각될 수 없다. 상호주관적 명증에 기반을 둔 상호주관적 학문은 모든 인식의 뿌리이자 근원이 주관적 명증에 있음을 망각하지 않는다. 결국 우리는 사태 자체를 인식하기 위해 언제나 자기 자신에서 출발해야 하며, 상호주관성을 거쳐 결국 사태에 대한 더 풍부한 인식을 안고 다시 스스로에게로 되돌아오게 되는 것이다.

## 3. 상호주관적 명증과 합리적 인식의 규범

지금까지의 우리의 연구는 학자 공동체의 학문적 삶, 그리고 일상인들의 합리적 삶을 위한 올바른 인식적 규범을 제공해 준다. 올바른 인식적 규범이란 내가 목적의식적으로 진리와 합리성을 지향한다는 인식적 의무를 전제한다. 그리고 이러한 인식적 의무는 나자신이 최종적인 인식 책임의 주체가 되어 합리적 근거를 가진, 정당화된 인식만을 나의 것으로 승인할 것을 요구한다. 우리들의 인식 정당화 모델은 우리가 어떤 인식을 합리적인 인식으로 승인해야 하는지, 그리고 더 나은 인식에 이르기 위해서 우리가 어떠한 자세를 가져야 하는지를 시사해 준다.

먼저 우리는 주관적 차원에서 나의 믿음에 대한 합리적인 근거를 가져야 한다. 이러한 모든 합리성의 토대는 직관적 경험에 있다. 나의 모든 인식은 최종적으로는 내가 직접 지각한 것에 근거해야 한다. 그러므로 아무리 권위 있는 대가의 텍스트라고 하더라도, 그리고 아무리 명망 있는 목사님의 설교라고 하더라도, 나의 직관적 경험을 통해 충족되어 상호주관적 일치에 이르지 않는 권위나 전통은 최종적인 인식 책임의 주체로서의 나에게 합리적 인식의 근거가 될 수 없다. 나는 오로지 내가 직접 지각한 것, 그리고 직관한 것에 토대하여 인식을 형성해야 하며[185], 타인의 권위, 혹은 전통에만 의지해서는 안 된다.

둘째, 모든 인식이 오류 가능하다는 사실, 즉 필증적이라고 생각되었던 인식조차도 착각으로 드러날 수 있다는 사실을 깨닫는 것은 우리를 독단으로부터 해방시켜준다. 내가 지금까지 옳다고 믿었던 모든 앎은 더 강력한 새로운 명증을 통해 오류로 드러날 수 있다. 그렇기 때문에 우리는 언제나 우리 모두가 각자의 한계 속에 있음

---

[185] 물론 우리는 내가 직접 지각하고 직관하지 않은 사태에 대해서도 무수히 많은 지식을 갖고 있다고 말할 수 있다. 이를테면 교과서가 알려주는 지식과 관련하여 우리는 사태를 직접 지각하지 않고도 그러한 지식을 정당한 앎으로 승인한다. 이러한 경우는 내가 직접 지각하지 않은 사태와 관련하여 인식의 정당성의 권리를 타인의 지각에 위임한 경우라고 할 수 있다. 교과서의 지식 역시 그 앎의 최종적 근거는 그러한 지식 생성의 주체들의 직관적 경험에 있을 것이기 때문이다. 그러나 만약 차후에 내가 새롭게 직접 지각한 것이 기존의 교과서의 지식과 배치될 경우, 나는 우선 나의 명증한 직관적 경험을 존중해야 한다. 교과서의 지식 역시 원칙적으로 오류 가능한 지식이기 때문이다. 아무튼 이렇게 내가 지각하지 못한 사태에 대해 타인의 직관적 경험에 의지하여 인식 타당성의 권리를 위임하는 경우, 그러한 위임이 정당한 위임이 될 수 있는가 하는 문제가 발생하는데, 이러한 정당성의 판별 기준 역시 종국적으로는 모든 직관적 경험에 소급되게 된다. 왜냐하면 교과서의 지식의 수용은 교과서를 지각함에 의지하며, 교과서에 정당한 인식의 권리를 위임하는 것 역시 궁극적으로는 교과서에 권위를 부여하는 것이 옳다는 믿음을 갖게 해주는 다양한 직관적 경험에 의지한다고 말할 수 있을 것이기 때문이다. 그런 점에서 우리는 여전히 모든 인식의 권리 원천은 우리들의 직접적인 직관적 경험에 있다고 주장할 수 있다.

을 인정하고, 부단히 자신의 한계를 깨고 넘어설 수 있도록 애써야 한다. 우리는 더 많이 보고, 듣고 경험함으로써 나의 기존의 인식을 폐기하거나 기존의 인식에 수정을 가할 수 있다.

여기서 특히 중요한 것은 이러한 인식적 앎의 양상화에 있어서 타인의 인식에 대한 경험은 나 혼자만의 경험으로는 도달하기 어려운 새로운 앎에 이를 수 있는 동기가 될 수 있다는 것이다. 그것은 진리와 실재의 입체성 때문인데, 타인은 내가 다 조망하지 못한 관점에서의 인식을 갖고 있을 수 있다. 이러한 타인의 인식은 공간적 비유를 들자면 나로 하여금 장소 바꿈을 통해 새로운 타인의 인식적 경험을 따라 경험하도록 동기 부여해준다. 나의 경험과 일치하는 상호주관적 명증이든, 일치하지 않는 상호주관적 명증이든, 이러한 타인들의 상호주관적 명증은 나의 인식을 더욱 풍부하게 해줄 수 있다. 그래서 우리는 언제나 나의 독단에 머무르지 않고, 타인의 경험을 경청하여야 한다.

다음으로 타인과의 갈등, 불일치의 문제에 있어서 이러한 불일치는 반드시 나와 타인 둘 중 누군가는 옳고 누군가는 틀려서만 발생할 수 있는 것이 아니다. 동일한 사태에 대해서 그 사태를 조망하는 관점의 차이에 따라 우리는 상이한 경험을 가질 수 있고, 또 서로 다른 언어, 문화, 역사를 가진 생활 세계의 일원이기 때문에 상이한 경험을 가질 수도 있다. 그러므로 우리는 타인과의 의사소통에 있어서 누가 참이고 누가 거짓이라는 이분법에서 벗어나야 한다.

이렇듯 나는 주관적 차원에서 나의 인식에 대한 정당한 근거를 형성한 후, 이것이 상호주관적으로 확증될 수 있는 진리 경험인지, 아니면 상호주관적으로 인정되지 못하는 나 혼자만의 인식인지에 대해서 늘 관심을 기울일 필요가 있다. 확립된 주관적 명증을 갖고 서 이러한 나의 근거 있는 생각이 타인에 의해서도 확증될 때, 나는 더욱 확신을 가지고 나의 주관적 명증에 대해 진리 주장을 할 수 있을 것이다. 그리고 타인과 불일치할 경우, 우선은 우리는 각자가 직관적 경험에 호소하였는지, 그리고 다른 승인된 경험들과의 정합성이 있는지 등으로 인식 정당성을 평가하여 누가 인식적 우위에 있는지를 결정할 수 있다. 그러나 많은 경우 이러한 불일치는 그 누가 인식적 우위에 있기 때문이 아니라 각자가 처해있는 맥락적 지평과 관점의 차이에서 기인한 것임을 우리가 받아들일 때, 우리는 불필요한 충돌과 갈등으로부터 벗어날 수 있을 것이다.

마지막으로 강조할 것은 아무리 많은 수의 사람들이 합의한 상호주관적 믿음이라고 하더라도, 그러한 상호주관적 믿음을 구성하는 각자의 주관적 믿음들이 직관적 경험에 토대한 주관적 명증에 입각한 것이 아니라면, 우리는 그러한 상호주관적 믿음을 배척해야 한다는 것이다. 여기서 우리는 (더욱 풍부한 통찰을 안고서) 모든 인식의 권리 원천은 직관적 경험에 있다는 후설의 '원리 중의 원리'(HuaⅢ/1, 51)로 되돌아가게 된다.

## 3장. 상호주관적 명증의 현상학의 의의와 과제

본 연구는 서양 현대철학의 거장인 후설의 명증 이론을 그의 상호주관성의 현상학의 풍부한 분석들과 접목시켜 상호주관적 명증의 현상학으로 확장시켰다. 본 연구의 성과는 다음과 같다.

1. 후설의 명증 개념이 유아론적 의식 철학의 개념이라는 잘못된 해석을 바로 잡고 후설의 명증 개념이 상호주관적 명증 개념과 조화롭게 양립 가능함을 보였다. 후설의 명증 개념이 상호주관적 명증 개념으로 확장될 수 있는 이유는 후설에서 명증은 사태에 대한 직관적 경험을 뜻하는 말로서, 그 자체 내에 암묵적인 상호주관적 타당성 주장을 담고 있을 뿐 아니라 언제나 수정 가능하고 오류 가능한 열린 개념이라는 점에서 타인의 명증과의 상호주관적 일치, 혹은 불일치의 가능성과 조화되는 개념이기 때문이다.

2. 후설의 명증 개념이 상호주관적 명증 개념으로 확장되어야 함에도 불구하고, 명증의 문제와 관련한 상호주관성의 문제에 있어서도 왜 우리가 엄밀한 철학적 반성 속에서 반드시 자아론적 출발을 가져야 하는지를 설득력 있게 해명하였다. 엄밀학의 이념, 즉 모든

학문을 객관적 타당성 속에 정초하고자 하는 현상학의 이념은 필연적으로 상호주관적 진리, 그리고 상호주관적 명증의 개념을 요청하지만, 이러한 상호주관성의 문제는 독단적으로 전제되어서는 안 되고 엄밀한 철학적 반성 속에서 탐구되어야 한다. 우리들의 탐구의 출발은 상호주관성이 엄밀한 명증 속에서 어떻게 구성될 수 있는지를 보이는 것에서 시작해야 하기 때문에 상호주관성의 현상학, 그리고 상호주관적 명증의 현상학도 자아론적 출발을 가져야 했다.

3. 주관적 명증 자체를 부정한 아펠과 하버마스 등의 의사소통적 진리 이론과는 달리, 상호주관적 명증 역시 그 최종적인 타당성의 토대는 주관적 명증에 있음을 보였다. 확립된 주관적 명증을 갖지 않은 자들 간의 자신들의 믿음에 대한 합의는 타당성의 근원적 토대를 상실한 공허한 일치에 불과하다.

4. 언어적 의사소통을 통한 상호주관적 경험 이전에 더욱 근원적인 상호주관성으로서의 선 언어적 상호주관성이 있음을 보였다. 언어적 전회를 통한 상호주관성의 철학을 부르짖는 일군의 철학자들은 상호주관성은 오로지 언어를 통해서만 성취된다고 주장하였지만, 동물들의 의미구성작용, 그리고 그들의 상호주관적 삶을 관찰해보면, 의미의 구성과 형성은 이미 선 언어적 차원에서 발생하며 또한 언어의 매개가 없이도 초월론적 주체들은 부단히 상호주관성을 경험하고 살아간다고 해야 할 것이다.

5. 후설의 현상학에 토대한 상호주관적 명증의 현상학이 어떻게 전개될 수 있는지 그 대략적인 윤곽을 제시함으로써 상호주관적 명증의 현상학의 가능성을 열었다. 본 연구는 후설의 미완의 명증 이론을 상호주관적 명증의 현상학으로 확장하기 위하여 연구자의 현

상학적 직관에 의지하여 다양한 상호주관적 명증의 현상을 분석하였다.

6. 상호주관적 동적 인식 정당화 모델을 타당한 학문적 인식을 위한 인식 정당화 모델로 제시함으로써 지식과 학문의 진보가 어떻게 가능하고 어떠한 구조로 성취되는지를 설득력 있게 설명하였다. 인식 정당화 문제는 주관적 차원과 상호주관적 차원으로 구분되어야 하는데, 주관적 차원에서 인식을 정당화해주는 것은 직관적 경험이지만, 이러한 명증은 경험이 더하여짐에 따라 더 강력한 명증에 의해 논파 되거나 수정될 수 있다. 이제 상호주관적 차원에서는 각자의 확립된 명증이 언어적 의사소통을 통한 일치 종합을 이룸으로써 상호주관적 명증이 성취되며, 이러한 상호주관적 명증도 더 강력한 상호주관적 명증에 의해 논파 되거나 수정될 수 있다. 이러한 인식 정당화 모델은 진리와 합리성을 향함에 있어서 우리가 따라야 할 올바른 인식적 규범이 무엇인지를 보여준다.

7. 상호주관적 명증의 현상학을 통해 도출해 낸 인식 정당화 모델이 현대 인식론에서 오랫동안 다양하게 대립되어 온 입장들을 어떻게 해소해낼 수 있는지 보였다. 상호주관적 동적 인식 정당화 모델은 토대론과 정합의 대립, 객관주의와 상대주의의 대립 진리 대응론, 진리 정합론, 진리 합의론의 대립을 해소하고 이들 이론의 핵심적인 통찰들을 종합함으로써 이들 각각을 넘어선다.

이러한 시도는 우선 후설 연구사 내에서 다음과 같은 연구사적 의의를 지닌다. 이 연구는 후설의 명증 이론이 유아론적 의식 철학에 기반을 둔 것이라는 지배적인 해석에 반대하여, 후설의 명증 개념이 결코 단일한 주체만을 상정하는 유아론적 개념이 아니라 상호주관적 명증 개념과 조화롭게 양립 가능함을 보이면서, 후설 저작 곳곳에서 상호주관적 명증의 문제를 암시하거나 언급한 구절들을 찾아내어 후설 현상학 자체가 이미 상호주관적 진리의 문제를 충실히 포섭하고 있음을 드러내 주었다.

한편, 연구 방법의 측면에서는 본 연구는 후설의 문헌에만 머무르지 않고 후설의 문헌들에 토대하면서도 후설을 넘어서서, 상호주관적 명증의 개념에 대한 분석의 많은 부분을 연구자의 현상학적 직관에 의지하여 전개하였다. 이러한 시도는 주관적인 직관적 진리 경험을 모든 인식 타당성의 최종적 원천으로 천명하는 후설 현상학의 이념을 충실히 따르면서, 현상학적 연구란 그저 텍스트에 대한 주석 달기와 같은 문헌학적 작업에 그쳐서는 안 되고 연구자의 현상학적 직관이 현상학적 연구의 중심이 되어야 함을 잘 보여주고 있다. 또한 본 연구는 후설 텍스트를 독해하는 방법에만 머물지 않고 연구의 문제의식과 주제를 중심으로 현상학 바깥 영역인 영미 분석철학 진영의 연구를 적극 참고하고 연구에 활용하면서 본서가 주장하는 상호주관적 명증의 현상학이 오늘날 현대 인식론의 논의와 쟁점들 속에 어떻게 위치 지워지는지를 밝혔다. 이러한 시도는 영미 분석 철학과 현상학 진영의 생산적인 대화의 가능성을 보여주고 있다.

한편, 본 연구는 현상학 혹은 서양 철학의 연구 집단을 넘어 여타의 모든 학문에 진정한 학문성을 위한 올바른 학문적 규범을 제시해줄 수 있다. 왜냐하면 본서가 다루고 있는 명증의 문제는 인간에 의해 수행되는 모든 학문의 정당성의 원천과 관계되는 문제이며, 그뿐만 아니라 모든 학문의 엄밀한 정초를 이념으로 하는 후설의 명증이론 자체가 이미 경험과학을 위시한 여타의 학문을 주제화하고 있기 때문이다. 따라서 이 책은 이러한 학문들이 스스로의 학적 정당성과 타당성을 더욱더 철저한 반성 속에서 확립해 나갈 수 있도록 도울 수 있다.

또한 학문 활동뿐 아니라 인간의 모든 활동은 인식적 올바름을 지향하고 있으며, 인간은 사회적 존재로서 타인과의 상호주관적 의사소통이 없이는 그 어떤 일상생활도 수행해 나갈 수 없다. 이러한 점에서 이 책은 합리적 삶을 추구하는 일상인들에게 올바른 인식적 규범을 마련해주면서 우리가 지향해야 할 바람직한 사회의 모습에 관한 올바른 관점을 제시하는 데에도 기여할 수 있을 것이라고 믿는다.

이러한 연구 성과와 의의에도 불구하고 본 연구는 수많은 연구 과제를 남긴다. 우선 본 연구는 후설의 현상학에 토대하여 상호주관적 명증의 현상학이 구체적으로 어떠한 모습으로 전개될 수 있는지 대략적인 윤곽을 제시하였으나, 아직은 그러한 상호주관적 명증의 현상학이 어떻게 가능한지 그 가능성을 보인 수준에 그쳤다. 상호주관적 명증의 유형에는 이 책이 다루지 못했던 다른 수많은 유형이 있다. 본 연구는 상호주관적 명증의 대표적인 유형으로 상호주관적 지각, 상호주관적 기억, 상호주관적 예상만을 분석한 것에 그쳤지만, 가령 상호주관적 수학적 직관, 상호주관적 윤리적 직관, 상호주관적 미학적 직관, 상호주관적 타인 지각, 상호주관적 본질 직관 등등 다양한 학문 영역의 인식적 방법이 되는 여타의 상호주관적 명증의 구조와 가능 조건은 분석하지 못했다. 이 책이 미처 다루지 못한 다양한 직관적 경험의 유형은 더 철저하게 분류되어야 할 것이며, 그러한 다양한 직관적 경험의 본질 구조와 구성 조건 등이 더 상세히 밝혀져야만 비로소 우리는 온전한 모습의 상호주관적 명증의 현상학을 갖게 될 수 있을 것이다. 그리고 이러한 분석들이 충실히 수행된 연후에야 수학, 윤리학, 미학, 심리학, 현상학 등 다양한 학문 분야는 자신의 인식 타당성을 최종적으로 정초 받을 수 있는 보다 엄밀한 철학적 토대를 마련할 수 있을 것이다.

또한 이 책에서는 인식 주체로서의 인간들 사이에서의 상호주관적 명증의 문제만을 다루었으나, 상호주관적 명증의 문제는 인간들에게만 국한되지 않는다. 우리가 살펴본 바와 같이 선 술어적 차원에서도 상호주관적 경험이 발생하며, 실제로 우리는 동물과 동물 사이에, 혹은 인간과 동물 사이에 그들이 공동의 지각장 속에서 상호주관적 경험을 공유하고 살아간다는 사실을 잘 알고 있다. 이렇게 상호주관적 명증의 문제는 동물과의 상호주관적 경험의 문제를 해명하는 데까지 확장될 수 있다. 동물에 대한 타자 경험은 어떻게 가능한지, 또한 동물과의 상호주관적 경험의 구조와 그 가능성의 토대는 무엇인지 등이 밝혀질 때, 상호주관적 명증의 현상학은 동물 심리학이나 동물을 위한 윤리학 등의 정초 토대로 기능할 수 있을 것이다.

그밖에 상호주관적 명증의 현상학이 영미 분석 철학 진영에서 이루어지고 있는 여러 현대적 논의들과 어떻게 대결하고 대화할 수 있는지가 더욱더 치밀하고 풍부한 논의들 속에서 밝혀져야 할 것이다. 후설 현상학에 내재된 풍부한 인식론적 통찰들, 그리고 후설에 토대하여 그리고 후설을 넘어서 구성해 본 상호주관적 명증의 현상학은 영미 분석 철학 진영의 인식론적 논의들 속에서 새로운 방식으로 평가될 수 있을 것이다. 이러한 연구 과제들을 제시하면서, 이 책은 앞으로 더욱 풍부하게 전개되어야 할 상호주관적 명증의 현상학의 작은 출발점이 될 수 있기를 희망한다.

## | 참고문헌 |

## I. 후설의 저술

Husserl, E., *Cartesianische Meditationen und Pariser Vorträge*. Hrsg. von S. Strasser, Den Haag: Martinus Nijhoff, 1950. (Hua I, 『데카르트적 성찰』)

_____, *Die Idee der Phänomenologie. Fünf Vorlesungen,* Den Haag: Martinus Nijhoff, 1950. (Hua Ⅱ, 『이념』)

_____, *Ideen zu einer reinen Phänomenologie und phänomenologischen Philosophie. Erstes Buch: Allgemeine Einführung in die reine Phänomenologie.* Hrsg. von W. Biemel, Den Haag: Martinus Nijhoff, 1950. (Hua III. 『이념들 I』)

_____, *Ideen zu einer reinen Phänomenologie und phänomenologische Philosophie. Zweites Buch: Phänomenologische Untersuchungen zur Konstitution.* Hrsg. von Marly Biemel, Den Haag: Martinus Nijhoff, 1952. (Hua IV. 『이념들 II』)

_____, *Die Krisis der europäischen Wissenschaften und die transzendentale Phänomenologie. Eine Einleitung in die phänomenologische Philosophie.* Hrsg. von Walter Biemel, Den Haag: Martinus Nijhoff, 1962. (Hua VI. 『위기』)

_____, *Erste Philosophie (1923/24), Zweiter Teil: Theorie der phänomenologischen Reduktion,* Hrsg. von Rudolf Boehm, Den Haag: Martinus Nijhoff, 1959. (Hua VIII. 『제일철학 II』)

_____, *Phänomenologische Psychologie, Vorlesungen Sommersemester 1925.*

Hrsg. von Walter Biemel. Den Haag: Martinus Nijhoff, 1962. (HuaIX.『현상학적 심리학』)

_____, *Zur Phänomenologie des inneren Zeitbewußtseins (1893-1917)*. Hrsg. von Rudolf Boehm. Den Haag: Martinus Nijhoff, 1966. (Hua X.『내적 시간의식의 현상학』)

_____, *Analysen zur passiven Synthesis. Aus Vorlesungs- und Forschungsmanuskripten (1918-1926)*, Hrsg. von Margot Fleischer, Den Haag: Martinus Nijhoff, 1966. (Hua XI.『수동적 종합』)

_____, *Zur Phänomenologie der Intersubjektivität. Texte aus dem Nachlass. Erster Teil: 1905-1920*. Hrsg. von Iso Kern. Den Haag: Martinus Nijhoff, 1973. (Hua XIII.『상호주관성의 현상학 I』)

_____, *Zur Phänomenologie der Intersubjektivität. Texte aus dem Nachlass. Zweiter Teil: 1921-1928*. Hrsg. von Iso Kern. Den Haag: Martinus Nijhoff, 1973. (Hua XIV.『상호주관성의 현상학 II』)

_____, *Zur Phänomenologie der Intersubjektivität. Texte aus dem Nachlass. Dritter Teil: 1929-1935*. Hrsg. von Iso Kern. Den Haag: Martinus Nijhoff, 1973. (Hua XV.『상호주관성의 현상학 III』)

_____, *Formale und transzendentale Logik. Versuch einer Kritik der logischen Vernunft. Mit ergänzenden Texten.* Hrsg. von Paul Janssen. Den Haag: Martinus Nijhoff, 1974. (Hua XVII.『형식논리학과 초월논리학』)

_____, *Logische Untersuchungen. Erster Band: Prolegomena zur reinen Logik. Text der 1. und 2. Auflage.* Hrsg. von Elmar Holenstein. Den Haag: Martinus Nijhoff, 1975. (Hua XVIII.『논리연구 I』)

_____, *Logische Untersuchungen. Zweiter Band: Untersuchungen zur Phänomenologie und Theorie der Erkenntnis. Text der 1. und 2. Auflage ergänzt durch Annotationen und Beiblätter aus dem Handexemplar,* Hrsg. von Ursula Panzer. Den Haag: Martinus Nijhoff, 1984. (Hua XIX.『논리연구 II』)

_____, *Die Krisis der europäischen Wissenschaften und die transzendentale*

*Phänomenologie. Ergänzungsband. Texte aus dem Nachlass 1934-1937.* Hrsg. von R. N. Smid, Dordrecht, 1993. (Hua XXIX, 『위기 보충본』)

_____, *Einleitung in die Logik und Erkenntnistheorie. Vorlesungen 1906/07* Hrsg. von Ullrich Melle. 1984. (Hua XXIV, 『논리학과 인식론 입문』)

_____, *Logik und allgemeine Wissenschaftstheorie. Vorlesungen Wintersemester 1917/18. Mit ergänzenden Texten aus der ersten Fassung von 1910/11.* Hrsg. von Ursula Panzer. 1996. (Hua XXX, 『논리학과 일반 학문 이론』)

_____, *Die Lebenswelt. Auslegungen der vorgegebenen Welt und ihrer Konstitution. Texte aus dem Nachlass (1916-1937).* Hrsg. von Rochus Sowa. Dordrecht, 2008. (Hua XXXIX, 『생활 세계 유고』)

_____, *Philosophie als strenge Wissenschaft*, Hrsg. von W.Szilasi. Frankfurt a/M: Vittorio Klostermann 1965. (PSW, 『엄밀학』)

_____, *Erfahrung und Urteil: Untersuchungen zur Genealogie der Logik*, Hrsg. von Ludwig Landgrebe, Hamburg: Felix Meiner, 1972 (EU, 『경험과 판단』)

## II. 후설 저술 외의 참고문헌

강영안, 「레비나스 철학에서 주체성과 타자-후설의 자아론적 철학에 대한 레비나스의 대응」, 『철학과 현상학 연구』 제 4 집, 1990.

권귀숙, 『기억의 정치』, 문학과 지성사, 2006.

김기복, 『습성의 현상학 : 에드문트 후설의 초월론적 습성 개념에 대한 연구』, 서울대학교 박사학위논문, 2013.

김기현, 『현대인식론』, 민음사, 2008.

김영한, 「레비나스의 타자 현상학-후설 및 하이데거 현상학 수용과 비판」, 『철학과 현상학 연구』 제 34 집, 2007.

김영필, 『진리의 현상학』, 서울: 서광사, 1993.

김태희, 『후설의 현상학적 시간론의 두 차원: 정적 현상학적 분석과 발생적 현상학적 분석』, 서울대학교 박사학위논문, 2011.

김진, 『아펠과 철학의 변형』, 철학과 현실사, 1998.

노양진,『상대주의의 두 얼굴』, 서광사, 2007.

_____,『몸, 언어, 철학』, 서광사, 2009.

박승억,『후설의 학문 이론에 대한 연구-순수 다양체론을 통해 본 선험 현상학』, 성균관
　　대학 박사학위 논문, 1997.

_____,『학문의 진화』, 글항아리, 2015.

박인철,「후설의 의사소통 이론-역사적 제약과 선험적 보편성」,『철학과 현상학 연구』
　　제 17 집, 2001.

박지영,「후설의 명증 이론에 있어서 정적 분석과 발생적 분석」,『철학사상』제 35 집,
　　2010.

_____,「상호주관적 명증의 발생과 타당성의 문제」,『철학사상』제 43 집, 2012.

_____,「후설 현상학의 이념과 상호주관적 명증의 문제」,『철학사상』제 61 집, 2016.

신귀현,「현상학적 환원과 그 철학적 의의」,『현상학연구 I』, 1983.

신호재,『정신과학의 철학』, 이학사, 2017.

안준상,『후설에게 있어서 의사소통적 공동체의 발생적 현상학』, 서울대학교 석사학위 논
　　문, 2015.

윤보석,『현대 토대론 연구』, 이화여자대학교출판부, 2015.

이구슬,「J.Habermas 의 진리 합의론」,『철학논구』15, 1987.

이남인,「본능의 현상학과 선험적 현상학」,『철학연구』제 30 집, 1992.

_____,「발생적 현상학과 지향성 개념의 변화」,『철학과 현상학 연구』제 6 집, 1992.

_____,「본능적 지향성과 상호 주관적 생활 세계의 구성」,『철학과 현상학 연구』제 7 집,
　　1993.

_____,「후설의 발생적 현상학과 하이데거의 해석학적 현상학」,『철학』제 53 집, 1997.

_____,「후설의 기분의 현상학」,『철학과 현상학 연구』제 12 집, 1999.

_____,「발생적 현상학과 세대간적 현상학」,『철학과 현상학 연구』제 16 집, 2000.

_____,「상호주관성의 현상학 – 후설과 레비나스」,『철학과 현상학 연구』제 18 집, 2001.

_____,「발생적 현상학과 상호주관성의 문제」,『철학사상』제 16 집, 2003,

_____,『현상학과 해석학』, 서울대학교출판부, 2004.

_____,『후설의 현상학과 현대철학』, 풀빛미디어, 2006.

_____, 「후설의 초월론적 현상학과 레비나스의 타자의 현상학」, 『철학과 현상학 연구』 제 28 집, 2006.

_____, 『후설과 메를로-퐁티 지각의 현상학』, 한길사, 2013.

이병덕, 『현대 인식론』, 성균관대학교 출판부, 2013.

이성준, 『훔볼트의 언어철학』, 고려대학교 출판부, 1999.

이은영, 「립스 감정이입론에 대한 에디트 슈타인의 논쟁」, 『철학과 현상학 연구』 제 36 집, 2008.

이종주, 『타자 경험의 발생적 현상학』, 서울대학교 박사학위 논문, 2012.

이진우 외, 『호모 메모리스』, 책세상, 2014.

전영길, 「후설이 본 상호주관성의 길」, 『역사, 사회, 철학』, 국제 문화학회, 1991.

정기철, 「기억의 현상학과 역사적 해석학」, 『철학과 현상학 연구』 제 36 집, 2008.

조인래, 『토머스 쿤의 과학철학 쟁점과 전망』, 소화, 2018.

한전숙, 『현상학의 이해』, 민음사, 1989.

_____, 『현상학』, 민음사, 1996.

홍성하, 「역사적 공동체 기억에 대한 고찰」, 『철학과 현상학 연구』 제 7 집, 1993.

_____, 「미래의식으로서의 기대에 대한 현상학적 고찰」, 『철학과 현상학 연구』 제 12 집, 1999.

Apel,K.-O., *Transformation der Philosophie. Band1, Sprachanalytik, Semiotik, Hermeneutik; Band2, Das Apriori der Kommunikationsgemeinschaft.* Frankfurt am Main: Suhrkamp.1973.

Berghofer, P., "Why Husserl is a Moderate Foundationalist", *Husserl Studies,* 2017.

Bosta, L.J., "The development of Husserl's concept of evidence" in: *New School for social research*, New York, 1985.

Brand, G., "Husserls Lehre von der Wahrheit", in: *Philosophischen Randschau,* 1970.

Brentano, F., *Vom Ursprung sittlicher Erkenntnis,* Ed. Oskar Kraus. Hamburg:Meiner. 1969.

_____, *Die Lehre vom richtigen Urteil*. Ed. Franziska Mayer-Hillebrand. Hamburg:Meiner, 1978.

Bundgaard, P.F., "Husserl and Langauge", *Handbook of Phenomenology and Cognitive Science*, 2010.

Burkley, R. P., "Husserl's notion of authentic community", *American Catholic Philosophical Quarterly* 66, 1992.

Bernstein, R. J., *Beyond Objectivism and Relativism: Science, Hermeneutics, and Praxis*, Philadelphia: University of Pennsylvania Press, 1983.(리처드 번스타인, 『객관주의와 상대주의를 넘어서』 정창호 외 역, 서울: 보광재, 1996)

Carr, D., *Phenomenology and the Problem of History: A Study of Husserl's Transcendental Philosophy*, Evanston: Northwestern University Press, 1974.

_____, "The "fifth meditation" and Husserl's cartesianism", in Philosophy and Phenomenology research, vol34, 1973.

Carrington, P.J., "Schutz on Transzendental Intersubjectivity in Husserl" in: *Human Studies* 2, 1979.

Chalmers, A.F., *What is this thing called Science? : An assessment of the nature and status of science and its method*, Queensland: University of Queensland Press, 1982. (앨런 차머스, 『현대의 과학철학』, 신일철·신중섭 옮김, 서광사, 1985)

Davidson, D., "On the Very Idea of a Conceptual Scheme", *Inquiries into Truth & Interpretation*, Oxford: Clarendon Press, 1984.

_____, *Subjective, Intersubjective, Objective*, Oxford University Press, 2001 (도날드 데이빗슨, 『주관, 상호주관, 객관』, 김동현 옮김, 느린생각, 2018.

Derrida, J., *The Problem of Genesis in Husserl's Philosophy*, (Translated by Marian Hobson), Chicago/London: University of Chicago Press, 2003.

_____, *La Voix et le phénomène: Introduction au Problème du Signe dans la hénoménologie de Husserl*, Paris, 1972. (자크 데리다, 『목소리와 현상』, 김상록 옮김, 인

간사랑, 2006)

_____, *Edmund Husserl's Origin of Geometry: An Introduction*, (Translated by J.P. Leavey), University of Nebraska Press, 1989. (자크 데리다, 『기하학의 기원』, 배의용 옮김, 지식을만드는지식, 2012)

Downes, C., "On Husserl's Approach to Necessary Truth", *Readings on Edmund Husserl's logical investigations* (Ed. by J. N. Mohanty), The Hague: Martinus Nijhoff, 1977.

Drummond, J., "The Spiritual World: The Personal, the Social, and the Communal", *Issues* in: *Hussel's Ideas Ⅱ*, ed. T. Nenon, T. & L. Embree, Kluwer Academic Publishers, 1996.

Dupre, L., "The Concept of Truth in Husserl's Logical Investigations", in: *Philosophy and Phenomenological Research*, Vol.24, 1964.

Feist, R., *Husserl and the Sciences*, University off Ottawa Press, 2004.

Fellmann, F., *Phänomenologie zur Einführung*, Junius Hamburg, 2009. (페르디난트 펠만, 『현상학의 지평』, 최성호 옮김, 서광사, 2014)

Fink, E., *VI. Cartesianische Meditation : Texte aus dem Nachlass Eugen Finks (1932) mit Anmerkungen und Beilagen aus dem Nachlass Edmund Husserls (1933/34), Teil 1, Die Idee einer transzendentalen Methodenlehre.* Hrsg. von Hans Ebeling, Jann Holl und Guy van Kerckhoven. Dordrecht : Kluwer Academic Publishers, 1988.

_____, *Cartesianische Meditation : Texte aus dem Nachlass Eugen Finks (1932) mit Anmerkungen und Beilagen aus dem Nachlass Edmund Husserls (1933/34), Teil 2,Ergäenzugnsband.* Hrsg. von Guy van Kerckhoven. Dordrecht : Kluwer Academic Publishers, 1988.

Flynn, M. B., "The Cultural Community: An Husserlian Approach and Reproach, *Husserl Studies* 28, 2011.

Gander., H, (Hrsg.), *Husserl-Lexikon*, Darmstadt: Wissenschaftliche Buchgesellschaft, 2010.

Gallagher, S., "Direct perception in the intersubjective context", in: *Conscious-ness and Cognition*, vol. 17, 2008.

_____, "Tow Problems of Intersubjectivity", in: *Journal of Consciousness Studies* 16, 2009.

Grossberg., L,"Intersubjectivity and the Conceptualization of Communication", in *Human Studies* 5, 1982. (213-235)

Habermas, J., *Vorstudien und Ergänzungen zur Theorie des kommunikativen Handelns*, Frankfurt am Main:Suhrkamp, 1984.

_____, *Zur Logik der Sozialwissenschaften*, Frankfurt am Main: Suhrkamp, 1985.

_____, *Theorie des kommunikation Handelns: Band 1, Handlungsrationalität und gesellschaftliche Rationalisierung*, Frankfurt am Main:Suhrkamp Verlag, 1988. (위르겐 하버마스, 『의사소통행위이론:행위합리성과 사회합리화 1』, 장춘익 옮김, 나남, 2006)

_____, *Theorie des kommunikation Handelns: Band2, Zur Kritik der funktionalisi-tischen Vernunft,* Frankfurt am Main:Suhrkamp Verlag, 1988. (위르겐 하버마스, 『의사소통행위이론: 기능주의적 이성 비판을 위하여 2』, 장춘익 옮김, 나남, 2006)

_____, *Wahrheit und Rechtfertigung. Philosophische Aufsaetze*, Suhrkamp Verlag Frankfurt am Main, 1994/2004. (위르겐 하버마스, 『진리와 정당화』, 윤형식 옮김, 나남, 2008)

_____, *On the Pragmatics of Communication*, Cambridge, MA:MIT Press, 1998.

_____, *On the Pragmatics of Social Interaction*, (B.Fultner, Trans), Cambridge, MA:MIT Press, 2001.

Haack, S., *Evidence and Inquiry,* Blackwell, 1993.

Hallbwachs, M., *The Collective Memory*, New York: Harper and Row, 1980.

Hamlyn, D.W., *The Theory of Knowledge*, New York: Doubleday&Company. Inc., 1970. (햄린, 『인식론』, 이병욱 옮김, 서광사, 2003)

Hart, J., *The Person and the Common Life*, Kluwer Academic Publishers, 1992.

Hartmann, K., "Self-Evidence", in: *Journal of the British Society for phenomenology*, Vol.8, 1977.

Heffernan, G., *Bedeutung und Evidenz bei Edmund Husserl*, Bouvier Verlag Herbert Grundmann. Bonn, 1983.

_____, "An Essay in Epistemic Kuklophobia:Husserl's Critique of Descartes' Conception of Evidence", in: *Husserl Studies* 13, 1997.

_____, "Miscellaneous Lucubrations on Husserl's Answer to the Question 'was die Evidenz sei': A Contribution to the Phenomenology of Evidence on the Occasion of the Publication of Husserliana Volume XXX", in: *Husserl Studies* 15, 1998.

_____, "A Study in the Sedimented Origins of Evidence: Husserl and His Contemporaries Engaged in a Collective Essay in the Phenomenology and Psychology of Epistemic Justification", in: *Husserl Studies* 16, 1999.

_____, "On Husserl's Remark that "selbst eine sich als apodiktisch ausge-bende Evidenz kann sich als Täuschung enthüllen..."(XVII 164:32-33):Does the Phenomenological Method Yield Any Epistemic Infallibility?", in: *Husserl Studies* 25/1, 2009

Hemmendinger, D., "Husserl's concepts of evidence and science". in: *the Monist*, Vol.59. 1976.

HIlary, P., *Reason, Truth, and History,* Cambridge University Press, 1981. (힐러리 퍼트넘, 『이성, 진리, 역사』, 김효명 옮김, 민음사, 2002)

Himanka, J., "Husserl's two truths: Adequate and apodictic evidence", in: *Phänomenologische Forschungen*, 2005.

Holenstein, E., *Phänomenologie der Assoziation*, Den Haag: Martinus Nijhoff, 1972.

Hong, S.-H., *Phänomenologie der Erinnerung,* Würzburg : Königshausen & Neumann, 1993.

Hopp, W., "Husserl, Phenomenology and Foundationalism", in: *Inquiry* 51, Routledge, 2008

Hutcheson, P., "Husserl's fifth Meditation", in: *Man and World* 15, 1982.

_____, "Solipsistic and Intersubjective phenomenology", in: *Human Studies* 4, 1981. (165-178)

Kockelmans, J., *Edmund Husserl's Phenomenology*, Purdue University Press, 1994. (조셉 코켈만스, 『후설의 현상학』, 임헌규 옮김, 청계, 2000)

Landgrebe, L., *Der Weg der Phänomenologie*, Gütersloher verlagshaus Gerd Mohn, 1963.

Larrabee, M.J, "Husserl's static and genetic phenomenology", in: *Man and World*, 1976.

Lee, N.-I., *Edmund Husserls Phänomenologie der Instinkte*, Den Haag: Martinus Nijhoff, 1993.

_____, "Static-Phenomenological and Genetic-Phenomenological Concept of Primordiality in Husserl's Fifth Cartesian Meditation", in: *Husserl Studies* 18, 2002.

_____, "Phenomenology of Feeling in Husserl and Levinas", in: *The Yearbook for Phenomenology and Phenomenological Philosophy* 5, 2005.

_____, "Problems of Intersubjectivity in Husserl and Buber", in: *Husserl Studies* 22-2, 2006.

_____, "Experience and Evidence", in: *Husserl Studies* 23, 2007

_____, "Phenomenology of language beyond the deconstructive philosophy of language", in: *Continental Philosophy Review* 42(4), 2010.

_____, "Egological Reduction and Intersubjetive Reduction.", presented at the conference on "Phenomenology, Empathy, Intersubjectivity: New Approaches," Dublin, May 3 - 5, 2017.

Levin, D.M., *A Critique of Edmund Husserl's theory of adequate and apodictic evidence*, Columbia university, New York, 1967.

Lévinas, E., *Totality and Infinity: An Essay on Exteriority*, Duquesne University Press, 1969.

McCluskey, F.B., "Phenomenology and Paradox of Truth", in: *Philosophy Today*, 1980.

Meiland, J.W., "Concepts of relative Truth", in: *the Monist*, Vol. 60, 1977.

Park, I.-C., *Wissenschaft von der Lebenswelt: Zur Methodik von Husserl's später Phänomenologie*, Rodopi, 2001.

Patzig, G., "Husserl on Truth and Evidence", *Readings on Edmund Husser's logical investigations* (Ed. by J. N. Mohanty), The Hague: Martinus Nijhoff, 1977.

Popper, K., *Logik der Forschung*, J.C.B Tuebingen, 1982.

Reeder, H.P., "Husserl's apodictic evidence", in: *Southwest philosophical studies*, 1990.

Reynaert, P., "Intersubjectivity and Naturalism-Husserl's Fifth Cartesian Meditation Revisited", *Husserl Studies* 17, 2001.

Ricoeur, P., *Gedächtnis, Geschichte, Vergessen*, Wilhelm Fink Verlag, 2000

Römpp. G., *Husserls Phänomenologie der Intersubjektivität : Und ihre Bedeutung für eine Theorie intersubjektiver Objektivität und die Konzeption einer phänomenologischen Philosophie*, Kluwer Academic Publishers, 1992.

Russell, M., "On Habermas's Critique of Husserl", in: *Husserl Studies 27*, 2011.

Scanlon, J., *Husserl's conception of philosophy as a rigorous science*, Tulane university, New Orleans, 1968.

Schmid, H.B., "Apodictic Evidence" in, *Husserl Studies* 17, 2001.

Schnell, A., "Intersubjectivity in Husserl's work", in *Herum, Phen., and Pract. Philosophy- II (1)* , 2010.

Smith, A.D., *Husserl and the 'Cartesian Meditations'*, Routledge, 2003.

Soffer, G., *Husserl and the Question of Relativism*, Kluwer Academic Publishers, 1991.

Sokolowski, R., *The Formation of Husserl's Concept of Constitution*, The Hague:

Martinus Nijhoff, 1970. (로버트 소콜로프스키,『현상학적 구성이란 무엇인가』, 최경호 옮김, 이론과 실천, 1992)

Sokolowski, R., *Introduction to Phenomenology*, Cambridge: Cambridge University Press, 2000.

Spiegelberg, H., *The Phenomenological Movement*, The Hague: Nijhoff, 1969.(허버트 스피겔버그,『현상학적 운동 1』, 최경호 옮김, 이론과 실천, 1991/『현상학적 운동 2』, 최경호 옮김, 이론과 실천, 1992)

Steinbock, A., *Home and beyond : generative phenomenology after Husserl*, Northwestern University Press, 1995.

Ströker, E., "Husserls Evidenzprinzip : Sinn und Grenzen einer methodischen Norm der Phänomenologie als Wissenschaft", in: *Aeitschrift*, Vol.32, 1978.

_____, *The Husserlian Foundations of Science*, Kluwer Academic Publishers, 1997.

Schutz, A., "The Problem of transcendental intersubjectivity in husserl," *Collected Papers III Studies in phenomenological Philosophy.* The Hague. Netherlands:M. Nijhoff, 1966.

Steup, M., An Introduction to Contemporary Epistemology, Upper Saddle River, N.J. : Prentice Hall, 1998. (마티아스 슈토이프,『현대인식론 입문』, 한상기 옮김, 서광사, 2008)

Synder,L.R., "The Concept of Evidence in Edmund Husserl's Genealogy of Logic", in: *Philosophy and Phenomenological Research*, Vol.41, 1981.

Textor, M., *Judgement and Truth in Early Analytic Philosophy and Phenomenology (History of Analytic Philosophy)*, Palgrave Macmillan, 2013.

Theunissen, M., *The Other: Studies in the social ontology of Husserl, Heidegger, Sartre, and Buber.* (Translated by Christopher Macann.) The MIT Press, 1984.

Tugendhat, E., *Der Wahrheitsbegriff bei Husserl und Heidegger*, Berlin, 1970.

Zahavi, D., *Husserl und die transzendentale Intersubjektivität: Eine Antwort auf die sprachpragmatische Kritik* , Dordrecht: Kluwer Academic Publishers, 1996.

_____, *Husserl's Phenomenology*, Stanford: Stanford University Press, 2003.

　　(단 자하비, 『후설의 현상학』, 박지영 옮김, 한길사, 2017)

Zuidervaart, L.,*Truth in Husserl, Heidegger, and the Frankfurt School: Critical Retrieval*, The MIT Press, 2017.

# 진리에 대한 현상학적 성찰

**초판 1쇄 발행** | 2019년 10월 21일

**지은이** | 박지영
**펴낸이** | 이은성
**펴낸곳** | 필로소픽
**편  집** | 김무영
**디자인** | 백지선

**주  소** | 서울시 동작구 상도동 206 가동 1층
**전  화** | (02) 883-9774
**팩  스** | (02) 883-3496
**이메일** | philosophik@hanmail.net
**등록번호** | 제 379-2006-000010호

ISBN  979-11-5783-162-3  93160

필로소픽은 푸른커뮤니케이션의 출판브랜드입니다.

이 도서의 국립중앙도서관 출판시도서목록(CIP)은 서지정보유통지원시스템 홈페이지(seoji.nl.go.kr)와
국가자료공동목록시스템(www.nl.go.kr/kolisnet)에서 이용하실 수 있습니다. (CIP제어번호: CIP2019036887)